# 港口年鉴

GANGKOU NIANJIAN

2016

防城港市港口区地方志编纂委员会　编



国家图书馆出版社

图书在版编目(CIP)数据

港口年鉴．2016 / 防城港市港口区地方志编纂委员会编．-- 北京：国家图书馆出版社，2017.11

ISBN 978-7-5013-6275-2

Ⅰ．①港… Ⅱ．①防… Ⅲ．①区（城市）—防城港—2016—年鉴 Ⅳ．①Z526.74

中国版本图书馆 CIP 数据核字(2017)第 282104 号

国家图书馆出版社官方微信

书　　名　港口年鉴 2016
著　　者　防城港市港口区地方志编纂委员会　编
责任编辑　于春媚
特邀编审　夏红兵
设　　计　南宁市佳彩广告设计有限公司

---

出　　版　国家图书馆出版社(100034 北京市西城区文津街 7 号)
　　　　　（原书目文献出版社 北京图书馆出版社）
发　　行　010-66114536　66126153　66151313　66175620
　　　　　66121706（传真）　66126156（门市部）
E - mail　nlcpress@nlc.cn（邮购）
Website　www.nlcpress.com →投稿中心
经　　销　新华书店
印　　刷　深圳市精一瑞兰印刷有限公司
版　　次　2017 年 11 月第 1 版　2017 年 11 月第 1 次印刷

---

开　　本　889 × 1194（毫米）　1/16
印　　张　14.5
字　　数　437 千字

---

书　　号　ISBN 978-7-5013-6275-2
定　　价　198.00 元

# 防城港市港口区地图（2016年）

广西壮族自治区地图院编制

审图号：桂S（2017）35号

2017年4月

# 数字港口 2015

SHUZI GANGKOU

- 行政区域面积：409.82 平方公里
- 大陆海岸线：342.83 公里
- 年平均气温：23.6℃
- 年平均日照时数：1731.7 小时
- 年平均降雨量：2200.2 毫米
- 耕地面积：3106.08 公顷
- 林地面积：11612.96 公顷
- 森林面积：10158.1 公顷
- 森林覆盖率：33.90%
- 草地面积：707.9 公顷
- 世居民族：4 个
- 户籍人口：13.56 万人
- 常住人口：16.94 万人
- 人口自然增长率：9.54‰
- 乡镇：2 个
- 街道：4 个
- 村民委员会：25 个
- 居民委员会：14 个
- 地区生产总值（大港口）：346.35 亿元
- 人均地区生产总值（大港口）：20.69 万元
- 三次产业比重：4.2 ∶ 67.3 ∶ 28.5
- 财政收入：11.90 亿元
- 公共财政预算收入：5.96 亿元
- 公共财政预算支出：14.43 亿元

- 农林牧渔业总产值（大港口）：24.96 亿元
- 全部工业总产值（大港口）：932.44 亿元
- 规模以上工业总产值（大港口）：929.48 亿元
- 全社会固定资产投资额（大港口）：262.29 亿元
- 房地产开发投资（大港口）：38.57 亿元
- 商品房销售面积（大港口）：98.15 万平方米
- 港口货物吐量（大港口）：1380.32 万吨
- 社会消费零售总额（大港口）：20.1 亿元
- 进出口总额（大港口）：45.66 亿美元
- 实际利用外资额（招商口径）：0.2 亿美元
- 邮电业务总量（大港口）：5.22 亿元
- 旅游总收入（大港口）：11.7 亿元
- 金融机构人民币存款余额（市辖区）：339.49 亿元
- 居民储蓄存款余额（市辖区）：166.55 亿元
- 金融机构人民币贷款余额（市辖区）：323.24 亿元
- 农村居民人均纯收入（大港口）：11069 元
- 农村居民人均生活消费支出（大港口）：8600 元
- 城镇居民人均可支配收入（大港口）：30172 元
- 城镇居民人均消费支出（大港口）：18706 元
- 城镇登记失业率 1.99%

# 年度要闻 2015

NIANDU YAOWEN

### 市容环境综合整治获奖

2015 年 1 月 5 日，广西第九届市容环境综合整治“南珠杯”竞赛，港口区企沙镇获乡镇特等奖。

### 工商营业执照“三证合一”

2015 年 1 月 20 日，港口区工商局颁布第一批 6 份“三证合一”营业执照，把工商营业执照、组织机构代码证、税务登记证归结为一证替代，做到“一窗受理、一表填报、并联审批、统一发证”。

### 首个民间体育球场

2015 年 1 月，广西新桂路桥有限公司企沙分公司总经理邓琪琳出资 400 万元在企沙镇北港村邓屋组兴建的民间体育球场投入使用，企沙镇群众可免费使用该球场。

### 全国休闲渔业示范基地

2015 年 1 月，农业部办公厅公布 2014 年荣获全国休闲渔业示范基地称号单位，港口区企沙镇簕山古渔村心喜旅游农业专业合作社榜上有名。

### 小小科技馆开馆

2015 年 3 月 18 日，白沙沥街道沙沥社区小小科技馆开馆，成为广西第二个社区科技馆。

**外国籍货船在企沙港海域遇险获救**

2015 年 7 月 27 日，6 艘外国籍货船在企沙港海域遇险，市海上搜救中心第一时间组织救援人员展开海上大营救。48 名越南籍船员成功获救。

**红沙核电站 1 号机组并网发电**

2015 年 10 月 25 日，红沙核电站 1 号机组并网发电。

**武钢防城港钢铁项目冷轧试车成功**

2015 年 11 月 10 日，武钢防城港钢铁项目 2030 冷轧项目 1 号镀锌机组一次通板试车取得圆满成功。

**行政区域调整**

2015 年 11 月，撤销公车镇，设立沙潭江、王府 2 个街道。

**国民经济快速增长**

2015 年，全年全区实现生产总值（大港口）346.35 亿元，增长 12.9%。人均地区生产总值（大港口）20.69 万元，增长 10.9%。

# 图片专辑

TUPIAN ZHUANJI

一、领导考察

二、重大项目建设

三、美丽港口·生态乡村

四、2015 年港口区“迎春纳福　佳礼贺岁”游园会

五、港口区“三月三”渔歌会

六、“盛隆杯”港口区第八届职工运动会

七、精神文明建设

# 领 导

2015 年 5 月 14 日，人社部副部长杨志明（左一）到广西金川有色金属有限公司调研 （郭琰供稿）

2015 年 1 月 16 日，自治区党委书记彭清华（前左二）到中电广西防城港电力有限公司调研 （彭维峰供稿）

# 考　察

2015 年 7 月 1 日，市委书记金湘军（前右三）到港口区阳光实验学校调研　（黄秋供稿）

2015 年 2 月 2 日，市长何朝建（后排中）到港口区检查 2014 年落实党风廉政建设责任制考评工作　（黄愉供稿）

# 重　大　项

武钢防城港钢铁项目——2030 冷轧项目酸轧机组　（韦庆禄供稿）

武钢防城港钢铁项目生产车间一角　（韦庆禄供稿）

防城港市中一重工有限公司生产车间一角　（骆震平供稿）

中电广西防城港电力有限公司外景　（港口区工信局供稿）

# 目　建　设

广西防城港核电有限公司全景　（港口区委宣传部供稿）

推进中的东湾红树林大桥　（黄秋供稿）

广西盛隆冶金有限公司俯瞰图　（韦庆禄供稿）

# 美丽港口·生态乡村

乡村园林美景　（黄秋供稿）

光坡镇新兴村大龙口　（蒋竞娆供稿）

生态乡村一角　（黄秋供稿）

生态乡村美景　（黄秋供稿）

乡村新貌　（黄秋供稿）

# 2015年港口区“迎春纳福　佳礼贺岁”游园会

2月28日，2015年港口区“迎春纳福 佳礼贺岁”游园会在港口区桃花湾广场举行。图为活动部分场景　　　　　　　　　　　　　　　　　　　　　　　　（蒋竞娆供稿）

# 港口区“三月三”渔歌会

2015 年 4 月 18 日，港口区“三月三”渔歌会在光坡镇举行。图为歌会部分场景　　（黄秋供稿）

# “盛隆杯”港口区第八届职工运动会

2015 年 5 月 20 日至 30 日，“盛隆杯”港口区第八届职工运动会在港口区桃花湾体育馆举行。图为运动会部分场景　　（港口区文体局供稿）

# 精 神 文 明 建 设

“美丽渔港·生态海洋”2015 年港口区企沙渔港休渔期群众广场文艺联欢会　（港口区文体局供稿）

“美丽渔港·生态海洋”2015 年港口区企沙渔港休渔期群众广场文艺联欢会　（港口区文体局供稿）

2015 年迎新春文化科普进社区活动（港口区文体局供稿）

2015 年港口区群众广场文艺晚会　（港口区文体局供稿）

2015 年防城港市老年人健步走活动之老年人文化表演　（蒋竞娆供稿）

# 编辑说明

一、《港口年鉴》是防城港市港口区地方志编纂委员会组织编纂的地方综合性年鉴。《港口年鉴》的编纂始终坚持以马列主义、毛泽东思想、邓小平理论、“三个代表”重要思想、科学发展观和习近平新时代中国特色社会主义思想为指导，坚决贯彻中国共产党的各项方针政策，以《地方志工作条例》为依据，按照“实事求是，严谨办鉴”的要求，全面反映港口区各族人民在党的领导下建设中国特色社会主义和谐社会的伟大实践。

二、《港口年鉴》自2012年首卷出版后，每年出版一卷。2016年卷全面、系统地记述2015年港口区政治、经济、文化和社会发展的基本情况，旨在为社会各界了解和研究港口区提供资料。

三、本年鉴的基本内容为综合情况、动态信息、辅助资料3大部分。综合情况部分设特载、概况2个专栏。动态信息部分设政治、法制、国防建设、经济、产业、资源·建设·环保、教育·科学、文化·体育、医疗卫生·计划生育、社会生活、镇街概况等11个部类。辅助资料有大事记、先进集体和先进个人、统计资料。概况及动态信息各部类的内容均作条目化处理，以方便读者检索。部类和条目之间均设有分目层次，部分分目下面还设次分目层次。内容层次的设置，完全是为便于读者分类系统阅读和检索，并表示部类与条目之间的层次关系，但不反映严格的科学分类体系，机构单位排序和层次一般亦不表示其地位、隶属关系。

四、本年鉴的统计资料数据均使用法定计量单位。价值指标的绝对值未加注明的，均按当年价格计算，增减百分比除注明外均按可比口径计算。某些对应指标数据在上年卷出版后作了调整的，一般不予说明，以本年卷出版为准。由于数据小数位四舍五入，某些指标分项合计数据与总计项数据尾数略有出入。大港口指标数为属地统计数，小港口为行政统计数，凡不特别注明的均为小港口数据。

五、本年鉴采用的文稿均由各镇（街道）、区直和驻区各有关单位提供，并经单位领导审核，各相应条目文末署供稿人姓名。个别资料漏缺系相关部门或单位没有提供所致。

六、本年鉴“图片专辑”记述内容不受年度限制。

# 港口区地方志编纂委员会

（2016年12月）



# 港口年鉴编辑部

# 港口年鉴编写组

（按文稿刊出先后排序）

区委办　何　畅　刘陶华　张　伟

政府办　邱　宽　戚洪华

政务服务管理办　陆丹丹　许睿翔

党史研究室　骆振慧　蒋春丽

组织部　韦　龙　李科君　钟幸东　左　将　刘文镇　苏树人　李　宾　莫海滨　潘冬云

宣传部　阮一峰　韦庆禄　黄鸿燕　洪许艳　骆振华　许　玮　蒙祥洋　陈雪莲　张志铭

统战部　朱　健　禤继兴

编　办　林培驷　植锋滨

直属机关工委　苏桂新　邓敏丽

人大办　蔡　硕　苏　武　骆富城

机关后勤服务中心　冯云峰　黄国欢

政协办　林翠菊　吴宇远　钟凉德　黄艳珍　沈晶鑫　吴季霖

纪委、监察局　李兴智　刘小菲

绩效办　陈　莉　吴肖绮　黄　洁　王　晶

民盟港口区支部　蔡　硕

民革港口区支部　凌瑞敏

民建港口区支部　邓春莲

民进港口区支部　杨纯环

致公党港口区支部　黄雯婷

工商联　彭　莲　韦洪海　黄莉莉　唐上辉　何　婷

总工会　高　波　刘素菊　唐文娜　张子烨　李　嘉　林锦霞

共青团　宋为熹　黄君欢

妇　联　卢少丽

科　协　唐子惠　陆　华

文　联　张永志　邓立进　凌立英

社科联　谭美文　黄怀谷　黄薇瑜

残　联　沈如毅　苏民东

侨　联　杨孙艳　傅春坚　覃献萍

红十字会　蔡玉镇　周永芳　宋美霖

人力资源和社会保障局　黄岸柳　黄　琛　许强定　董　敏　刘　格

民政局　钟海德　荣建雄　兰　伟　张化忠　卢皆池

扶贫办　梁　满　张秀玲　钟馥蔚　刘付胜标

民族和宗教事务局　庞兴就　黄春宇　陈俊任

台　办　禤继兴

信访局　钟恒清　苏　姗

政法委　邓钧译　赵小瑶

法　院　禤汉奇　林芳羽　梁　梦　刘冠男

检察院　磨耀吉　莫　秦　杨榆珺

公安分局　韦更望　全宏燕　张南景

交警大队　卢　军　吴远锋　龙裕艳

司法局　办公室

打私办　林培享　陈　术　汪　杰

武装部　丁细辉　郑兴科　黄乃仁

边防大队　张佳敬　肖基明

消防大队　张志飞　万绍忠

人防办　禤达周　赵丽梅

海防办　谢乃庆　阮传华　陈畅生　吴善鉴　吴超平

招商促进局　冯科跃　李晶晶　伍金明

财政局　苏兴金　莫丰蔓

国税局　李妙蓉　谭俊军　江薇薇

地税局　易向辉　赵剑波　邱燕燕

发改局　蔡　涛　陈艳宁　陆　雷　韦美慧

物价局　肖　剑　陈晓鸿

工商局　钟华杰　韦铁志　韦克斌

审计局　姚　文　莫贵蓬　陈姿求

统计局　黄　媚　钟云珍　莫超艳　唐　昕

食药监局　黄广平　骆艺华　李　燮　谭韩柳　戴文龙　李博文　马创森

安监局　吴尚贵　吴尚东　林弋善

农业局　左　峰　许建林　刘　阳

农机局　杨正任　张钱杰　郑振国

林业局　林培霖　唐光彪　黄林春　林叶青　黄柏铭　张常敏

水产畜牧兽医局　苏炳成　罗稽一

工信局　冯信初　唐国彪　白利朝　陈明旺　符加艺

交通局　邓创造　吴乃育　颜　玲　林　慧　符理德　黄安辽

商务局　吕文平　潘　瑜　韦绍安　闭奕林　李荣荣　黄露露

粮食局　朱扬光　曾　妍　骆飞龙

旅游局　陈佳佳　林爱兵　许光媛　庞雪映

国土分局　彭俊华　黄　云　朱权武　葛植陆　韦才培　戚日锋　梁　勇　骆万章

征地拆迁办　甘文堂　黎大荣　劳芸萍

海洋分局　陈　雄　廖小玲　黄梅霞　卢诗怡　刘丽芸　陈彦如　农腾雅

水利局　张　进　唐尚文　苏维卫

住建局　吴健培　申　凯　刘明阳　梁祯真　刘正伦

环保局　罗江云　蒋少芳　杨育新　谢雪明　黄雄巍　罗　锋　罗江虹

教育局　刘秀妍　吴艺泰　曾东群　唐国营

科技局　梁妍新　刘洁桦

地震局　吴岸信　邓朝兴　罗　丽　成诗阳

文体广电局　吴钱仁　覃万欢　陈从刚　吴佳玲　吴　微　项载凤

档案局　吴艳江　骆泽生　潘　月

卫计局　钟伟年　梁巧琦　张晓霞

房改办　刘　锦　江朝永　黄晓城

企沙镇　赖胜鑫　庞远程　何　春　张琪昌　黄秋霞

光坡镇　唐　鹏　刘　静　吴　敏

公车镇　邓姗姗　温　媚　庞敏燕

白沙万街道　凌　源　韦琦霜

渔洲坪街道　宋升文　吴爱物　陈　颜

# 目　　录

## 特　　载



## 概　　况



## 政　　治

## 法　制



## 国防建设

# 经　济

## 产业

## 资源·建设·环保



## 教育·科学

## 文化·体育



## 医疗卫生·计划生育



## 社会生活

## 镇街概况

## 大 事 记



## 先进集体和先进个人



## 统计资料



## 索　　引

# 特　　载

## 政府工作报告

——2016年3月2日在防城港市港口区
第五届人民代表大会第七次会议上
区长　黎家迎

各位代表：

我代表区人民政府作政府工作报告，请各位代表连同《防城港市港口区国民经济和社会发展第十三个五年规划纲要（草案）》一并审议，并请区政协委员和列席人员提出意见。

### 2015年工作总结和“十二五”时期工作回顾

2015年，面对经济下行压力加大的新形势、新问题，在区委的正确领导下，在区人大的监督和区政协的支持下，我们主动适应经济发展新常态，团结带领全区广大干部群众，以“一确保，两攻坚”为抓手，加快推进边海经济带建设，主动作为，奋力攻坚，较好地完成了区五届人大五次会议确定的各项目标任务。据初步测算，全年实现地区生产总值346.35亿元，增长12.9%；农业总产值24.96亿元，同比增长6.1%；规模以上工业总产值实现929.48亿元，增长17.6%；固定资产投资完成253.83亿元，增长8.5%；社会消费品零售总额完成20.1亿元，同比增长10.6%；外贸进出口总额完成45.66亿美元，同比增长10.1%；财政收入完成11.9亿元，增长8.6%。从全市来看，地区生产总值、规模以上工业总产值、规模以上工业增加值、固定资产投资、外贸进出口总额等5项主要经济指标总量排名全市各县（市、区）第一；地区生产总值、农业总产值、规模以上工业增加值、财政收入、城镇居民可支配收入等5项主要经济指标增速排名全市各县（市、区）第一。

1. 征地搬迁安置工作卓有成效。2015年，我区围绕“十百千”项目计划时间节点要求，抽调800多名干部到征地一线，参与征地搬迁工作，特别是组织开展征地搬迁“百日攻坚”大行动，集中力量保交地、保开工，圆满完成钢铁新增用地、海森特、科元一期、东湾大道等一批自治区和市重点督查项目征地搬迁及收尾工作。尤其是按照市委常委会“换位沉底”现场会部署，重点破解了盛隆二期等项目用地瓶颈问题，保证了项目顺利建设。2015年，全区共征收土地11353亩。

2. 临港工业实力持续壮大。全力做大做强做优工业，新增澳加粮油、渝桂化工、捷康生物、富味乡油脂食品4家规上工业企业，全区规上企业总数达到59家，其中产值超亿元企业49家，产值超100亿元企业2家。积极探索股权融资模式，宝兴工艺品成功在北部湾股权交易所挂牌，博森科技成功登陆新三板。盛隆、大海粮油、嘉里、中电被评为广西企业100强；盛隆、大海粮油、嘉里位列广西制造50强，同时，被评为广西优秀企业，其中盛隆跻身中国制造业企业500强。树立两化深度融合标杆，大海粮油被工信部选定为全国600家两化融合管理体系贯标试点企业之一，澳加粮油、大海粮油2家企业获得“自治区级信息化和工业化深度融合标杆企业”称号。

3. 重大项目建设进展顺利。全力推进101项市“十百千”项目，全年完成投资72.96亿元，完成年度投资计划的111.3%；晟宇通物流二期、大龙港安路、博古东海岸、棚户区改造等47个项目开工建设；中海油LNG储运、科元新材料、海森特海工装备、中电二期、金川线缆铜材深加工、盛隆技改二期等重大项目加快建设；钢铁冷轧、核电一期、富味乡油脂食品、盛弘钢构一期、东盟商贸区一期等项目竣工，为我区经济发展注入强大活力。

4.“三农”工作扎实推进。精准扶贫工作取得阶段性进展，按计划全面完成精准识别工作。榄埠、山新等一批生态乡村示范点建设全面推进，全区村屯绿化建设完成率、建制村通水泥（沥青）路率、自来水普及率均达100%。现代特色海洋渔业（核心）示范区建设稳步推进，建成红沙、沙螺寮核心区面积7100亩，辐射区面积10000亩。自治区级农业科技产业园创建和申报工作扎实推进，岗松、红香薯、中药材牛古大力等特色种植项目发展迅猛，“特优精”农业成绩显著，荣获“中国绿色农业示范区”称号。农村土地承包经营权确权登记颁证工作扎实开展，基本完成了光坡镇整镇推进等试点工作。农民人均纯收入达11069元，同比增长11%。

5.第三产业发展步伐加快。德城商贸中心市场、金海湾市场和北京华联超市中心区店三大商业点建成并投入运营，中心区新商贸圈日趋繁荣。东湾物流加工园和大西南公车物流园有序推进，以矿产、煤炭、建材、粮食等为主的大宗物流形成规模，辖区重点物流企业270多家，物流业支撑与助推经济、社会发展的作用日益突显。组织4家企业参加自治区电子商务创业大赛并荣获二等奖，互联网经济发展欣欣向荣。滨海生态旅游业快速发展，2015年全区接待国内游客144.71万人次，同比增长8.3%；国内旅游收入11.7亿元，同比增长22.9%；接待入境旅游者3.27万人次，同比增长3.8%；国际旅游收入1001.3万美元，同比增长5.8%。簕山古渔村成为我市首个全国特色景观旅游名村。成功签约“山心沙岛”、中国－东盟（防城港）边海国际体育运动综合集训基地2个项目，旅游招商引资工作取得新突破。

6.社会民生事业保障有力。全区教育、社会保障与就业、节能环保、城乡社区事务、农林水事务、住房保障等民生项目支出11.6亿元，占总支出的81.9%。卫生计生稳步发展，新型农村合作医疗超额完成目标任务，新农合参保和诚信计生基本实现全覆盖。农村公路养护示范点建设顺利推进，标准化养护工作经验成功在全市推广。教育振兴工程深入开展，区第四小学教学综合楼项目、企沙镇武钢北港小学1#综合楼等一批建设项目竣工并投入使用，中小学教师本科学历率先超额完成市政府教育振兴任务，义务教育均衡发展工作在钦北防所有县（市、区）中率先通过自治区验收。在广西率先创建了农民工创业园和“港城惠民通”手机APP服务平台，首创三方共建“一站式”惠民服务模式，并在全市推广。科技创新与能力建设得到空前发展，在全市率先登记备案众创空间，每万人口发明专利拥有量增长率达37.1%。此外，文化、体育、科技等各项社会事业取得新成绩。

2015年也是“十二五”的收官之年。“十二五”期间，在区委、区政府的坚强领导下，全区上下做了大量卓有成效的工作，经济社会发展取得了明显成效，基本实现了“十二五”规划所确定的目标任务。

——主要经济指标快速增长，综合实力不断攀升。五年来，主要指标连年保持两位数增长，增幅或人均量持续位居全市第一，全区地区生产总值年均增长13.3%，总量翻一番以上，财政收入突破十亿元大关，规模以上工业总产值在全市占比达七成以上，全区地区生产总值、规上工业总产值、固定资产投资、外贸进出口总额、财政收入、社会消费品零售总额分别是2010年的2.1倍、2.8倍、1.7倍、2.2倍、1.9倍和2.1倍，其中有4项主要经济指标实现翻番，综合实力全面迈上新台阶。

——三次产业协调发展，发展后劲持续增强。钢铁、有色金属、能源、石化、粮油食品、装备制造等千百亿元支柱产业基本形成，全区工业总产值逼近千亿大关，规上工业增加值为“十一五”末的2.3倍，建成全国最大的植物油生产基地、磷酸出口加工基地和西部重要的新能源基地，获评广西县域工业发展优秀区（县），盛隆冶金、惠禹粮油、大海粮油被评为广西百亿元强优工业企业，东湾物流加工园区成为广西唯一入选的全国优秀物流园区，工业主导地位更为凸显。一批大型连锁超市、商贸中心等相继建成运营，核心商圈基本形成；市高新区（港口片区）、IT小镇门户、桃花湖新业态孵化园启动建设；外贸进出口总额连续五年居全市首位，年均增长17.4%，社会消费品零售总额保持平稳增长。成功克服“威马逊”台风等特大自然灾害，自治区级现代特色海洋渔业（核心）示范区加快建设，一批特色水产养殖和休闲农业迅速发展，先后获评“中国绿色生态果蔬示范区”“中国绿色农业示范区”称号。

——基础设施日益完善,城乡面貌焕然一新。城区面积由2010年的35平方公里扩大到42.2平方公里,城镇化率达82%,位列全市第一;城区主、次干道交通网络构建完成,工业园区主要道路框架已形成;五年来共投入3760万元,完成74条城区街巷改造;五年来县乡道路共投入6358万元,建制村通达率100%。开工建设深水泊位18个,建成9个,万吨级泊位达到36个,港口吞吐能力达到1.5亿吨。西部首座核电站并网发电,全区电源装机容量达3400万千瓦。“五个一工程”、百镇示范工程、北港安置区、大龙安置区等城乡基础设施或重点安置区全面推进。圆满完成了原公车镇撤镇改街工作,新设立了沙潭江街道办事处和王府街道办事处。随着龙光、恒大等全国知名房企纷纷布局,以行政中心区、桃花湾南部片区、中央商务区(CBD)、沿海景观带、城市景观中心等为骨架的城市格局全面拉开,城市综合承载能力大幅提升,城区人气日益兴旺,“有港无市”彻底成为历史。

——改革开放深入推进,发展环境不断优化。行政管理体制改革、医药卫生体制改革、稳步实施扩权强县试点等改革全面推进,政府职能进一步转变。积极主动参与中国-东盟博览会、中国东西部合作与投资贸易洽谈会暨丝绸之路国际博览会、“泛珠合作论坛”、桂台经贸合作论坛等大型商贸活动;五年来,我区招商引资工作实现了跨越式发展,共引进项目66个、总投资306.3亿元;区外境内到位资金五年增长近3倍,达585.9亿元,实际利用外资共4.4亿美元,增长近4倍,均居全市第一;对外贸易辐射东盟、欧美等130多个国家和地区。先后获评“2011年度广西招商引资工作先进县(市、区)一等奖”和“2012年度广西招商引资工作先进县(市、区)二等奖”“招商引资项目大兑现工作示范县”和“招商引资项目大兑现工作示范园区”。

——社会事业繁荣发展,群众生活进一步改善。扶贫、教育、卫生攻坚全面推进,五年来累计脱贫4600多人,城镇居民人均可支配收入和农民人均纯收入分别突破3万元大关和1万元大关,分别是2010年的1.6倍、1.9倍,位居全市前列。成功纳入自治区首批基础教育学校教学改革试点县(市、区),市第四中学、武钢北港小学、市第五人民医院、港口区人民医院等一批学校和医院相继建成使用。率先在广西实施社会力量扶助城乡居民参加养老保险,人口计生工作率先创建自治区级幸福家园品牌,城镇医保、新农合参保以及区、镇、村三级文体设施网络实现全覆盖或基本全覆盖;科技攻坚工作创全市乃至全广西13个第一,城乡就业、低保、五保供养、孤儿供养在全市领先。“六五”普法活动圆满完成,社会综合治理网格化建设全面推进,依法行政示范点建设成效明显,先后获评“全国人社系统优质服务窗口”“自治区双拥模范区”“建设平安广西活动先进县(市、区)”“自治区卫生城市”“自治区人力资源市场优质服务先进单位”等称号。

五年来,我们统筹推进各项工作,统计、审计、民政、水利、环保、民族宗教、工商、地震、人防、消防、保密、档案、机关事务管理、社会科学、地方志、残疾人、妇女儿童、文学、双拥、国防等工作都取得了较大进步。

各位代表,回顾五年来不平凡的历程,我们深深感到:我区在新常态下经济社会保持平稳较快发展,成绩来之不易。这是市委、市政府和区委正确领导的结果,是区人大代表和区政协委员监督支持的结果,是驻港口各单位和驻军驻警积极帮助的结果,是各位代表、各位委员和全区各族人民万众一心、艰苦创业的结果。在此,我谨代表区人民政府,向全区广大干部群众,向区人大代表、政协委员,向解放军指战员、武警官兵和公安民警,向各民主党派、工商联、无党派人士、人民团体,向所有关心、支持、参与港口区建设的各界人士和海内外朋友,表示衷心的感谢和崇高的敬意!

在看到成绩的同时,我们也清醒地认识到,政府工作还面临一些困难和问题:一是经济下行压力加大,主要面临着传统产业发展艰难、新兴产业带动力不足、资源环境约束趋紧、稳增长形势严峻等突出问题。二是产业发展未达到预期目标,产业链条不完善。三是项目投资增长乏力。受宏观环境和征地拆迁等多种因素影响,部分项目建设进展不理想,项目储备方面缺乏对调结构、转方式有重要促进作用的战略性新兴产业项目,后续投资量不足,难以支撑今后的投资增长。四是财政增收难度大。受经济下行影响,工业企业利税持续下滑,房地产税收不断减少,保运转、保民生压力增大。此外,少数部门责任意识不强,抓落实力度不够,等等。对此,我们将通过坚持不懈的努力,在加快发展中予以解决。

## “十三五”时期的奋斗目标和关键问题

“十三五”时期,是我区加快打造广西“三个示范区”,在广西率先全面建成小康社会的关键时期。我们一定要主动适应新常态,准确和科学判断形势,牢牢把握重要战略机遇期,积极有效应对各种挑战,努力开创我区改革开放和现代化建设的新局面。

根据区委五届九次全会通过的《中共防城港市港口区委员会关于制定国民经济和社会发展第十三个五年规划的建议》,我区"十三五"发展的指导思想是:高举中国特色社会主义伟大旗帜,全面贯彻党的十八大和十八届三中、四中、五中全会以及自治区党委十届六次全会以及市委五届七次全会精神,以马克思列宁主义、毛泽东思想、邓小平理论、"三个代表"重要思想、科学发展观为指导,深入贯彻落实中共中央总书记习近平系列重要讲话精神,按照"四个全面"战略布局和"五位一体"总体布局,牢固树立创新、协调、绿色、开放、共享的发展理念,围绕自治区"两个建成"部署,以边海经济带建设为主线,加快形成适应经济发展新常态的体制机制和发展方式,统筹推进经济建设、政治建设、文化建设、社会建设、生态文明建设和党的建设,全力打造广西"现代产业集群发展示范区、城乡统筹发展示范区、两型社会建设示范区",实现在广西率先全面建成小康社会的宏伟目标。

"十三五"期间,我区经济社会发展主要目标是:全区地区生产总值年均增长11%左右,人均生产总值超过30万元,财政收入年均增长6%左右,固定资产投资年均增长10%左右,规模以上工业总产值年均增长18%左右,外贸进出口总额年均增长10%左右,社会消费品零售总额年均增长9%左右,城镇居民人均可支配收入年均增长9%左右,农民人均纯收入年均增长10%左右,五年累计城镇新增就业人数2万人左右,城镇登记失业率控制在3.5%以内,单位地区生产总值综合能耗降低和主要污染物排放总量控制在市要求范围内。到"十三五"期末,力争全区生产总值、财政收入和规模以上工业总产值分别突破600亿元、15亿元和2200亿元。

在编制《防城港市港口区国民经济和社会发展第十三个五年规划纲要(草案)》(以下简称"《纲要草案》")过程中,我们始终注意把握以下几点:一是把贯彻中央、自治区和市精神与谋划我区发展实际紧密结合。二是把科学分析我区发展形势与适应经济发展新常态有机结合。三是把发挥自身优势与补齐民生短板有机结合。区政府在广泛征求人大代表和政协委员、各级各部门、各民主党派、专家学者以及社会各界意见的基础上,编制了《纲要草案》,共分为3大版块,共有18章,整个起草过程充分体现了科学决策和民主决策的要求,是集体智慧的结晶。

下面,我着重报告《纲要草案》中的几个关键问题:

第一,关于在广西率先全面建成小康社会。市委、市政府提出打造广西"两个建成"先行区,其中之一就是要在广西率先全面建成小康社会。我区人口较少、民生共享发展的基础较好,地区生产总值等多项主要指标已在"十二五"期末提前5年实现翻番,多项人均指标排在全市乃至自治区前列,区委在"十三五"规划建议中已明确提出要在广西率先全面建成小康社会目标。为此,在"十三五"规划纲要中,我们把全区地区生产总值增速按照高出全市1~2个百分点设定(11%左右),并计划农民人均纯收入、城镇居民人均可支配收入分别提前4年(2016年)和提前2年(2018年)番翻,国家现行标准下贫困人口全部脱贫也将提前2年(2018年),经济发展、社会和谐、生活质量、民主法治、文化教育、资源环境等6大类24项小康社会指标大部分均能提前实现。可以说,按照拟定的"十三五"规划纲要,作为市辖主城区和边海经济带建设主战场,我们不仅有使命有责任在广西率先全面建成小康社会,而且有能力有条件提前实现这个宏伟目标。

第二,关于打造广西现代产业集群发展示范区。打造广西现代产业集群发展示范区是区委根据区位优势、产业基础、港口条件等作出的重大定位,对于我区未来的长远发展极为重要。为此,在"十三五"规划纲要中,我们突出了现代产业集群特别是现代临港工业集群的发展,规上工业总产值年均增长设定为18%左右,规模以上工业总产值到2020年预计达到2200亿元,第二产业在三次产业结构占比达到八成,形成以钢铁、有色、能源、石化、装备制造、食品等六大千百亿支柱产业。同时推进工业结构优化升级,以科技创新为驱动,以新型临海工业、现代农业、现代服务业为重点,积极培育新兴产业,探索发展新业态,加快港口区产业集群发展,实现资源配置优化,促进企业集聚、行业整合、产业集中,最终建成广西现代产业集群发展示范区。

第三,关于打造广西城乡统筹发展示范区。市委、市政府提出打造"全域防城港",推进城乡规划的"全域覆盖"、城乡交通的"全域畅通"、城乡社会公共服务的"全域均衡",实际上就是要推动城乡统筹发展,实现城乡一体化。我区城镇化率目前已达82%,而且布局有企沙工业区、大西南产业园等两大自治区级园区,临港大工业加快聚集，已开发或列入开发的城区已占全区面积的11.2%，大工业与传统农村交错分布，有条件在广西城乡统筹发展方面走在前面。为此，在“十三五”规划纲要中，我们将推进城镇一体化建设作为专项单列规划，提出在“三岛三湾一核心六组团”城市框架基础上，不断完善城镇建设，统筹推进城乡发展，全面推进城镇规划建设，大力推进名镇名村建设和生态乡村建设，建成开放度高、经济繁荣、生态优美、和谐宜居的滨海生态宜居新城区，到2020年全区建成区面积60平方公里以上，城镇化率达88%以上，着力构建现代城市与现代农村和谐相融的新型城乡形态。

第四，关于打造广西两型社会建设示范区。打造广西两型社会建设示范区是我区贯彻落实绿色发展的生动体现，也是区委未雨绸缪，着眼于解决我区临海大工业发展与环境容量、生态资源矛盾日益冲突的现实而作出的重大决策。为此，在“十三五”规划纲要中，我们以生态经济为抓手，坚持产业生态化、生态产业化、生活低碳化，推动绿色、低碳、循环发展，构建生态经济发达、资源高效利用、环境舒适宜居、制度健全完善的生态文明体系。严格执行节约集约利用土地，建立节约集约利用土地长效机制；大力发展循环经济，引进低碳产业项目，促进产业链和价值链向高端攀升，引领产业向高新技术、低碳经济方向发展；加强生态建设和环境治理，创新环境监察监测管理体制，推进核与辐射应急管理体系建设，及时应对环保突发事件，保持良好生态环境；加快推进大东沙建设，突出沿海乡村特色和地方特色，推动生态产业化和产业生态化相结合。通过走绿色崛起之路，工业、农业、服务业高度融合的信息化基本实现，高新技术产业增加值占地区生产总值比例逐步提高，向创新驱动城市过渡，核心竞争力不断增强，到2020年全面完成单位GDP能耗、单位GDP二氧化碳减排目标。

第五，关于打造边海经济带建设主战场。建设边海经济带是市委、市政府主动对接国家和自治区发展战略的迫切需要，是适应经济发展新常态下的新思路、新举措，也是实现港口区可持续发展的内在要求。港口区作为边海经济带建设的主战场、主阵地，必须充分发挥区位优势和产业优势，主动担当，积极作为。今后五年，要主动参与和引领边海经济带建设，构建沿海发展新格局，大力发展六大经济业态，推动产业转型升级，形成开放度高、关联紧密、竞争力强、特色鲜明的边海经济带。充分发挥沿海优势和港口优势，优化渔万港区、企沙港区、企沙工业区、大西南临港工业园、东湾物流加工园、市高新区（港口片区）、企沙东岛的空间布局和产业布局，舞起边海经济带的龙头，优化提升港口经济、口岸经济、旅游经济，培育拓展海洋经济、互联网经济、生态经济，引领边海联动、点轴配合、产业集聚的经济发展新格局。

第六，关于社会民生共享发展。党的十八届五中全会首次把共享发展理念写进“十三五”规划建议，提出让更多改革发展成果惠及人民群众。为此，在“十三五”规划纲要中，我们加大了社会民生共享发展规划，提出打造“橄榄型”社会，健全基本均等的公共服务体系，在推动精准扶贫攻坚、教育公平、就业创业、人口均衡发展、提高城乡居民收入、完善社会保障体系等方面提出系列目标和措施，比如，在广西率先实现整区脱贫、率先建成普惠性社会保障体系、社会救助体系实现城乡全覆盖、力争通过国家义务教育均衡发展评估验收、公办幼儿园实现乡乡覆盖等发展目标，明确贫困发生率、九年义务教育巩固率、城镇登记失业率、平均预期寿命、城乡居民收入比、基本社会保障覆盖率等民生指标提前达到预期或者控制在约束值内，让广大人民群众在共建全面小康中实现共享发展。

各位代表，我区“十三五”发展的宏伟蓝图已经绘就，跨越发展的新航程已经开启。全区各族人民万众一心、顽强拼搏，一定能够打造广西“现代产业集群发展示范区、城乡统筹发展示范区、两型社会建设示范区”，一定能够在广西率先全面建成小康社会！

## 2016年工作安排

2016年是“十三五”的开局之年，也是推动结构性改革攻坚之年。认真谋划和突出抓好今年的工作，对实现“十三五”开好局、起好步至关重要。我们要牢固树立创新、协调、开放、绿色、共享五大发展理念，主动适应经济发展新常态，坚持稳中求进工作总基调，围绕边海经济带建设主线，坚持产业集群发展、城乡统筹发展、“两型”社会建设不动摇，加快推进供给侧结构性改革，争当“两个建成”先行区的排头兵，奋力实现“十三五”良好开局，为加快打造广西“三个示范区”，实现在广西率先全面建成小康社会目标打下坚实基础。

2016年我区经济社会发展主要指标的预期目标为：全区生产总值增长11%；财政收入增长5%；固定

资产投资增长12%；规模以上工业总产值增长16%；社会消费品零售总额增长10%；外贸进出口额增长15%；中小港口货物吞吐量增长5%；实际利用外资增长2%；引进区外境内资金增长5%；城镇居民人均可支配收入增长9%；农民人均纯收入增长10%；居民消费价格涨幅控制在3.5%以下；城镇新增就业人数、城镇登记失业率、万元地区生产总值能耗、化学需氧量排放、二氧化硫排放、氨氮排放、氮氧化物排放等指标控制在市要求范围内。

围绕上述目标，我们将突出抓好以下工作：

**一、全力破解征地难题，服务全市重大产业布局**

创新征拆工作方式方法。认真学习贯彻市政府"1+2"文件精神，按照权责对等、提高效率的要求，进一步理顺体制机制，从职责界定、资金拨付、个案处理等方面进行顶层再设计和流程再造，逐步完善以镇（街道）属地为主体、管理扁平化、灵活高效的征地拆迁新体制新机制。按照"三边"工作方法，进一步调整工作思路，夯实征拆区域的摸底调查并绘图制表上墙等前期工作，坚决杜绝违规操作。始终坚持依法实施征拆，严厉打击抢建抢种行为，维护和谐、公平的征地拆迁环境。

突出重点保交地、促开工。组织精干力量全力推进市中心区域统征统拆工作，力争用一年时间完成中心片区土地全征全拆，落实临时安置，打开拆迁工作新局面。紧紧围绕保交地、保施工、保政策落实，加快推进已签约落户的市级和区级重点项目的征地拆迁，确保龙成清洁煤、中华煤气油砂、神雾不锈钢等一批新项目早交地早开工。此外，着手推进大西南临港工业园A、B区剩余土地的收储工作。

下大决心破解征地拆迁历史遗留问题。坚持以人为本，牢固树立共享理念，切实突破目前我区征拆工作中面临的重点难点。创新以购代建、以房等人的临时安置新模式，强力推进12个棚户区改造项目安置区建设，年度兑现被征地群众集体留用地、永久安置一批，逐步实现安置优先。

**二、抓产业调结构，不断壮大经济实力**

做强现代特色农业。努力推进农业标准化进程，不断提升我区特色农业发展档次。继续抓好"红黑系列"、中药材牛古大力、火龙果等特色种植项目建设，着力发展农产品加工项目；抓好对虾、大蚝、文蛤、鱼类等优势品种规模化养殖，大力发展海洋渔业。加快推进现代特色农业示范区建设，积极申报自治区农业科技产业园；进一步完善港口区现代特色海洋渔业（核心）示范区、防城港市岗松产业核心示范区2个自治区级示范区建设，规划建设光坡镇小八黑休闲农业示范区和企沙镇牛路村簕山休闲渔业示范区2个镇级示范区，争取2016年通过自治区验收挂牌。全力抓好企沙镇、王府街道农村土地承包经营权确权登记颁证工作，积极落实土地流转政策，大力发展适度规模经营，逐步把农民专业合作社、家庭农场种养基地建设成观光农业、旅游休闲基地，努力实现休闲农业发展新突破。同时，积极探索农村一二三产业交叉融合，推动农产品加工、仓储物流等市场化服务发展，积极培育农村电商、农产品定制等"互联网+"新业态。大力发展农业保险，鼓励农民积极参与重要农产品收入保险、天气指数保险等更多的保险项目，降低农业生产的风险系数，力争实现全区农业总产值增加4%，农民人均纯收入增加10%。

推动工业企业转型升级。加强企业服务支持，深入了解企业发展需求，认真研究制定支持中小企业发展、支持创新、促进节能减排等服务企业的政策措施，确保精准施策。进一步加强银企沟通，努力向上级争取北部湾经济区重大产业发展财政专项资金、自治区技术改造专项资金等资金支持。帮助企业降低税费负担、电力价格、物流成本、人工成本和制度性交易成本，通过减税降费让利等措施，降低企业生产经营成本。围绕《中国制造2025》广西实施意见和两化深度融合、工业强基、绿色制造、服务型制造等专项计划，推动企业转型升级，特别要抓住国家推进供给侧结构性改革的契机，主动帮扶企业，积极从"去产能、去库存、去杠杆、降成本、补短板"五大方面引导企业适应市场需求变化，加快钢铁、食品等产业企业技术和产品的转型升级，抓好盛隆、大海粮油、澳加粮油等企业质量品牌建设，不断提升我区企业竞争力。以打造循环型产业集群为重点，积极引导企业之间开放式结对、链条式组合，构筑大中小项目合理配套、上下游产品高度关联的循环经济产业链。同时，大力发展新兴产业，积极配合推进高新技术产业开发区建设，探索推进"互联网+工业"，特别是要紧紧围绕新一代信息技术、新材料、新能源、节能环保、先进装备制造、建筑工业化等重点产业，不断促进我区产业结构优化。

大力发展现代服务业。重点推动生活性服务业向精细化和高品质提升。在旅游业发展方面，要不断健全完善旅游公共基础设施及服务体系，特别是要围绕特色旅游名镇名村创建，全力推进红沙、沙螺寮、山新、企沙渔港古镇、天堂滩等旅游开发；加快旅游信息化建设，积极运用中国(国际)旅游交易会等平台，着力加大对港口区旅游资源的宣传力度；以心仪旅行项目为标杆，继续培育"互联网+旅游"产业；重点围绕《大东沙旅游发展规划》及山心沙岛、中国－东盟(防城港)边海国际体育运动综合集训基地项目建设等，积极开发滨海休闲度假、水上运动、健康养生、文化旅游、乡村旅游等细分市场。在商贸物流方面，重点推进中外运东湾仓储物流基地、桂海·东盟商贸中心、大龙安置区综合市场、渔洲坪市场等项目建设等。此外，按照自治区关于建设现代服务集聚区的部署，积极鼓励和推动健康养老服务、海洋服务、科技服务、教育培训服务、文化创意和设计服务、节能和环保服务等服务产业发展。

**三、突出抓好项目建设，确保项目投资有效性**

全力抓好资金、项目争取。充分抓住北部湾经济区成立10周年和自治区成立60周年的契机，注重项目投资有效性。以国家推出的"七大工程包""四类新工程包"以及即将出台"互联网+"工程包为着力点，有针对性地做好相关项目包和政策的研究工作，积极加强与上级主管部门的沟通对接，重点对节能环保、新能源、新材料、高端装备制造等领域新兴产业项目进行争取，力争更多的国家和自治区层面项目落户我区，更多的扶持资金投向我区。抓紧建立2016—2018年项目库和充实"十三五"的项目储备，争取将部分拉动作用大、技术水平高、市场前景好、成长性强的大项目、好项目及时充实到项目库内。扎实做好项目可行性研究、规划、土地、环评等前期工作。

强力推进重点项目建设。今年市下达我区第一批"边海经济带项目建设"任务123个，计划总投资563亿元。其中，续建项目43个，计划投资295亿元；竣工投产16个，计划投资64亿元；新开工建设47个，计划投资103亿元。要围绕全市2016年"边海经济带"项目建设计划，坚持处级领导挂点联系项目制度，全力推进项目投融资及项目管理，不断完善项目落地督办流程，确保项目有序衔接、顺利实施、有力推进。在基础设施方面，要进一步加快推进公车片区路网、海岸保护整治等亚行贷款项目的建设步伐，确保在年底前竣工；助推企沙至茅岭一级公路、茅岭至皇城坳铁路、企沙港区铁路支线等基础设施项目建设，构建现代化立体交通网络。在产业项目方面，要积极推进防城港钢构基地、盛弘冷轧包装和机械制造、固体废弃物综合利用、塑料包装制品、新型环保建材、金川复合肥等一批产业关联项目建设。

**四、突出抓好精准扶贫和生态乡村建设，促进农村面貌大改变**

全力以赴抓好精准扶贫工作。建立健全扶贫大数据管理平台，夯实精准扶贫的基础工作，切实做到扶贫对象、扶贫项目、资金使用、措施到户、因村派人、脱贫成效"六个精准"。按照扶持生产发展一批、转移就业一批、教育扶智帮助一批、医疗救助解困一批、低保政策兜底一批等思路，推进精准帮扶工作。特别是要大力推进防城港市岗松产业(核心)示范区，通过"公司+基地+农户"的模式发展岗松产业，充分利用高压走廊和贫困村土地，努力拓展岗松种植面积，辐射带动更多贫困户通过产业发展实现脱贫致富。着力争取更多的自治区扶贫专项资金倾斜，整合全区各级涉农资金，全力打好精准扶贫攻坚战。充分利用我区骨干企业多、实力强的重要优势，鼓励企业以"企业+农户"等模式开展经营合作、吸收农村劳动力转移就业、参与助学济困、完善贫困地区路、水、电、网络等公共基础设施建设，不断促进我区贫困村的面貌改善。要整合全区各级各部门的资源，从人、财、物等方面向贫困村倾斜和聚焦，举全区之力，确保山新、栏冲、白沙三个贫困村今年内实现摘帽脱贫。

提升生态乡村建设。推进城市绿色发展和生态环境保护，以推进边海经济带建设为契机，着力打造大东沙边海生态示范带。按照"抓点、带线、促面"的工作思路和广西"绿色村屯"建设标准，扎实开展生态乡村"三化"活动，重点加强沙螺寮榄埠、簕山、山新等示范村屯建设，借力"一核、三堆、两生态"的辐射带动，加快形成以红沙—沙螺寮—簕山—山新沿海景区为支撑、"农家乐"休闲旅游业为基础的乡村休闲旅游发展新格局。积极开展水污染防治行动计划和农村垃圾治理攻坚行动，积极争取自治区的镇级污水处理厂、乡镇垃圾片区处理中心等项目建设。积极参与"绿满八桂"行动，建设一批湿地公园和红树林特色保护区，全力抓好自治区级绿化示范村屯建设和园林城市创建工作。

**五、加强和提升城市工作，促进产城融合发展**

统筹城乡规划建设。积极推广"多规合一"试点经验，加强与市本级在城市规划、建设等方面的沟通协调，围绕打造城乡统筹发展示范区的目标，进一步明确和优化城市主体功能区定位，特别是要协调推进公车产业新城的规划建设，加快构建产城融合的规划体系。坚持高起点、高标准、高要求的原则，加强城镇规划对城镇建设和发展的调控和指导，推进企沙镇总体规划、城北区、旧城区控制性详细规划修编和东城区控制性详细规划编制，以及光坡镇西城区控制性详细规划编制，积极出台渔民上岸以及棚户区改造规划方案。

突出抓好城市精细化管理。突出城建事务属地化管理，进一步理顺相关机制体制，从事权与财权匹配的角度，合理界定各责任主体在城建管理方面的职责与权限，建立权责清晰、各尽其责的管理机制。以海湾新区、桃花湾等商住密集区和北部湾大道等城市主干道为重点，切实增加人力和物力投入，提高城市园林绿化、环卫保洁质量，打造精细化管理示范点。特别是要探索创新完善政府购买服务的方式方法，把环卫清扫保洁及“牛皮癣”治理等工作以市场运作的方式购买服务，推进市政公用事业市场化进程，解决过去“既养人又养事”的问题。强化城区、镇(街道)、村(社区)三级力量，形成打击“两违”网络全覆盖。加大幸福社区建设力度，促进居民自治管理，积极引导社会力量和民间资本主动参与城市建设，实现城市共治共管、共建共享。

强化城市配套建设。强力助推海湾新区建设，在抓好统征统拆工作的同时，加强城市地下和地上基础设施建设，加快推进地下综合管廊、城市电网、交通等建设。大力推进企沙北港跨海大桥、桃花湖公园二期、东湾大道立交桥等项目前期工作，加快建设东兴大道改造、公车大道延长线、公车冶金加工产业园南路以及小街小巷路面硬化等一批市政道路设施，开工建设金花茶公园、沙潭江江滨公园。推动城市绿色发展，配合实施西湾生态绿色廊道提升工程。着眼服务大产业、大企业的新要求，着力改善企沙、公车产业新城的交通路网、水、电、公交等基础设施。强化园区日常管理和服务，带动商贸、物流、餐饮、住宅、金融等服务业大发展，增强产业新城对资源要素的集聚作用。推进企沙渔港古镇改造工程。

## 六、坚持开放带动，不断增创开放新优势

提升开放水平。紧紧抓住国家推进“一带一路”建设和广西筹建北部湾自由贸易区等重大机遇，推进新一轮高水平对外开放。大力实施加工贸易倍增计划，积极鼓励现有企业扩能增产，重点配合市里抓好金川、大海粮油、惠禹粮油等企业的大宗商品进出口业务；努力争取进口能源资源加工转化利用和进口资源落地加工等项目落户，积极发展外向型产业集群。抓住北部湾自由贸易区防城港片区规划建设有利时机，争取中央专项资金支持、差别化补助、税收优惠等更多政策倾斜。推动中电码头、云约江码头、金川码头和潭油码头等水域开放；加快企沙东岛前期工作进程，力争上升到自治区层面谋划和推进；积极争取规划建设综合保税区，切实提升我区开放平台建设水平。按照国发〔2015〕72 号文件精神，积极参与国家构建开放型经济新体制综合试点试验工作，依托东兴国家重点开发开放试验区等开放平台，加强与东兴市、防城区等沿边兄弟市区的通关协作，不断提升物流、旅游等传统服务贸易的发展水平，逐步扩大电子商务等新兴服务领域出口。同时，充分运用中国－东盟博览会等重大展会平台做好宣传推介，争取加强与东盟国家、内陆地区、港澳台地区客商以及商会、行业协会、合作联盟等的合作交流，切实开创“走出去、引进来”的良好局面。

强化招商引资。紧扣新一轮科技革命和产业变革的发展大势，按照产业转型升级的突出要求，研究确定投资的主攻方向，有目的、有针对性地做好产业链招商，特别是重点抓好六大支柱产业项目的“上下游”配套招商，把优势产业做大做强。以行业龙头和运营商为重点，突出抓好服务业的招商引资，培育更多的市场主体，迅速改变服务业发展滞后的局面。着眼开拓税源，以建筑、商贸物流等企业为重点，通过行业协会加大引企工作，吸引更多的企业到港口区注册落户，逐步破解财源缺乏、财力不足难题。

## 七、大力推进改革创新，培育发展新动力

推进供给侧结构性改革。按照优化存量、引导增量、有效减量的要求，加快去产能、去库存、去杠杆、降成本、补短板，推进结构性改革，努力增加有效供给。明确政府自身的权力边界，创造更好的投资环境，进一步推进简政放权，为市场释放新供给创造条件，进而形成经济发展的新动力。深入推进“营改增”改革，落实增值税、消费税、资源税、环境保护和房地产税等改革措施，通过减税降费让利等措施，降低企业生产经营成本。要推进农业供给侧结构性改革，优化产品结构、生产结构、产业结构和生产力布局，推动农林牧渔结合、种养加一体、一二三产业融合发展，更好发挥政府在农业改革方面的作用。建立购租并举的住房制度，推进棚户区改造货币化安置和保障性住房“以租代建”“以购代建”模式相结合，加快消化库存，稳定房地产市场。重视培育并发挥社会组织、机构和企业在公共服务产品供给中的积极性、主动性，通过增

加公共服务产品种类和数量,加大住房、养老、社保、医疗、教育等公共服务方面的供给力度,提高公共服务的质量和效率,不断增强城市发展动力。

统筹推进其他改革。抓好简政放权、放管结合、优化服务工作,进一步承接、下放、调整审批事项,深化“一个窗口”受理、“一站式”审批。在继续推行政务中心标准化建设同时,探索推广“互联网+政府服务”,将实体政务大厅向网上办事大厅延伸;继续深化商事制度改革,巩固和扩大“三证合一”“一照一码”改革成果,推进电子营业执照和全程电子化登记管理。加强事中事后监管和服务,7月底前按照自治区要求全面依法公布政府部门权力清单和责任清单。抓好公务用车制度改革,推进政府购买服务。积极参与沿边金融综合改革试验区建设,探索建立沿边金融服务中心,促进辖区金融机构和业态发展。此外,紧紧围绕我区“三个示范区”建设,着手开展财税体制、园区管理、市政管理、口岸管理等相关政策措施和管理体制改革的研究和争取工作。

培育新产业和新业态。强化创新驱动,以高新技术产业开发区、IT小镇门户、桃花湖新业态孵化园以及各类众创空间为平台。以“互联网+”为突破口,积极培育小微企业,扶持“草根创业”,推动“创业小间”“创业小桌”、北部湾明华创业梦工场等一批示范项目加快发展。围绕我区支柱产业和重大项目,着手培育信息、新材料、节能环保等产业,谋划引进建筑工业化和物联网等项目。重点突破跨境电商、冷链物流、物流信息化、两化融合等领域,以阿里巴巴进口货源平台防城港站为引领,继续培育南国优品、百胜农产品城市配送等O2O项目,广泛开展电商创业培训活动,构建我区电商产业链。协助推进桃花湖新业态孵化园建设,培育一批研发设计、检验检测、信息技术服务、职教培训等生产性服务业项目。协助推动国泰安信息技术培训平台竣工运营,加快建设鑫立新能源汽车、东通安防产业园、中检广西工业品检测实验室、中兴恒和北斗大数据应用示范中心等项目。深入贯彻落实新一轮就业创业优惠政策,推动个体工商户转型升级,提升北港农民工创业园建设,打造自治区乃至全国创业示范点。

### 八、抓民生补短板,实现各项社会事业新进步

在教育方面,着力推进教育资源优化配置,多元化建设开办幼儿园,加强学前教育的规范管理。推进教育信息化建设,通过融资方式全面建成我区教育城域网络,进一步提升我区教学软实力;全面推进义务教育学校标准化建设工程,启动实施乡村教师支持计划和教育扶贫富民工程,加快实施学校功能室、体育运动场地等一批教育项目,做好学校扩容工作,促进城乡教师的配备均衡,改善教师结构性缺编,促进教育管理水平提高;夯实教育发展基础,力争义务教育均衡发展2016年顺利通过国家级的评估验收。

在文体方面,积极创建防城港市国家公共文化服务体系示范区;加强与市本级沟通协调,整合市、区两级文体设施资源,争取开工建设文体中心,加强区、镇(街道)、村(社区)三级文化阵地建设;深入实施文化惠民工程,加大公共文化产品供给力度,开展“文化下乡”等公益性文体活动;加大文化精品创作力度,以微电影、动漫画等形式创作具有地方海洋特色的文化精品;加强文物保护,抓好企沙石龟头炮台、“皇城”等重要遗址保护研究;深入实施“全民阅读”计划,抓好边疆万里行“数字文化长廊”建设;依法加强文化市场管理,扎实开展“扫黄打非”及各类文化市场专项整治行动;大力实施“全民健身”计划,举办港口区职工运动会、广西体育节等体育赛事,抓好体育队伍建设。

在卫计方面,继续巩固和完善新农合制度,争取实现新农合基金全面覆盖。继续深化异地就医、付费方式、医药卫生体制改革,完善城乡卫生一体化管理,不断优化卫生计生项目建设;加强卫生人才队伍建设,进一步充实妇幼保健、产科技术力量,不断提升医疗卫生服务水平;加强重大疾病预防,防止突发疫情流行。落实全面两孩政策,保持适度生育水平;认真抓好计生协会工作,保障生育关怀和计生特殊家庭关爱、奖励扶助、特别扶助和幸福家庭创建等项目有序推进;创新服务,抓好免费孕前优生健康检查工作,提升辖区出生人口素质。

在就业和社会保障方面,实施城乡居民收入倍增计划,深化机关事业单位工资和津补贴制度改革。实施更加积极的就业政策,统筹做好城镇失业人员、失地失海农民、公益性岗位人员、农村党员和农村劳动力等的就业工作,特别是要整合各方面力量,进一步增加创新元素,打造创业创新基地,力争把港口区农民工创业园打造成为广西乃至全国的知名品牌。抓好全年的社会保险扩面征缴任务,认真做好社会保险稽核工作。大力开展“进村入企”活动,继续完善“一站式”惠民服务平台建设,为城乡居民就业、社保提供

更加便捷的服务。努力扩大医保覆盖面,积极推广“人脸识别”技术在领取养老保险中的运用。

在社会治理方面,完善信访、诉讼、新闻媒体等多渠道信息的处理制度,加大重点领域行政执法力度,严厉打击非法违法生产经营建设行为;全面推行食品安全监督量化分级管理制度,强化食品生产环节、流通环节、餐饮环节的安全监管;切实抓好重点对象和敏感问题的研判和处理,深入开展危爆物品、寄流物流清理整治和“神剑一号”专项行动,增强人民群众安全感;继续推进“五级五覆盖”,完善“党政同责、一岗双责、齐抓共管”的安全生产责任体系,深化“打非治违”和重点行业领域专项整治;完善灾害事故预防预警和应急处置体系;开展环境问题大诊断,启动全面治理环境新征程;加快推进视频监控(天网工程)、网格化管理等综治建设工程;深化“三个一警”警务机制建设,加强警务室样板点建设、村(社区)综治室建设,进一步巩固和稳定社会治安管理,扎实推进港区平安和谐建设。

此外,进一步做好国防动员、人防、科技、妇女儿童、共青团、工会、老龄、残疾人、机关事务、外事侨务、民族宗教、档案、保密、地方志等工作。

**九、突出抓好投融资和财税工作,在保障经济发展上实现新突破**

着力规避债务风险。进一步强化风险防范意识和底线思维,加大对全区存量债务和新增债务资金统筹使用力度,严格控制债务规模,加强对全区债务的风险评估,监控政府性债务的流动性和偿还能力,做到问题早发现、风险早预防、困难早解决。

突出加强投融资工作。加强政府投融资平台建设,设立新的政府平台公司,把潜在的存量资源变为现实的融资平台资产;督促平台公司在抓项目建设和融资的同时,相机发挥投资功能,投资专业市场、参股辖区骨干企业的扩大再生产或上下游配套项目。进一步破解项目融资难题,推广和构建社会资本全程参与的规范化PPP模式,积极鼓励和引导社会资本参与我区的项目建设和运营,特别是在扶贫开发、棚户区改造、水利、铁路、公路等领域,发挥开发性、政策性金融作用。探索股权融资模式,鼓励昌海木业、捷康生物、华塑集团等企业申请挂牌上市。

完善公共财政体制。积极推进财政体制改革,落实税收征管体制改革,加强税源管理和培植,推进依法治税,优化税收环境。健全全口径预算体系,进一步强化预算统筹管理力度,深化预算绩效管理;进一步加强支出预算执行管理,优化财政支出结构,大力压缩一般性支出,树立过紧日子的思想。

**十、强化责任担当,展现政府自身建设新风采**

建设责任政府。增强责任观念,重视培养责任意识,通过多种措施和手段,推动责任观念内化于心、外化于行。全面推进责任清单建设,从理清职能入手,严格界定自身职责,主动转变职能,主动担当,进一步提高政府各级运行效率。加大工作落实力度,强化部门责任,加强部门协作,杜绝推诿扯皮。积极建立和推行行政责任追究相关制度,强化行政问责,进一步推动工作责任落实到位。

建设法治政府。全面贯彻落实党的十八届四中全会精神,强化用法治的思维、手段和方式调节经济运行、管理社会事务,严格按照法定权限和程序行使权力、履行职责。加强执法人员法治培训,严格规范公正文明执法,有效发挥政府法律顾问专业支持作用。自觉接受人大、政协和社会监督,认真办理人大建议和政协提案。深化政务公开,切实保障群众知情权、参与权、监督权。

建设为民政府。牢固树立执政为民理念,真正以民为上、以民为大、以民为本,时刻把人民群众的需求和意愿作为政府施政的第一信号。坚持深入实际、调查研究,切实把群众最关心的住房、医疗、交通、教育等问题解决好。提高政府决策的透明度,做到决策前问政于民、问需于民、问计于民,决策后普惠于民,办好顺民意、解民忧、惠民生的实事。

建设廉洁政府。全面落实党风廉政建设主体责任,扎实履行“一岗双责”,严守《中国共产党廉洁自律准则》和《中国共产党纪律处分条例》。自觉践行“三严三实”,继续巩固和拓展党的群众路线教育实践活动成果,严防“四风”反弹回潮。严格贯彻落实中央八项规定精神,实施公车改革,严控“三公”经费,把廉政建设的要求落实到工程招标、政府采购等政府工作的各个环节,做到干部清正、政府清廉、政治清明。

各位代表!百舸争流勇者先,千帆竞发快者胜。让我们紧密团结在以习近平同志为总书记的党中央周围,在区委的坚强领导下,在区人大的有效监督和区政协的大力支持下,咬定目标,只争朝夕,扎实苦干,大干快上,确保“十三五”发展开好局、起好步,为打造广西“现代产业集群发展示范区、城乡统筹发展示范区、两型社会建设示范区”,实现在广西率先全面建成小康社会的宏伟目标而努力奋斗!

# 概　况

## 港口区概貌

【历史】 距今6000—7000年前，港口区境域就有人类活动的足迹，约4000—5000年前，步入新石器时代，3000年前，学会垦荒，种植水稻。

秦始皇统一岭南之前，今港口区为百越之地，属岭南骆越文化圈，境内人不仅从事农渔生产，还利用舟楫通过海上交通进行商品交易。

秦始皇统一岭南后，设桂林郡、南海郡、象郡，今港口区属象郡。

秦末汉初，约公元前204—111年，代行南越尉赵佗趁秦乱之际，攻占桂林郡和象郡，自立为南越武帝。今港口区境属南越国地。汉武帝平定南越后，划象郡和南海郡余壤地设立合浦郡，今港口区属合浦郡合浦县地。

三国、两晋，今港口区境仍属合浦郡合浦县地。

南北朝时，属南朝。宋孝武帝大明年间(460—464年)，分合浦县西部置宋寿县，今港口区境属宋寿郡宋寿县地；梁大同元年(535年)，分宋寿县南部沿海置玉山县，今港口区境属宁海郡玉山县地，后为黄州玉山县。

隋，黄州改为玉州，今港口区境属玉州玉山县地；大业元年(605年)，废玉州，把玉山县并入海安县，今港口区境属宁越郡海安县地。

唐，武德五年(622年)，海安改为安海县。今港口区境属钦州总管府玉山州安海县地。贞观元年(627年)，废钦州都督府；二年废玉山州，安海县改属钦州，今港口区境属钦州安海县地。总章元年(668年)，分出安海县东部(即旧玉山县地)置乌雷县，今港口区境属钦州乌雷县地。上元二年(675年)，分乌雷县西北部复置玉山县，今港口区境属陆州玉山县地。天宝元年(742年)，玉山县改为华清县，今港口区境属玉山郡华清县地。乾元元年(758年)玉山郡复改为陆州。大历三年(768年)，省华清、乌雷2县，以其地入宁海县，今港口区境属陆州宁海县地。

五代，今港口区境属南汉宁海县地。

宋初，今港口区境属广南路。开宝五年(972年)，废宁海县，以其地入安京县，今港口区境属钦州安京县地。至道三年(997年)，广南路析为广南东路和广南西路，今港口区境属广南西路。景德三年(1006年)，安京改名为安远县。今港口区境属钦州安远县地。

元，至元十四年(1277年)，安远、灵山县隶属钦州路安抚司，至元十七年(1280年)安抚司升为总管府。

明，洪武七年(1374年)，废安远县，以其地直属钦州，九年四月，降钦州为钦县。今港口区境属广东布政司雷州府廉州钦县地。洪武十四年(1381年)五月，钦县复升为钦州。

明末清初(1644年—1652年)，开凿“皇帝沟”。相传明将杨义被清兵追赶南逃，至钦防自立为皇，驻今公车镇沙港村庞屋组附近(今皇城坳)，称杨王，建王城、王殿，并开凿运河，后人称“皇帝沟”，东起钦州龙门生牛岭，西至光坡竻箕窝。全长12公里，面宽18至20米，底宽8米，深约4米。因清兵追击，运河约差500米尚未凿通。历经沧桑，迄今只留痕迹而已。

清，光绪十四年(1888年)，钦州升为直隶州，分前州防城、如昔二司地置防城县，隶属钦州直隶州。防城县境为典史、县丞、如昔巡检司分治之地。今港口区境属防城县地，防城县典史治地。

民国28年(1939年)11月15日晨，侵华日军由企沙疏鲁登陆，企沙守军奋力抵抗，企沙失守，侵华日军16日抵防城。

民国36年(1947年),防城县分为23个乡镇,今港口区境分属三波乡、光坡乡、企沙镇辖地。抗日战争胜利后,内战爆发。5月14日上午8时,中共防城县委为响应中共中央发出《迎接中国革命的新高潮》的号召,带领当地工人、农民、渔民和革命师生200余人,策反三波乡、光坡乡、企沙镇国民党军政人员50余人参加"三光企"革命武装起义,成立"农民翻身独立大队",投入解放战争为武装夺取政权而斗争。

中华人民共和国,1949年12月,防城县解放。防城县1951年2月前隶属广东省,1951年3月—1955年6月划归广西省,1955年7月—1965年7月复归广东省,1965年8月再次划归广西僮族自治区。1949—1952年,防城县分为东、西、南、北4个行政区,港口区境域属东区辖地。1952—1956年,防城县分为11个行政区,境域属第二(企沙)行政区辖地。1957年,将防城县分为十万山僮族瑶族自治县和防城县,境域仍属防城县地。1958年5月,十万山僮族瑶族自治县更名为东兴各族自治县;12月,防城县并入东兴各族自治县。1978年11月,国务院批准把县治从东兴镇迁至防城镇,并将东兴各族自治县改名为防城各族自治县。1980年10月,防城港镇成立,原防城公社的白沙沥、渔洲坪2个大队划归防城港镇管辖。1985年5月,防城港区成立,防城港镇划归防城港区管辖。1985年5月—1993年5月,境域的光坡、公车、企沙3个镇属防城各族自治县辖地;白沙沥、渔洲坪2个街道属防城港区防城港镇辖地。1993年5月,设立防城港市港口区,同时撤销防城港区和防城各族自治县,港口区辖原防城港区的防城港镇和原防城各族自治县的企沙镇、光坡乡以及附城乡的白沙、公车、垭港、冲孔4个村。

港口区设立后,同时成立公车镇(由原光坡乡沙港村和原附城乡白沙、公车、垭港、冲孔村以及由东兰县移民组成的王府村组成)和白沙沥、渔洲坪2个街道(原防城港镇分设)。2015年11月,撤销公车镇,设立沙潭江和王府2个街道。至此,港口区辖企沙镇、光坡镇和白沙沥、渔洲坪、沙潭江、王府4个街道。

至2015年年底,港口区境域不变。

**【地理】**

*位置与面积* 港口区位于防城港市东南部,北纬21° 32′ 45″ ~ 21° 44′ 59″,东经108° 19′ 32″ ~ 108° 35′ 42″。东邻钦州市钦南区,南濒北部湾,西、北与防城区相连。行政区域总面积409.82平方公里。

*地形地貌* 港口区东南西三面临海,地势西北高东南低。地貌以低山丘陵为主,山峦高多在20 ~ 25米之间,最高峰为海拔103.7米的仙人山;沿海为海岸地貌,以海积地貌为主,有零星海蚀地貌。

**【环境】** 2015年,港口区环境质量总体保持良好。港口区城区空气质量优良率为93.0%,城市环境质量优良天数339天,PM10日均浓度为49μg/m$^3$,城市环境空气质量持续保持优良。集中式饮用水源地水质保持良好,江河水环境质量达到功能区划要求,近岸海域水环境功能区达标率为66.7%,水质与2014年相比基本持平。城市区域环境噪声昼间年均值为55.6分贝,夜间年均值为46.3分贝,声环境质量为较好。城市道路交通噪声昼间平均值为69.8分贝,夜间平均值为60.3分贝,道路交通声环境质量总体达到国家考核指标要求,属于较好水平。

**【气候】** 港口区属亚热带海洋性季风气候区。四季不明显,春秋相连,夏无酷暑,冬无严寒,降水丰沛,气候宜人。2015年平均温度23.6℃,全年12月份最冷,月平均气温15.5℃;6月份最热,月平均气温29.5℃。全年降雨量2200.2毫米;全年日照时数1731.7小时。

**【水文】** 港口区地表水不发育,溪流短小且季节性明显。境内最大河流有防城江和沙潭江。过境河流防城江流域面积750平方公里,年均流量每秒58.7立方米,年平均径流量21.05亿立方米,河长约90公里,过境河段长10公里。沙潭江流域面积46.4平方公里,年均流量每秒17.86立方米,年平均径流量17.86亿立方米,河长约14.7公里,境内河段长8公里。2015年,港口区各地降雨量分别为:港口1673.3毫米、企沙1542.7毫米、光坡1265.3毫米、公车1087.8毫米(2014年同期港口2564.6毫米、企沙2176.9毫米、光坡1976.1毫米、公车2008.6毫米)。其中,主要降雨在7.9月,最大降雨月份为7月份港口660.9毫米。

**【土地资源】** 2015年,港口区土地面积409.82平方公里,耕地实有面积30.95平方公里(基本农田面积10.36平方公里),园地面积

1.03平方公里，林地面积116.13平方公里，草地面积7.08平方公里，城镇及工矿用地83.63平方公里，交通运输用地11.59平方公里，水域及水利设施用地150.82平方公里，其他土地8.26平方公里。

**【矿产资源】** 港口区矿产资源主要有石英砂、铁矿、钛矿和砖用页岩4种。石英砂主要分布于企沙镇山新、坳顶村和光坡镇沙螺寮村一带，可露天开采，储量约80万吨。铁矿主要分布于光坡镇茅坪一带，品位、储量不详。钛铁矿分布于防城港（港口）西海湾，储量不详，被设为禁采区。砖用页岩分布较广，企沙、光坡、公车3镇均有分布，储量不详。

**【水利资源】** 2015年，全区有各类水库7座，其中小(1)型水库1座，为官山辽水库，小(2)型水库6座，分别为南蛇山水库、栏冲水库、三沟水库、大水车水库、十二岭水库、近草坑水库，水库设计总库存793万立方米，有效库容605万立方米。山塘188座，坡坝6座，灌渠222公里，登记在册的水利部门直接和协助管护的海堤防总长37.2公里，堤围内保护耕地35.15平方公里，保护人口3.27万。港口区自来水厂日供能力为1.5万立方米，农村饮水安全工程29处，解决6.4万名群众饮水困难问题。

**【海洋资源】** 港口区地理位置独特，全区三面环海，海洋资源丰富。海岸线长342.83公里，有滩涂89.83平方公里，有大小岛屿204座；有鱼类500多种、虾类230多种、蟹类20多种、贝类30多种、头足类近50种；有红树9个品种，红树林面积17.29平方公里；草类植物2种、藻类植物137种。港口区海岸线蜿蜒曲折，形成许多避风港湾，是开发建设港口的宝贵资源。辖区防城港是中国大陆海岸线最西南的深水良港，是全国沿海25个主要港口和12个区域中心港口之一；企沙港是广西第二大渔港，北部湾著名的渔货集散地，有200多年的历史，港内有大小渔船2000多艘，年海洋捕捞总量达到10多万吨，是防城港市最重要的渔业生产基地。港口区渔业人口约2万人，海洋渔业已经初步形成捕捞、养殖、加工、销售一体化的生产体系，海产品销往粤、港、澳、台地区以及西欧。

**【旅游资源】** 港口区旅游资源丰富，独具特色。2015年，港口区拥有国家AAAA级旅游景区1家，为西湾旅游景区；国家AA级旅游景区1家，为火山岛景区；全国特色景观旅游名村、全国休闲农业与乡村旅游示范点1家，为簕山古渔村；乡村旅游点4家，分别为：小八黑生态家庭农场、红沙渔鹭园、红沙万亩蚝排、沙螺寮榄埠。港口区绵延300多公里的原生态海岸线，还分布着山新海滩、天堂滩、东湾红树林等自然旅游资源。

其他旅游景点 2015年，辖区有海上胡志明小道、北部湾海洋文化公园、伏波文化公园、龙马明珠广场、仙人山公园、白鹭公园、湿地公园等。

**【土特产品】** 有沙虫干、鱿鱼干、海蜇、鱼露等特色海产品，光坡鸡、海鸭蛋禽类产品，红衣花生、红香薯农产品。

**【人口】** 2015年年末，港口区常住人口16.94万人，比上年末增加4000人；户籍总人口13.56万人，比上年末增加2400人；全年出生人口1946人，出生率11.9‰；死亡人口402人，死亡率2.5‰；自然增长率9.54‰。

**【行政区划】** 2015年港口区行政区划为企沙、光坡2个镇，渔洲坪、白沙沥、沙潭江、王府4个街道办

**港口区行政村、社区名称一览表**

| 2镇4街道 | 25村14社区 |
|---|---|
| 企沙镇 | 4社区：南港、东港、兴企、乐业 |
| | 11村：牛路、北港、山新、坳顶、板寮、赤沙、虾箩、华侨渔业、企英渔业、向阳渔业、大船渔业 |
| 光坡镇 | 2社区：大坡、龙兴 |
| | 8村：光坡、大龙、潭油、中间坪、新兴、栏冲、红沙、沙螺寮 |
| 公车镇(11月撤销) | 6村：白沙、公车、沙港、冲孔、垭港、王府 |
| 渔洲坪街道 | 4社区：渔洲、珠砂港、车辽、桃花湾 |
| 白沙沥街道 | 4社区：仙人湾、沙沥、插排尾、兴港 |
| 沙潭江街道(11月设立) | 2村：冲孔、垭港 |
| 王府街道(11月设立) | 4村：公车、沙港、王府、白沙 |

事处,下设25个村委会和14个社区。

【民族】 2015年,港口区户籍人口136757人,共有28个民族。其中,汉族107693人,占79.42%;壮族23100人,占17.04%;瑶族2495人,占1.84%;京族1305人,占0.96%;其他民族1007人,占0.74%。

【语言】 港口区的4个世居民族均使用汉语方言,即粤语、廉州语、客家话和瑶语以及正字(龙门话),多数使用粤语,外来语言以桂柳话汉语方言和壮语为主。普通话为国家推广语言,学校、机关及正规场合、场面较大的公众场合使用较多。

## 经济和社会发展

【经济发展概况】 2015年,全区生产总值346.35亿元,比上年同期增长(简称增长,下同)12.9%。其中,第一产业增加值14.50亿元,增长6.1%,同比回落0.4个百分点;第二产业增加值233.16亿元,增长15.8%,同比回落1.8个百分点;第三产业增加值98.69亿元,增长7.1%,同比提高2.6个百分点。从增长动力看,三次产业分别拉动经济增长0.2个百分点、10.6个百分点、2.1个百分点。对经济增长贡献率分别为1.8%、82.1%、16.1%,第一产业、第二产业同比回落0.3个百分点、4.7个百分点,第三产业同比提高5个百分点。从结构看,与上年同期比,第二产业比重提高,第三产业比重下降。三次产业结构由上年的3.9∶68.1∶28.0调整为4.2∶67.3∶28.5。财政收入11.9亿元,增长8.6%,增幅均与去年同期和1—11月持平。全区固定资产投资完成253.83亿元,同比增长8.4%。社会消费品零售总额完成20.1亿元,增长10.6%。城乡居民收入均实现较快增长。其中,城镇居民人均可支配收入30172元,增长8.0%;农民人均纯收入11069元,增长10.0%。

(区统计局)

【重大项目建设】 2015年全区固定资产投资完成253.83亿元,增长8.43%;全面推进"十百千"项目101项,完成投资72.96亿元,完成年度投资计划的111.3%;晟宇通物流二期、大龙港安路、博古东海岸、棚户区改造等47个项目开工建设;公车片区路网工程、海岸保护整治、广丰粮油、中海油LNG储运、科元新材料、海森特海工装备、中电二期、金川线缆铜材深加工、盛隆技改二期等重大项目加快建设;钢铁冷轧、核电一期、富味乡油脂食品、盛弘钢构一期、东盟商贸中心一期等项目竣工使用;东兴大道改造、企沙城北路网、光坡路网等项目前期工作扎实推进。

(区发改局)

【社会民生事业】 2015年,全区公共财政预算支出14.11亿元,全区教育支出完成15258万元,社会保障和就业资金17589万元,住房保障支出完成19731万元。全区城镇居民人均可支配收入30172元,增加2235元,增长8%。城镇居民人均消费性支出为18706元,增长7.2%;食品消费支出占消费总支出的比重为37.2%。农村居民人均纯收入11069元,同比增加1006元,增长10.0%。人均生活消费支出8600元,增长9.7%;食品消费支出占消费总支出的比重为40.1%。全区新增城镇就业人数6516人,比上年增342人,增长5.5%,其中下岗失业人员再就业137人,下降23.0%。农村剩余劳动力转移就业39人,下降15.2%。城镇登记失业率1.99%。全区城镇(含市直)在岗职工年平均工资6.53万元(含劳务派遣),同比增加1.1万元,增长20.2%。以"五项重点改革"为主要任务,稳步推进全区医改工作,城镇职工医保、城镇居民医保、新农合等指标均完成市下达全年任务指标。进一步健全基层医疗卫生服务体系建设,港口区人民医院、光坡镇中心卫生院住院楼、渔洲坪、白沙沥2个社区服务中心,23个行政村卫生室均已投入使用。防治艾滋病攻坚工程、母婴健康"一免二补"幸福工程、地中海贫血防治计划和重大公共卫生妇幼为民办实事项目顺利实施。

(区统计局)

## 政治文明建设

【中共党组织民主制度建设】

开好党员领导干部专题民主生活会 根据市纪委、市委组织部《关于开好"三严三实"专题民主生活会的通知》(防组通字〔2015〕50号)文件要求,12月24日召开区委常委会"三严三实"专题民主生活会,会上区委班子成员认真开展自我批评，剖析自身存在问题，提出整改方向，班子成员敞开胸怀、坦诚相见，进行相互批评，会议开出了既有红红脸、出出汗的紧张和严肃，又有加加油、鼓鼓劲的宽松和和谐，进一步促进了形成政治立场坚定、团结民主、开拓创新、务实奋进、清正廉洁的好班子。同时，指导各镇（街道）党（工）委开好“三严三实”专题民主生活会，部分区委班子成员到会做好指导工作。

开好组织专题生活会　全区各基层党组织参照党员领导干部“三严三实”专题民主生活会的做法和要求，召开一次组织专题生活会，党员领导干部以普通党员身份参加所在党组织的组织生活会。每个党员按照“三严三实”的要求，通过分析查找自身差距和不足，明确努力方向。同时，开展民主评议党员工作。　（苏树人）

**【政府职能转变】**　指导辖区39个区本级行政机关推行权力清单制度工作，按照单个行政审批事项承诺提速不低于60%，实际办理提速不低于80%，审批流程控制在3个审批层级以内的要求，完成对权力清单、责任清单的初审，进一步规范行政权力公开工作。统筹推进行政审批“三集中三到位”，要求各窗口单位严格执行“一次性告知”“一站式审批”“一口受理”，全面落实“三项制度”，规范办理行政审批，对每个事项都制定操作规范和流程图，简化审批程序。重点对495项承接上级部门下放事项、不再实施和合并的项目进行系统核对。鼓励窗口积极开展“上门服务”“延时服务”“预约服务”“全程代办”等特色服务，行政审批受理和办结执行率达100%。

**【政务公开】**　2015年，港口区政务服务中心窗口共收到申请件数10201件，受理件数10195件，办结件数10222件，评议率为98.45%，满意率99.93%，实际办理提速达92.56%，实现零超时，零投诉的目标。

推进“三证合一、一照一码”商事制度改革　1月在广西县（市、区）一级率先实施营业执照、组织机构代码证、税务登记证等相关证件登记制度改革，实现“三证合一、多证联办”。9月，根据上级的统一部署，启动统一的社会信用代码，对新设立的企业根据统一代码生成规则赋予全新的统一代码，统一发放印有统一社会信用代码的营业执照，即“一照一码”营业执照。全年新登记企业639户，同期增长13.3%；注册资本48349万元。新登记个体工商户2141户，同期增长14%；注册资本25997.45万元。

推进基层政务服务规范化建设　港口区政务办严格按照“五统一”（统一规范服务和管理机构，统一建设标准，统一进驻部门、事项和人员，统一服务模式，统一信息化应用平台）标准指导企沙镇企英村、向阳村、大船村、坳顶村、虾箩村、板寮村，光坡镇潭油村、栏冲村、龙兴社区共9个村（社区）挂牌成立政务服务中心，2015年，镇（街道）政务服务中心覆盖面达100%，村（社区）政务服务中心覆盖面达76%。为加强对各镇（街道）和村（社区）政务服务中心的规范管理。港口区政务办对各镇（街道）政务服务中心设施建设、办公情况、事项办理、信息平台应用情况进行督查，指导各镇（街道）政务服务中心通过政务公开栏、政府门户网站和自治区政府信息公开统一平台对基本信息、行政决策、基本事务开展政府信息公开工作。创新基层政务公开政府信息公开载体，组织镇（街道）一级参照区本级举办政务公开日活动，共接受群众咨询300余次，发放传单2000余份。各镇（街道）、村（社区）政务服务中心的管理机制和运行模式逐步规范，为人民群众提供更加便捷、优质、高效的公共服务，全年共为群众代办理事项共3587件。

推进重点领域政府信息主动公开　根据国务院办公厅《2015年政府信息公开工作要点》（国办发〔2015〕22号）文件精神，着力推进行政权力清单、财政资金、公共资源配置、重大建设项目、公共服务、国有企业、环境保护、食品药品安全和社会组织等九大重点领域信息公开。全年通过政府门户网站公开重点领域信息1130条。

加强民生资金监管公开　督促指导各镇（街道）政务服务中心严格按照要求，应用自治区政务服务政务公开政府信息公开基层信息化平台办理城乡居民最低生活保障金申请，全年共办理576件，均通过自治区政务服务政务公开政府信息公开基层信息化平台进行公开。

完善政府信息依申请公开　加强对各部门政府信息公开工作的指导，督促各窗口单位在政务服务中心设立政府信息依申请公开受理点，完善政府信息依申请公开的工作流程，规范公开程序，畅通依申请公开受理渠道，方便公众申请，全年共收到依申请公开3件，未涉及政府信息公开的行政复议和行政应诉案件。

创新公开模式　5月15日—20日，组织举办"以公开保障改革，以改革促进转型"为主题的港口区2015年政务公开日活动。通过统发短信、开设政务公开栏、举办现场政务公开日活动、新闻报道四种形式开展。现场活动日当天，全区17个具有行政审批职能的部门通过制作宣传展板、现场解答群众咨询、免费发放宣传资料等方式，面向社会公开各窗口单位的服务事项、办理依据、需要提交材料、办理时限、收费等法律规定需要公开的事项。为企业和群众提供政策咨询600多人次，发放宣传资料8000多份。

全面贯彻落实《广西壮族自治区政务服务政务公开政府信息公开"十二五"规划》　以区、镇（街道）、村（社区）三级政务服务中心的标准化建设和规范化管理为重点，深化行政审批制度改革，加强和规范政务服务体系建设，推进行政权力公开透明运行，围绕《规划》确定的总体目标和主要任务开展工作，按时间节点，完成各项工作任务。（许睿翔）

【村民自治】　健全村民代表会议制度，凡涉及全村和村民利益的重大事项，都必须提交村民代表会议讨论决定，取得大多数村民的同意和支持。同时，通过村"两委"联席会议制度，发挥党支部的领导核心作用。制定和完善村民自治章程、村规民约、村务管理公开制度、村民代表议事制度、财务管理制度等规章制度。加强服务，互相帮助，按章办事，依靠自己，共建文明民主的家园。各村依靠加强自我管理，实现一般事务不出村。成立村务监督委员会，实行村务公开制度。村设有固定的村务公开栏，村委会对村民会议决定的重大事项及实施情况、财务开支、计生政策落实情况、救灾救济款物发放、村干误工补贴等事项进行实事求是的公开，同时设立意见箱，收集村民对公开事项的反映和意见，接受群众的民主监督。（兰　伟）

【厂务公开】　各企业领导体制、工作制度健全，厂务公开规范到位，厂务公开的覆盖面不断延伸，内容和形式更加丰富，使企业管理由封闭式转向为开放式，实现企业经营管理者和广大职工的良性互动，提高决策的民主性和科学性，维护职工的合法权益，保证职工队伍的稳定。据调查统计，全区关于改革和生产经营重大决策的公开率占推行厂务公开制度企业的91%以上；涉及职工切身利益的重要问题公开率达到93%；关于企业党风廉政建设的重要事项公开率达到91%。（唐文娜）

## 精神文明建设

【文明道德风尚倡导】　通过开展网络文明传播活动，港口区涌现出一批自发参与的网络文明传播志愿者队伍。港口区财政局获得"防城港市网络文明传播志愿者工作先进单位"荣誉称号，陈艳、腾捷、莫君杰3人获得"防城港市网络文明传播优秀志愿者"荣誉称号。在防城港市开展"讲文明树新风"公益广告征集活动中，港口区文明办选送的《生态文明》获三等奖。

【思想道德建设】　通过新春文体活动、游园活动、"三月三"渔家歌友会等多种活动形式，扎实开展社会主义核心价值观宣传工作。利用城区电子显示屏、建筑围墙、各类广告牌、各单位已有的宣传阵地，继续开展"图说我们的价值观"工作，累计各单位新建善行义举榜、综合展示栏近400幅。结合校园文化建设，在全区中小学大力开展培育和践行社会主义核心价值观工作，涌现出金湾小学、武钢北港小学、光坡镇中心小学等颇具特色的示范点，其中港口区三小在市委宣传部领导抽查社会主义核心价值观进校园、进教室、进课堂工作中得到高度肯定，市委宣传部领导对港口区社会主义核心价值观社会宣传"五进"（进社区、进校园、进机关、进企业、进农村）工作给予肯定。同时，抓好核心价值观公园的推进工作，并确定公园选址。

【道德模范学习宣传】　为倡导崇尚、关爱、争当道德模范的良好风尚，树立崇德向善的价值导向，港口区出台《关于做好结对联系和关爱模范人物工作的通知》等文件。探索以制度化的形式进一步深化社会主义核心价值观的培育和践行。把关心关爱道德模范工作资金统筹列入年度财政预算。明确道德模范在人文礼遇、医疗养老、生产生活困难帮助、就业和法律援助等方面的优待，同时把文明委成员单位、各级文明单位与各级道德模范(含提名奖获得者)、爱心人士和星级文明户、见义勇为人士、优秀志愿者等一一结对联系,由各单位负责做好日常的联系和关心关爱工作,并把结对联系模范人物以及培育和践行社会主义核心价值观工作列入文明村镇、文明单位评选的重要指标之一,以充分发挥模范人物的榜样引领作用和文明单位的示范作用。春节前,港口区文明办组织文明委成员单位、各级文明单位对辖区内的模范人物进行慰问,共筹措资金1万多元,慰问模范人物15户,有的文明单位还为贫困的模范人物协调解决低保问题。

根据防城港市文明办《转发〈关于开展第三届自治区道德模范评选表彰活动的通知〉的通知》(防文明办发〔2015〕3号)精神,港口区及时将文件转发至各镇(街道)、区直各单位,认真开展推荐工作。共向市文明办推荐王红霞、黄彩兰、刘世珍等6位候选人。开展身边好人线索报送工作,上报护鹭老人黄枢余和最美消防员农本豪身边好人线索18条,推荐志愿者心得6篇,向自治区舆情处报送核心价值观和关爱模范人物等舆情信息2条。

**【未成年人思想道德建设】** 围绕社会主义核心价值观的培育和践行,以自治区联系点港口区二小为龙头,以点带面,在港口区掀起倡导践行社会主义荣辱观,引导未成年人在家庭孝敬父母、在学校尊敬师长、在社会奉献爱心——做一个以“在校好学生、在家好孩子、在社会好少年”为标准的有道德的人。港口区开展“我的中国梦”“洒扫应对”“认星争优”“日行一善”“网上祭英烈”“学习雷锋,做美德少年”“童心向党”“向国旗敬礼”等主题活动,共计有3000多人次参加。组织参加防城港市第二十二届青少年爱国主义读书活动讲故事、演讲比赛,取得一等奖1名,二等奖1名及自治区三等奖1名的好成绩。

组织开展学雷锋月主题活动,全面动员各机关、企事业单位团组织、青年文明号、少先队、两新组织通过团团联动、联建联创,促进学雷锋志愿服务常态化、长效化。全区上下积极开展学雷锋活动,举办“弘扬雷锋精神,传承中华美德”“弘扬雷锋精神,优化港湾环境”等主题活动10多次,参与人数600多人。6月,在金湾小学举行港口区爱心驿站建设启动仪式,志愿者和学生代表分别对“爱心驿站”建设发起倡议,活动当天募集到书籍215本,衣物1021件,鞋53双,玩具59件(个)。

**【文明单位、村镇创建】** 根据防城港市文明办《关于做好全国第五届、自治区第十六批、防城港市第十三批文明村镇、文明单位、军(警)民共建精神文明先进单位申报工作的预通知》的要求,积极组织辖区各单位、企业、村镇进行预申报工作。区国税局、区政府办预申报全国文明单位,企沙镇预申报全国文明村镇;区检察院、区人社局、区工信局以及中国十九冶集团(防城港)设备结构有限公司预申报自治区文明单位;企沙镇华侨村、赤沙村预申报市级文明村镇;区委宣传部、企沙文化站预申报市级文明单位;区国税局预申报军(警)民共建精神文明先进单位。

**【志愿者服务活动】** 通过网格化服务中心,规范志愿者招募注册制度,根据群众的实际需要,及时发布志愿者招募信息,为有意愿、能胜任的志愿者进行登记注册,建立志愿服务记录制度。邀请讲师开展志愿者知识培训讲座,宣传志愿者精神,提高志愿者服务质量。开展社区志愿服务,把志愿服务做到基层、做进社区、做到需要帮助人的身边。沙万网格化服务中心成立由党员、团员青年以及机关干部、企事业单位职工等组成的志愿者服务团,还与广西财经学院防城港分校签约共建,2015年登记在册的志愿者有400人左右,经常参加由服务中心社工组织的服务社区老人、帮扶留守儿童以及清洁社区、服务社区居民等活动。 (蒙祥洋)

## 生态文明建设

**【生态环境宣传教育】** 2015年,港口区环保局举办新《中华人民共和国环境保护法》知识讲座,组织辖区20多家重点企业代表参加,邀请专家以专题形式,宣讲环保法律法规知识。6月5日世界环境日,区环保局配合市环保局在光坡镇红沙小学举办宣传活动,现场解答环境问题和受理环境投诉。5月29日,配合市环保局在西湾广场举办以“保护生态环境 践行绿色生活”为主题的

“欢乐西湾”群众广场文艺晚会。编制新《中华人民共和国环境保护法》宣传手册和印制宣传挂图2000多份，在工业园区和主要交通道路口张贴和悬挂宣传横幅20多条。（蒋少芳）

**【生态文明示范区建设】** 港口区积极开展“星级文明户”创建活动，印发专门活动方案，各镇结合实际制定相应实施方案，结合“美丽家园·清洁乡村”活动和农村精神文明建设工作，扎实开展创建活动，港口区共评比出星级文明户63户，其中镇级星级文明户53户，区级星级文明户10户。经过这次“星级文明户”的创建活动，农村精神文明建设取得很好的成效，农民思想道德素质得到提高，农村环境明显改善，农村经济快速发展，农民收入不断提高，“星级文明户”创建活动取得良好成效。（蒙祥洋）

**【耕地保护】** 做好新一轮耕地质量等别年度更新调查评价工作，2014年度耕地质量等别年度更新与监测评价成果已完成，2015年度耕地质量等别年度更新与监测评价工作正在实施。根据自治区国土厅《关于进一步做好永久基本农田调整划定工作的通知》（桂国土资发〔2015〕4号）文件要求，委托自治区国土资源规划院开展港口区的永久基本农田划定工作。经各部门论证举证，划定方案已完成，港口区划定基本农田保护面积为10.36平方公里，已获自治区国土厅核准备案。（朱权武）

**【公共机构节能】** 印发《关于加强港口区公共机构废旧商品回收利用工作的通知》；港口区党政办公大院及港口区卫生系统实行水电按功能分区计量和节能改造，全部使用节水龙头和LED灯具；围绕“节能有道节俭有德”的主题开展公共机构节能宣传，制作宣传画18套，板报9块，横幅8条，利用短信向干部职工倡议体验能源短缺带来的不便；联合港口区工信局举行1次节能培训；协助港口区水利局完成市级节水型示范单位创建工作。2015年港口区公共机构人均能耗64.04公斤标准煤/人、单位面积综合能耗2.28公斤标准煤/平方米、人均用水15.46立方米/人，分别占全年任务的99.27%、88.72%、88.92%，完成公共机构年度节能目标控制任务。

（黄国欢）

**【环保产业发展】** 按照绿色发展、科学发展的要求，直面节能减排严峻形势，强化责任部门联动机制，严把项目准入关，厉行节能减排预警和督查，加强政策引导和促进产业调整，积极推动磷化工、盛隆冶金、粮油、中电等企业节能技改建设，淘汰砖窑等落后项目产能，抓好节能减排政策宣传和节能灯免费发放。经努力，目前全区万元地区生产总值能耗、化学需氧量排放、二氧化硫排放、氨氮排放、氮氧化物排放等环保指标均控制在市要求范围内。

（陈艳宁）

**【领导机构党派团体及领导人】**

中共防城港市港口区委员会

书　记：梁宗勇（任至8月） 姚喜心（瑶族，8月任职）

副书记：姚喜心（瑶族，任至8月） 许大俭（壮族） 黎家迎（10月任职）

常　委：梁宗勇（任至8月） 姚喜心（瑶族） 黎家迎（10月任职） 许大俭（壮族） 陈定宽（任至4月） 唐建平（4月任职） 林春胜 刘明奕 陈　乐 覃德耀（壮族） 郑光萍（女，壮族，任至1月） 刘盛礼 韦　龙（壮族） 何　苗（女，8月任职） 莫崇勇（挂职，任至9月） 欧超节（挂职） 白　健（回族，挂职，任至4月）

办公室主任：陈　乐

副主任：钟恒清 邓创造（任至5月） 韦信钦（瑶族，任至5月，兼） 罗　剑 梁德勇（任至7月） 冯云峰（壮族，5月任职） 刘陶华（7月任职）

督查室主任：邓创造（任至5月，兼） 冯云峰（5月任职，兼）

接待办主任：韦信钦（瑶族）

副主任：吴狄蔓（女）

机要局局长：邓全文

副局长：王光杰

保密办（局）主任（局长）：梁德勇（任至7月，兼） 刘陶华（7月任职，兼）

信息办主任：黄　秋（11月任职）

信访局局长：钟恒清

党史研究室主任：莫玉梅（女）

副主任：盘恒星（瑶族，5月任职）

防城港市港口区
人民代表大会常务委员会

主　任：吴忠泰

副主任：卢建玲（女，瑶族） 李树洪 陈树柏 宋京洲

办公室主任：张炳强

副主任：苏　武 何华东

法制工作委员会主任：邬有聪（壮族）

财政经济工作委员会主任:陈宪满

代表联络工作委员会主任:李夏莲(女)

## 防城港市港口区人民政府

区 长:姚喜心(瑶族,任至11月) 黎家迎(11月任职)

副区长:林春胜 覃德耀(壮族) 莫崇勇(挂职,任至9月) 欧超节(挂职) 白 健(回族,挂职,任至4月) 吴保剑 韦更望(壮族) 佟义东 骆国章 张 勇(女,挂职,12月任职) 韩 凯(挂职,11月任职)

办公室主任:何 畅

副主任:李 东(任至5月) 毛玉虹(女) 陆丹丹(女,壮族) 陈 曦 唐 鹏(壮族)

应急管理办公室主任:陈 曦(兼)

政务服务管理办公室主任:陆丹丹(女,壮族,兼)

副主任:李 玮(女,壮族)

打击走私办公室主任:林培享

法制办公室主任:李 东

民族和宗教事务局局长:谭国权(壮族)

旅游局局长:曾兴荣(任至12月) 陈佳佳(女,壮族,12月任职)

副局长:林爱兵

## 政协防城港市港口区委员会

主 席:杨家积

副主席:陆汉松(壮族) 王立强 蔡 倾 刘晓红(女)

办公室主任:吴宇运

副主任:钟凉德(壮族)

提案法制委主任:李少雄(壮族)

副主任:郑旭玲(女)

经济科教文卫体委主任:刘华新(壮族)

副主任:钟震宇

华侨民族宗教文史学习联谊委主任:韦美艳(女,壮族)

副主任:黄艳珍(女,壮族)

## 中共防城港市港口区纪律检查委员会监察局

书 记:刘明奕

副书记:钟海德(瑶族) 王立进

常 委:刘明奕 钟海德(瑶族) 王立进 刘爱玲(女) 陈莉(女,任至11月) 刘付桂浪

监察局局长:钟海德(瑶族)

副局长:刘爱玲(女) 李向旻(女)

绩效办主任:陈 滴(女,壮族)

副主任:陈 莉(女,任至11月)

## 党群组织

组织部部长:韦 龙(壮族)

副部长:高 波(兼) 邱 宽 李科君(壮族)

老干部局局长:李科君(壮族)

宣传部部长:覃德耀(壮族)

副部长:苏桂新(壮族) 阮一峰(壮族,11月任职)

外宣办主任:韦庆禄(女,壮族)

网管中心主任:黄鸿燕(女,壮族)

统战部部长:郑光萍(女,壮族,任至3月) 何 苗(女,9月任职)

副部长:张 进(京族)

台办主任:李学英(女,瑶族)

政法委员会书记:刘盛礼

副书记:邓钧译(瑶族) 邓坚和 吴乃华(任至11月) 曾兴荣(11月任职)

国安办主任:李水平

副主任:刘开朝(壮族)

综治办主任:邓钧译(瑶族)

副主任:唐光云(壮族)

维稳办主任:邓坚和

副主任:唐 创

防范办主任:兰 虹(女,壮族)

机构编制委员会办公室主任:黄 媚(女,壮族)

副主任:林培驷

事业单位登记管理局局长:邓春莲(女,壮族)

直属机关工作委员会书记:梁满(壮族)

副书记:骆泽生(任至11月) 刘学明(11月任职)

直属机关纪律检查工作委员会书记:骆泽生(任至11月)刘学明(11月任职)

港口区总工会主席:陈树柏

副主席:刘素菊(女,壮族) 项 麟

共青团防城港市港口区委员会书记: 阮一峰(壮族,任至7月) 梁德勇(7月任职)

副书记:李晶晶(女)

妇女联合会主席:唐子惠(女,瑶族,任至11月) 陈 莉(女,11月任职)

副主席:卢少丽(女)

科学技术协会主席:蔡玉镇(任至11月)唐子惠(女,瑶族,11月任职)

文学艺术界联合会主席:张永志(京族)

社会科学界联合会主席:严世存

副主席:黄怀谷(女)

归国华侨联合会主席:杨孙艳(女,9月任职)

专职副主席:杨孙艳(女,任至9月) 傅春坚(女,9月任职)

兼职副主席:梁海金(9月任职)

残疾人联合会理事长:苏祥朗(京族)

副理事长:梁 明(女) 张秀娟(女)

红十字会会长:欧超节(兼)

专职副会长:洪　波(任至11月)　蔡玉镇(11月任职)

工商业联合会主席:彭　莲(女,壮族)

专职副主席:韦洪海(壮族,11月任职)

### 政法机关

港口区人民法院院长:张建民

副院长:兰继文(壮族)　李飞(女,壮族)　宋丞致(挂职,1月任职)

港口区人民检察院检察长:王小清

党组副书记:磨耀吉(壮族)

副检察长:苏　恒　池国权　何培源(12月任职)　陈　瑶(女,挂职,任至12月)

港口区人民武装部部长:唐建平

政　委:丁细辉(2月任职)

副部长:陆军林

港口区公安边防大队大队长:谭先彬

政　委:劳实业(3月任职)

副大队长:陆　明　张　洪(6月任职)

### 区政府部门

发展和改革局局长:彭俊强

副局长:黄政平(壮族)　唐海蓉(女,任至3月)　蔡　涛

物价局局长:肖　剑

工业和信息化局局长:冯信初

副局长:唐国彪(壮族)

统计局局长:黄广平(女,壮族)

副局长:龙绍钦

商务局局长:闭　利

副局长:卢振洁　潘　瑜　范志辉(京族,11月任职)

口岸办主任:潘　瑜(兼)

边境贸易管理局局长:卢振洁(兼)

教育局局长:钟　东(瑶族)

副局长:宋庆伟　刘秀妍(女,土家族)

科学技术局局长:戚汝波

副局长:梁妍新(女,壮族)

知识产权局局长:梁妍新(女,壮族,兼)

民政局局长:黄岸柳(女,壮族)

副局长:刘学明(壮族,任至11月)　韦翠霞(女,京族,5月任职)　游振泉(11月任职)

老龄办主任:韦翠霞(女,京族,任至5月)

财政局局长:钟恒栋

副局长:凌　兵　苏链辉　项慧玲(女)

人力资源和社会保障局局长:高　波

副局长:黄　琛(壮族)　黄可(任至11月)

住房和城乡建设局局长:苏兴富

副局长:骆东辉　叶春秀(女)　吴健培

房产管理局局长:叶春秀(女,兼)

交通运输局局长:邓创造(5月任职)

副局长:吴乃育　黄　越

农业局局长:左　峰(瑶族)

副局长:朱　健　简碧宇(任至7月)　黄景新(壮族,任至5月)　陈　杰(任至5月)　吴雄章(壮族,5月任职)

林业局局长:黄景新(壮族,任至12月)　陈耀邦(壮族,12月任职)

副局长:黄超敏(女)　游振泉(任至11月)

水产畜牧局局长:简崇成(7月任职)

副局长:傅　宇　陈开云

农业机械化管理局局长:杨正任

副局长:张钱杰

水利局局长:翟才都

副局长:唐尚文

水库移民工作管理局局长:赖玉江

卫计局局长:钟伟年(5月任职)

副局长:陈雪萍(女,5月任职)　廖树凤(女,壮族,5月任职)

文体广电新闻出版局局长:黄海燕(女)

副局长:覃万欢(壮族)　龙喜云　陈从刚

审计局局长:姚　文

副局长:刘　静(女)　黄　荣

司法局局长:李　东

副局长:沈奕权(瑶族)　周规松　邓静娴(女,苗族,7月任职)

环境保护局局长:林明滨

副局长:冯　成(任至7月)　罗江云(女)

安全生产监督管理局局长:吴尚贵

副局长:吴尚东　黄广尚　许成智(壮族)

粮食局局长:朱扬光

副局长:覃　敏(壮族,任至7月)

地震局局长:刘　锦

副局长:韦洪海(任至5月)

档案局局长:吴艳江(女,瑶族)

副局长:刘陶华(任至10月)　骆泽生(11月任职)

招商促进局局长:冯科跃

副局长:凌瑞敏(女,壮族,任至7月)　骆晓明(女)

机关后勤服务中心主任:庞兴就

副主任:吴雪松(毛南族)

住房制度改革委员会办公室主任:吴岸信(壮族)

扶贫开发办公室主任：陈　杰（任至5月，兼）　吴雄章（壮族，5月任职，兼）

副主任：王冠学（京族）　范志辉（任至11月）

海防委员会办公室主任：谢乃庆

副主任：许春友（壮族）

人民防空办公室主任：禤达周（壮族）

征地拆迁办公室主任：黄国庆

副主任：卢立本　卢成宝

食品药品监督管理局局长：吴钱仁（壮族）

副局长：陈佳佳（女，壮族，任至11月）　骆艺华（女，11月任职）　邓俊殷（瑶族）

食品安全委员会办公室主任：吴钱仁（壮族，兼）

副主任：覃　颖

驻港口区单位

防城港市国土资源局港口区分局局长：彭俊华

副局长：黄　云　黄鸿霖

防城港市海洋局港口区分局局长：陈　雄（壮族，3月任职）

港口区国税局局长：伍　浩

副局长：杨煜卿（瑶族）　李妙蓉（女）　段文国

港口区地方税务局局长：庞少军（任至6月）　王其铭（京族，6月任职）

副局长：蔡　娟（女，任至11月）　毛志宏　易向辉

港口区工商分局局长：钟华杰

副局长：陈夏莲（女）　郑友强（瑶族）　江立贤　黄集良（壮族）

防城港市公安局港口分局局长：韦更望（壮族）

政　委：吴永帅（壮族）

副局长：莫自华　杨伟来　李剑敏（6月任职）

防城港市港口公安消防大队大队长：苏广富（壮族）

教导员：农朝理（壮族，11月任职）

防城港市公安局交通警察支队港口大队大队长：郑　宁（任至11月）　卢　军（11月任职）

教导员：庞义宁（壮族）

副大队长：王红霞（女，任至1月）　农恒佳（壮族，任至11月）　莫祖胜（壮族，1月任职）　陈致平（6月任职）

民主党派

民革防城港市委员会港口区支部主委：凌瑞敏（女，壮族，6月任职）

民盟防城港市委员会港口区支部主委：蔡　硕

民建防城港市委员会港口区支部主委：邓春莲（女，壮族，6月任职）

民进防城港市委员会港口区支部主委：杨纯环（女，6月任职）

致公党防城港市委员会港口区支部主委：黄雯婷（女，壮族）

企沙镇

党委书记：王德森（壮族）

副书记：黄日良（京族）　唐时秀（女，壮族）　何军源（挂职，9月任职）　骆超波（挂职，9月任职）

人大主席：唐时秀（女，壮族）

副主席：邓永喜（任至6月）

镇　长：黄日良（京族）

副镇长：吴列泰　吴明泰　李就仪

纪委书记：潘思源（任至12月）

光坡镇

党委书记：吕文平（壮族）

副书记：刘晓东　吴能文　余越雄（任至9月，兼）　唐上武（9月任职，兼）　张丽风（挂职，女，9月任职）　刘光磊（挂职，壮族，任至2月）　廖熙富（挂职，2月任职）

人大主席：吴能文

副主席：陈星池（壮族）

镇　长：刘晓东

副镇长：夏如军　骆艺华（女，任至11月）　蔡始兵

纪委书记：王廷峰（任至11月）

公车镇（11月撤镇设置沙潭江、王府两个街道）

党委书记：王　华（任至11月）

副书记：李广斌（任至11月）　邓珊珊（女，任至11月）　陈远荣（挂职，任至11月）

人大主席：邓珊珊（女，任至11月）

副主席：李就仁（任至11月）

镇　长：李广斌（任至11月）

副镇长：冯明龙（京族，任至11月）　周志成（壮族，任至11月）　甲世勇（壮族，任至11月）

纪委书记：赖胜东（任至11月）

渔洲坪街道

党工委书记：甘文堂

副书记：陈耀邦　宋升文　钟志杰（11月任职）

人大工委主任：钟志杰（瑶族12月任职）

街道办事处主任：陈耀邦（任至11月）　宋升文（11月任职）

副主任：吴爱物（11月任职）　傅以托（5月任职）　吴　艳（女，5月任职）

纪工委书记：黄昌兴（壮族，11月任职）

白沙沥街道

党工委书记：江　源

副书记：杨佰篙　劳永剑（挂职）　张　洪（任至9月，兼）　庞则磊（9月任职，兼）

街道办事处主任：杨佰篙

副主任：钟　鹏（瑶族）　凌源（女，京族）　廖泊宇

纪工委书记：陈燕婧（女，壮族）

### 沙潭江街道

党工委书记：邓珊珊（女，11月任职）

副书记：黄　可（11月任职）　赖胜东（11月任职）

人大工委主任：赖胜东（11月任职）

街道办事处主任：黄　可（11月任职）

副主任：温　媚（女，11月任职）　罗绍俊（壮族，11月任职）

纪工委书记：潘思源（11月任职）

### 王府街道

党工委书记：吴乃华（11月任职）

副书记：王廷峰（11月任职）　周志成（壮族，11月任职）

人大工委主任：周志成（壮族，11月任职）

街道办事处主任：王廷峰（11月任职）

副主任：冯明龙（京族，11月任职）　李就仁（11月任职）

纪工委书记：赖胜团（11月任职）

（相关部门提供资料）

# 政　　治

## 中共防城港市港口区委员会

【区委机关概况】 五届区委设书记1名，副书记2名，常委11名，书记梁宗勇(任至8月)、姚喜心(8月任职)，副书记姚喜心(任至8月)、许大俭、黎家迎(10月任职)。年内，区委先后学习贯彻传达中共十八届四中全会，全国“两会”精神以及中共中央总书记习近平在“两会”期间参加广西代表团审议时的重要讲话精神；召开区委五届九次全会，审议通过《中共防城港市港口区委员会关于制定国民经济和社会发展第十三个五年规划的建议》，动员部署全区精准扶贫工作。

【重要会议】

部署2015年全区经济工作　1月23日，港口区委、区政府召开经济工作会议。深入学习贯彻中共十八大和十八届三中、四中全会，以及中央、自治区、市经济工作会议精神，总结港口区2014年经济工作，分析当前形势，部署2015年的经济工作，动员全区上下认识新常态，适应新常态，引领新常态，推动新发展，奋力实现全年经济社会发展和“十二五”规划目标。

召开区委务虚会　2月28日，港口区委召开务虚工作会，全面分析研判港口区发展的重大事项和问题，交流思想、深化认识、明确方向，谋划2015年工作目标、工作任务和工作举措。

部署全区农业农村工作　3月12日，港口区委、区政府召开全区农村工作会议，贯彻落实中央1号文件和中央、自治区、市农村工作会议精神，总结2014年全区农业农村工作，分析形势，研究部署2015年全区农业农村工作。

动员部署征地搬迁安置工作　3月15日，港口区委、区政府召开征地搬迁安置动员会，总结2014年征地搬迁安置工作，部署2015年全区征地搬迁安置工作，动员全区坚决按照市委、市政府对各项目的时间节点要求完成征地搬迁安置任务，确保金川、核电、钢铁三大项目和金源、盛隆、东湾大道等产业和城建项目如期投产或竣工。

传达学习全国“两会”精神　3月20日，港口区召开全区传达学习全国“两会”精神大会，传达学习十二届全国人大三次会议、全国政协十二届三次会议和中共中央总书记习近平参加广西代表

1月23日，港口区经济工作会议在区政府七楼会议室召开

黄　愉供稿

3月12日，2015年港口区农村工作会议在区委七楼会议室召开

黄　愉供稿

团审议时的重要讲话精神以及《中共中央关于徐才厚严重违纪违法案及其教训的通报》。

**年中征地搬迁安置工作**　6月24日，港口区委、区政府召开2015年年中征地搬迁安置工作会议，总结上半年征地搬迁工作进展情况，对下半年征地搬迁工作进行再动员再部署，统一思想，明确任务，切实加强征地搬迁工作的领导，着力加快推进全区项目征地拆迁安置工作，确保完成全年工作任务。

**部署动员"两新"组织党建工作**　6月16日，港口区召开非公经济组织和社会组织党组织组建百日攻坚大行动动员会，深入学习贯彻中共十八大和十八届三中、四中全会以及全国、自治区和市非公有制企业党的建设工作会议精神，研究部署港口区"两新"组织党建工作，对百日攻坚大行动进行动员部署。

**动员部署征地工作百日攻坚**　10月8日，港口区委、区政府召开秋冬季征地拆迁工作百日攻坚动员会，调整征地拆迁工作总指挥部机构，对征地拆迁工作百日攻坚进行动员部署。活动聚焦"破瓶颈、保交地、促开工"，坚决按照市委、市政府对各项目的时间节点要求完成2015年征地拆迁安置任务。

**动员全区精准扶贫攻坚工作**　10月16日，港口区委、区政府召开全区精准扶贫攻坚工作推进会，研究部署落实自治区、市精准扶贫攻坚动员大会精神，全面启动港口区精准扶贫攻坚各项工作，确保港口区贫困群众2020年与全国同步实现全面小康。

**部署全区绩效攻坚工作**　10月22日，港口区委、区政府召开全区绩效考评工作攻坚会，总结部署下一步全区绩效攻坚工作，并就如何做好绩效工作进行培训。会议指出全体干部要认清形势，正视问题，在时间短任务重的情况下，克难攻坚，举全区之力坚决完成自治区、市委市政府和区委区政府2015年的工作任务。

**部署党的群团工作**　10月27日，港口区召开全区党的群团工作会议，全面贯彻落实中央、自治区党的群团工作会议精神和《中共中央关于加强和改进党的群团工作的意见》、自治区《贯彻落实〈中共中央关于加强和改进党的群团工作的意见〉实施方案》，进一步加强新形势下党的群团工作，更好的发挥群团组织作用，努力

3月20日，港口区传达学习全国"两会"精神会议在区委七楼会议室召开

黄　愉供稿

10月8日，港口区委、区政府召开港口区2015年秋冬季征地工作百日攻坚动员大会　　骆振华供稿

开创党的群团工作新局面。

**召开港口区委五届九次全会**　12月21日，港口区委召开中共防城港市港口区第五届委员会第九次全体会议，学习贯彻中共十八届五中全会、自治区党委十届六次全会和市委五届七次全会精神，听取和讨论区委常委会的工作报告，审议通过《中共防城港市港口区委员会关于制定国民经济和社会发展第十三个五年规划的建议》。区长黎家迎对“规划”向全会作了说明。

**部署全区扶贫精准识别工作**　12月25日，港口区召开扶贫领导小组会议暨精准识别建档立卡培训会，贯彻落实自治区和市扶贫工作会议要求，总结前一阶段精准识别工作，研究解决近期精准识别工作中存在的问题，部署下一步精准识别建档立卡各项工作

**召开区委常委民主生活会**　12月29日，港口区召开三严三实”专题民主生活会，通报区委常委会2014年度民主生活会征求意见整改情况和区委常委会“三严三实”专题教育征求意见汇总，总结成绩，对照检查存在问题和差距。开展批评和自我批评，着力解决“不严不实”问题，切实增强践行“三严三实”要求。

## 【重要活动】

**学习贯彻中共十八届四中全会精神**　4月16日，港口区举办全区“学习贯彻十八届四中全会精神，全面推进港口区法治建设”专题研讨班，深入学习贯彻中共十八届四中全会、中共中央总书记习近平在中央省部级主要领导干部专题研讨班和参加十二届全国人大三次会议广西代表团审议时的重要讲话精神，以及自治区党委书记彭清华、市委书记金湘军在专题研讨班开班仪式上的重要讲话精神，进一步统一思想、提高认识、凝聚力量，全面推进港口区法治建设。

**启动全区“三严三实”专题教育活动**　5月14日，区委书记梁宗勇以《适应从严治党新常态　践行三严三实新要求》为题给全区科级干部上党课，学习贯彻中纪委书记刘云山、中组部部长赵乐际在工作座谈会上的讲话精神及自治区党委书记彭清华、市委书记金湘军党课精神，并结合港口区实际就“三严三实”的重大意义及深刻内容、“不严不实”的具体表现、落实“三严三实”的实践要求作了深

5月14日，“三严三实”专题教育党课在区委七楼会议室召开　　黄　秋供稿

刻的解读，正式启动港口区“三严三实”专题教育活动。

“三严三实”第一专题集中学习　6月9日，港口区委常委会召开“三严三实”专题教育第一专题集中学习研讨会，专题学习研讨“严以修身，加强党性修养，坚定理想信念，把牢思想和行动的‘总开关’”。

“三严三实”第二专题集中学习　7月29日，港口区委常委会召开“三严三实”专题教育第二专题集中学习研讨会，专题学习研讨“严以律己，严守党的政治纪律和政治规矩，自觉做政治上的明白人”。

“三严三实”第三专题集中学习　11月19日，港口区委常委会召开“三严三实”专题教育第三专题集中学习研讨会，专题学习“严以用权，真抓实干，实实在在谋事创业做人，树立忠诚、干净、担当的新形象”和学习贯彻中共十八届五中全会精神，并就《中国共产党廉洁自律准则》和《中国共产党纪律处分条例》等内容进行学习讨论。（张　伟）

## 组　织

【组织概况】2015年港口区有基层党(工)委9个，党总支部5个，党支部312个，党员3984名。全区党员人数占常住人口总数的2.35%。其中，少数民族党员676名，占党员总数的16.97%；女党员1080名，占27.11%；35岁以下党员1099名，占27.59%；具有大专以上学历的党员1895名，高中(含中专、中技)文化程度的党员1103名，初中以下文化程度的党员986名，分别占47.57%、27.69%、24.75%。全年发展党员58名。其中，女党员17名，占发展党员总数的29.31%；少数民族党员13名，占22.41%；35岁以下党员38名，占65.52%；高中以上文化程度的党员52名，占89.66%。

（苏树人）

【干部人事制度改革】

全面推行公务员职务与职级并行制度　对全区科级干部和党群一般干部信息进行全面摸底调查，在调查过程中注重从细处入手，对照任免表、干部档案等材料逐一核实，对符合条件人员及时进行考核，晋升职级，落实待遇。全年共对43名符合条件的干部进行晋升职级，其中从正科晋升到副处级职级28人，从副科晋升到正科级职级9人，从科员晋升到副科级职级6人。

规范中层干部备案审批　制定出台《港口区区直单位中层干部任免管理办法》，规范中层干部审批备案。对各单位呈报符合要求的中层干部及时复核，对不合程序要求的提出整改意见。全年共审批股级干部37批次129人。

（刘文镇）

【领导班子和干部队伍建设】

扎实做好干部选配工作　严格按照《党政领导干部选拔任用工作条例》规定，对镇(街道)和部分区直单位(部门)干部进行优化调整，及时配优配齐公车镇撤改街道后的领导班子，干部队伍的年龄结构、性别结构、知识结构更加科学合理。年内共提拔科级领导干部43人，交流调整干部22人，推荐3名正科级领导干部参加全市中青年干部实践培训班培训，选派5名“青苗人才”到企沙工业园、大西南(临港)工业园、沙潭江高新科技园等重点企业园区、选派2名镇(街道)领导班子成员到市直单位挂职锻炼。

加大对干部从严监督管理　认真开展“三超两乱”、社会团体兼职等专项清理工作，全年共消化“三超两乱”干部16人，清理退(离)休领导干部在社会团体兼职1人；全面落实领导干部个人有关事项报告制度，将填报对象延伸至全体科级干部；加强科级以上干部因公因私出国(境)管理，对科级以上领导干部出国(境)证件进行集中登记保管，坚决杜绝领导干部违规私自持有出国(境)证件的现象。

开展人事档案专项审核　按照上级组织要求，全面开展干部人事档案专项审核工作，在档案审核过程中，做到每一卷档案认真鉴别，逐卷逐项查看，确保干部人事档案真实、准确、完整、规范，切实维护干部人事档案工作的严肃性和公信力。年内共计完成干部人事档案审核改版588份，占全年任务的100%。（刘文镇）

【人才工作】

落实党管人才责任　编制2015年港口区人才工作要点，调整完善人才工作领导小组，配备区委人才办主任和专职副主任。组织召开2015年全区人才工作领导小组第一次会议，对2015年人才工作进行部署。严格按照《防城港市“一把手”抓“第一资源”目标责任制考评暂行办法》和《关于地方党委、部门党组(党委)履行抓党建工作、干部工作和人才工作职责考核办法(试行)》有关要求,把人才工作纳入科级领导班子和年度绩效考评范围,加强考评结果运用,不断强化"一把手"抓人才工作的责任和意识。

加强人才队伍建设　完善落实人才引进各项工作,继续深化"聚才扬帆""白鹭英才""柔性引才"等各类招才引智措施。探索建立非公有制企业人才发展服务机制,支持企业加强与高等院校、科研院所对接,加快建设人才培养基地。配合市委人才办开展人才工作品牌创建活动,积极推进海洋产业人才队伍和磷化工产业人才队伍品牌建设。继续实施柔性引才。采用更为灵活的柔性引才方式,组织有关部门到高校直接面试录用大学生,经初步面试、复试、考核等程序,招录各类人才49名。进一步缓解港口区各用人单位人才紧缺的困境。

深化人才服务措施　落实市委"聚才扬帆"计划"1+5"文件规定的安家费补贴、专业技术拔尖人才政府特殊津贴、高层次优秀人才生活补助、高技能人才津贴等政策待遇,健全固化人才政策兑现的长效机制,全年发放高层次人才安家费11.10万元、重点高校高层次人才住房补贴1.80万元。大力实施"人才安居工程",推进高层次人才公租房优先保障、政府补贴等工作,先后协调解决8名高层次人才住房。　(刘文镇)

11月10日,港口区举办新任"两新"党组织书记培训班,区委常委、组织部部长韦龙(主席台左一)作工作部署　　港口区委组织部供稿

**【基层组织和党员队伍建设】** 5月14日,启动"三严三实"专项专题教育活动。按期完成印发实施方案、成立领导机构、上好专题党课、换位沉底调研等"规定动作",完成3个专题的集中学习研讨。通过指定学、体验学、警示学、辅导学"四学",参学的处级领导干部普遍接受3次以上的党性教育,引导领导干部见贤思齐、见不贤而自省。聚焦查摆问题,共查摆出不严不实问题6大类共210多个,意见建议320多条。聚焦不严不实问题,对为官不正、为官不廉、为官不为、为官不实的现象进行重点整治。将专题教育转化到为民服务当中,率先在广西搭建"一站式"惠民平台,打造"港城惠民通"手机APP服务平台,并建立农民工创业园,打通服务农民工创业"最后一公里"。各级党员干部在教育对象的示范带动下,将"三严三实"要求当作正心修身的重要守则和干事创业的行动准则,把专题教育成效转化为作风建设的成果,以开展专题教育有力地促进各项事业发展,确保两手抓、两不误、两促进。

开展"两新"组织百日攻坚大行动　年内,港口区提前超额完成"两新"党组织的组建任务。新组建党组织69个,覆盖企业或社会组织130家,完成88家组建覆盖任务的150%。同时,协助市工作组组建党组织67个,覆盖企业或社会组织80家。积极落实经费保障,为新建"两新"组织党组织划拨筹建启动经费21万元(每个党组织3000元),用于支持其活动场所建设,同时以"财政拨付""党费返还"的形式划拨5万多元,为原有28个"两新"党组织提供党建活动经费保障。通过集中培训与自主培训相结合的方式,对百日攻坚行动中新任党组织书记及时开展业务培训,实现对辖区内136名新任党组织书记全部轮训一遍的目标。

推进幸福社区创建工作　根据上级关于创建幸福社区、创新社区管理服务的部署要求,港口区及时召开动员会,区主要领导多次带队深入各社区现场调研,多次召开党政联席会议,重点研究场所选址、改造和经费等问题,广泛收集街道及社区干部意见建

2月27日，港口区委常委、组织部部长韦龙(左一)到桃花湾社区调研创建幸福社区工作　港口区委组织部供稿

议，对港口区10个城市社区，分别采取选址新建、改建修缮、扩建提升等不同模式加以建设，已全部完成初步选址和立面设计工作，并以桃花湾社区作为试点社区，以点带面、全面铺开，为其配备完善基础设施，着力打造成市第一个标准化服务型示范社区，年内，桃花湾社区已投入使用。

强化“美丽广西”乡村建设(扶贫)工作队管理　定期召开工作队例会，通报工作队工作情况，交流工作经验；组织全区第一书记、工作队员到“小八黑”生态基地现场观摩学习。不定期对第一书记、工作队员的在岗情况、工作情况进行现场督查，对3名工作不力的工作队员进行约谈，通报8名无故离岗的工作队员，调整撤换2名工作队员。严格考核第一书记、工作队员工作业绩，评出先进，树立典型。成立港口区第一书记办，配强配齐5名工作人员，健全管理制度。组织开展2015年精准识别贫困村贫困户工作，抽调83名骨干力量(含市、区、镇选派工作队员)组建精准识别工作队伍。全区投入60多万元专项经费用于精准识别工作。截至12月底，全区有识别任务的21个行政村已完成入户调查、评议公示及建档立卡工作。

加强大学生村官管理　根据全国机关事业单位6月份调资政策，依照公务员工资标准，提高全区在岗17名大学生村官工资待遇。大学生村官工资与乡镇公务员同等待遇。鼓励大学生村官向上流动，已为2名服务期满、符合条件的大学生村官办理入编手续；做好大学生村官考录公务员、事业单位服务工作，鼓励大学生村官报考机关事业单位。年内，共有5名大学生村官进入公务员队伍。认真抓好2015年大学生村官选聘及分配工作，共选聘6名大学生村官充实到基层岗位。为提升大学生村官工作能力，将部分大学生村官安排到征地拆迁、土地确权、精准识别等重大项目锻炼。组织符合条件大学生赴浙江培训。

大力推进基层阵地建设　指导光坡镇做好一站三中心服务大厅项目启动、建设规划许可、工程预算等工作，落实市区两级配套资金61万元。对新成立社区的办公设备进行摸底，拨付2万元用于社区购买办公设备，同时对已老化的村(社区)办公楼进行修缮，拨付1万元用于光坡镇大坡社区办公楼防水工程，投入3万元完善龙兴社区办公设备，拨付2万元用

11月10日，港口区“美丽广西”乡村建设扶贫工作队11月份例会暨传达自治区精准识别贫困户贫困村工作推进会精神会议在区政府七楼会议室举行　港口区委组织部供稿

9月19日—24日，港口区组工干部赴贵州遵义开展党性教育异地培训　　港口区委组织部供稿

于红沙村办公楼防水工程。

**规范村（社区）“两委”干部队伍建设**　贯彻落实《防城港市人民政府办公室关于提高全市行政村和社区办公经费、干部基本补贴标准的通知》（防政办发〔2014〕53号）文件精神，为每个村（社区）办公经费在市增幅的基础上再提高5000元，分别达到20000元和25000元，村（社区）干部职务补贴也在原有基础上增加200～600元。做好2014年度村（社区）“两委”干部年度考核工作；建立全区39个村（社区）“两委”干部信息档案和村情简介。实施村级干部素质提升工程，举办村（社区）“两委”干部培训班和村（社区）支书、主任专题培训班；分批次组织村党组织书记到广东、浙江、江苏、南宁、桂林等地培训学习，推荐符合条件村支书参加大专入学考试。

（李　宾　苏树人　潘冬云）

## 【部门自身建设】

**组工干部思想政治建设**　组织组工干部赴芒箕涡革命教育基地开展现场体验学习活动，在贵州遵义市举办2015年港口区组工干部党性教育培训班，开展“向莫振高同志学习”专题活动，观看教育片《忠诚》，通过树榜样、定目标，找方法，使组工干部增强宗旨观念，转变工作作风，在广大党员干部中树立党性强、素质优、作风正、工作出色的形象。利用“周末讲坛”平台，举办港口区第78期“周末讲坛”，邀请浙江海洋大学教授黄建钢莅临讲课，全区180多名干部参加听课活动。

**提升组工信息宣传水平**　建立完善全员信息制、逐条登记、月通报、股室评比等项制度，促进信息工作的制度化、规范化。加大对上和对口科室的协调力度，力争出精品，多上稿。年内，被中组部采用组工信息1篇（综合），广西组工信息采用8篇，区委信息采用10篇。对部门电信固话进行扩容，对计算机设备进行更新。落实大组工网分级保护建设工作，推进网络综合布线、机房建设、信息安全加固等方面工作，并以此为契机，从建章立制和硬件提升两个方面，对部门的整个网络系统进行全方位的防控加固改造，提升网络信息安全。

**改进组工干部的作风和能力**　以支部为单位召开生活会，开展谈心交心，创造机会，使组工干部将工作、生活等方面遇到的困难，及时向组织反馈。由班子成员对分管股室干部进行思想交流，及

11月26日，港口区委组织部在区政府七楼会议室举办港口区干部教育大培训第78期“周末讲坛”　　港口区委组织部供稿

时消除干部的思想障碍,让组工干部干工作没有心理压力。坚持“组工讲堂”,由部领导和各股室股长、负责人带头上党课。为组工干部搭建学习交流平台,进一步拓展组工干部的知识面,引导组工干部努力建设学习型机关、学习型队伍。深入挂点联系村开展“美丽家园·生态乡村”活动,协调帮助解决挂点联系村完善环卫基础设施等工作。积极参加港口区“盛隆杯”第八届干部职工运动会。区委组织部组织策划并拍摄制作的党员电教片《平凡绽放美丽》《南美白对虾养殖》分别获自治区“优秀党员教育电视片”二等奖、优秀奖,并被评为“摄制工作先进单位”。（区委组织部）

## 宣　传

【概况】 2015年,中共防城港市港口区委员会宣传部(简称区委宣传部)内设办公室(含办公室、宣传股、理论教育股)、新闻出版办公室,挂港口区精神文明建设委员会办公室(简称港口区文明办)、中共港口区委员会对外宣传办公室(简称区委外宣办)牌子,管辖二层单位港口区新闻中心、港口区互联网管理中心,其中港口区互联网管理中心为区委宣传部管理的副科级事业单位。至2015年年底,区委宣传部有编制14名,其中行政编制4名,事业编制10名。实有工作人员25人。

港口区宣传工作紧紧围绕区委、区政府中心工作,唱响主旋律,打好主动仗,加强策划,突出重点,捕捉新闻点,展现闪光点。2015年,港口区共在中央、自治区、市、区各级媒体刊载港口区新闻稿件(含网络媒体)2350多篇(条)。其中,在中央电视台、新华网、人民网等中央级媒体上稿620多篇(条);在《广西日报》《防城港日报》等市级以上报刊类媒体上稿数量861篇(条);在广西电视台、防城港电视台等市级以上广电类媒体上稿数量877篇(条)。

【理论宣传】 2015年,区委中心组已全面完成“全面推进依法治区,加快港口区法治建设”“全面建成小康社会,加快建设边海经济带”和“全面深化改革,实现先行先试新突破”等4个专题的学习。集中学习中共中央总书记习近平关于全面依法治国、全面建成小康社会和全面深化改革等内容。区委中心组围绕建设法治港口区、适应经济发展新常态、建设边海经济带和积极先行先试等内容进行深入研讨。督促提醒区委学习中心组成员,抓好调查研究,力争每位成员都写出有分量的调研报告,为区委、区政府科学决策提供有益参考。向港口区社科联推荐调研报告(理论文章)7篇,向上级宣传部门推荐边海经济带征文等调研报告(理论文章)6篇。

抓好中共中央十八届五中全会精神的学习贯彻,区委、区政府班子带头学习,各级党组织全面跟进。向自治区舆情处报送《港口区掀起学习贯彻党的十八届五中全会精神热潮》信息一条。港口区委宣传部积极对接,筹划组织开展学习中共中央十八届五中全会精神宣讲报告会。邀请防城港市学习贯彻中共中央十八届五中全会精神宣讲团成员、政协防城港市委员会研究室主任谭秋贤,到港口区进行学习贯彻中共中央十八届五中全会精神宣讲,把学习贯彻中共中央十八届五中全会精神推向深入。区委宣传部、区文体局通过“三月三歌会”、送电影下乡以及有奖知识问答等方式大力开展宣传。

切实抓好疍家文化和历史的挖掘保护和研究工作,加快疍家文化研究点的建设。经过近一年的努力,港口区的疍家文化研究工作取得新突破,继上年两间(艘)疍家渔船书屋投入使用后,年内疍家文化研究点(疍家风情展厅)初步建成,已经验收投入使用,研究点内陈列有疍家服饰、生产生活用具、渔船模型、疍家文化研究书籍以及疍家历史沿革、疍家风情图片等。

【社会宣传】 港口区社会宣传工作以中共十八大和十八届三中、四中、五中全会精神,以及中共中央总书记习近平系列重要讲话精神为指导,紧紧围绕区委、区政府的中心工作,结合实际,突出主题,深入开展社会主义核心价值观及“中国梦”、从严治党“三严三实”教育、“推进边海经济带建设”等社会宣传工作,营造浓厚的社会氛围。在东兴大道火车站对面、倒水坳大桥高炮、公车镇政府路口高炮、公车镇中心校旁、光坡邮电所对面、红沙核电路口、大龙大桥旁高炮、簕山古渔村门口等醒目位置,制作大型固定宣传牌、高杆宣传牌8块,深入宣传社会主义核心价值观和“中国梦”。在企沙镇、光坡镇、公车镇各村(学校)充分利用围墙、舞台、宣传栏等醒目位置制作生动活泼的动漫喷绘宣传图15幅,大范围开展社会主义核心价值观宣传活动，以有教育意义的图画引导广大干部群众培育和践行社会主义核心价值观。将“美丽广西·生态乡村”社会宣传深入到各镇（街）、村（社区），共制作高杆宣传牌4块，大型固定宣传牌9块，墙体喷绘2000多平方米。组织开展“三严三实”社会宣传工作，通过网络征文、板报展览、山歌传唱、文艺下乡、电影展映、拉挂横幅、电子显示屏滚动播放标语等丰富多彩的形式进行宣传。此外，还制作了3块高杆宣传牌和1块大型固定宣传牌，宣传“三严三实”。以“当好主力军，打好主战场，奋力推进边海经济带建设”为内容，制作4块高杆宣传牌进行宣传，引导广大党员干部积极参与到边海经济带建设工作上来。

**【对外宣传】** 港口区对外宣传工作紧紧围绕区委、区政府的中心工作，把握新形势和新要求，唱响主旋律，打好主动仗，奋发有为，扎实工作，为港口区的科学发展、跨越发展提供精神文化力量。在工作典型方面，港口区在中央电视台《大秋收》直播节目中，宣传港口区的海水养殖工作成效。节目分别于10月18日9点、16点在央视新闻频道现场直播红沙万亩蚝排丰收景象。此外，港口区推出的《“一站式”惠民服务平台惠民生》等稿件，经防城港新闻网发后，被新华网、人民网、新浪网等多家媒体转载，引起广泛反响。在人物典型方面，推出港口区检察官柳荣媚《细心呵护未成年人成长》等报道，通过多重视角和深入访谈，记录先进典型成长轨迹和心路历程，颂扬先进人物的崇高精神，力促“学典型、讲责任、比奉献”良好风尚的形成。

实施三项外宣精品。①拍摄形象外宣节目。积极与旅游卫视《文明中华行》栏目合作，拍摄大型系列节目《走进防城港之因港而生》《走进防城港之天堂之沙》，为港口区对外宣传造势。②组织编撰精美画册。立足于港口区鲜明的地域特色，组织编撰《碧海红沙——港口区现代特色海洋渔业核心示范区》宣传画册，共印500册。③打造海洋文化品牌。4月26日，在南宁举行“明乡人故里”文化论坛暨《西海斜阳》图书发布会，与来自国内外的专家学者庆祝《西海斜阳》新书发布，该书的发布也是防城港市海洋文化建设中的重要文化成就。书籍以明末龙门总兵杨彦迪开运河、筑王城以割据龙门、光坡一带沿海地区20年，最后败退南圻（今越南南方）的历史故事，塑造了一位抗清义士的悲剧形象，该书借此探寻了海上丝绸之路西段的北部湾军事、海商、历史、文化源头。12月，港口区与广西崇源文化传播有限公司签约，签订了编写《西海斜阳》电影文学剧本的协议书。

**【新闻宣传】**

“社会主义核心价值观”专题报道　港口区利用《港口区新闻》电视节目片头片尾的定向时间，刊播社会主义核心价值观，让“24字”价值观潜移默化地走进观众。在《港口区新闻》栏目中开设“树立社会主义核心价值观”专题，策划宣传各行各业践行核心价值观的成果。推出《港口区让“核心价值观”像空气一样存在》等报道。在做好模范人物宣传时，推出港口区检察官《柳荣媚：细心呵护未成年人成长》等报道。

“法治建设”专题报道　在《港口区新闻》栏目中开设“依法治区”专题，充实栏目设置，丰富报道形式，充分宣传各级各部门在依法行政、社会法治、全民守法、依法监督等方面的务实举措和成功经验，充分展示港口区广大干部群众积极参与依法治区工作的热情和行动。在法制人物典型方面，结合“一天”专题，推出港口区人民检察院检察长王小清《一身三任，尽心尽力尽责任——记港口区人民检察院检察长王小清》《郑家勇：尽心服务基层善解群众纠纷的“和事佬”》等一系列法制人物的典型宣传。

“边海经济”专题报道　在《港口区新闻》栏目中开设“奋力推进边海经济带建设”专题，以专题策划深度报道的形式，深入挖掘港口区对外招商引资、重点项目进展和现代特色海洋渔业（核心）示范区建设等方面的有力举措。采访宣传港口区服务重大项目、大东沙生态示范带建设成就等，为加快推进边海经济带建设营造良好的舆论氛围。围绕该主题，推出《“最美家庭”故事：夫妻相守红沙湾那一抹鲜红》《在红沙那片海续写边海经济的奇迹》和《港口区大力创建现代特色海洋渔业（核心）示范区》等稿件。

“中心工作”专题报道　紧紧围绕区委、区政府的中心工作，力求每月都有一个重点报道，每个季度有一组系列报道，深化重大报道、系列报道及跟踪报道的力度。在《港口区新闻》栏目中开设“美丽家园·生态乡村”等中心工作专题栏目，推出《用生态文明理念建设美丽乡村》《今天的村庄唱着美丽的歌谣——港口区打造美丽家园建设生态乡村纪实》《港口区大力推进幸福社区创建工作》《“一站式”惠民服务平台惠民生》等稿件。

提高业务素质，做好媒体通联 港口区切实加强新闻中心工作人员业务素质，先后举办摄影、编辑等专题培训，派员到浙江传媒大学进修“新时期如何做好新闻宣传”等课程。此外，积极做好与市级以上媒体及驻市记者站的沟通联系，通过与上级媒体联合采访报道，加大在市、自治区主流媒体的上稿力度。

【网络宣传和管理】 港口区在红豆社区防城港论坛、防城港天天网等网站进行网络舆情监控和管理，发现负面舆情及时上报，对出现低俗、黄色等不良内容及时上报取缔。根据市一级的要求，做好下达的各类网评工作。2015年，港口区网络管理中心联动各相关单位在各网站共处置舆情25条，正面回复20条。对于网民投诉的帖子，网络中心第一时间对接相关单位，面对质疑和投诉，及时回应网民声音，解决群众反映的问题。如3月份，有网民投诉区民政局登记结婚拍照乱收费的事情，区民政局就对存在的问题进行检讨和道歉，并对相关工作人员的服务行为进行批评。5月份，有网友对区药监部门的公务用车问题提出质疑，区药监局对此作了详细的解释，并就此做了相应的整改。

在微信平台宣传中，2015年，共发布微信100多期800多条。同时，新推出“港口区资讯”新浪官方微博，每天都进行实时更新，进一步拓展网络宣传的辐射面。

5月21日，港口区举行干部教育大培训第77期“周末讲坛”暨港口区网络舆情应对专题讲座。邀请自治区网研中心主任张松涛讲课，区四家班子领导以及各单位的主要领导和宣传员参加培训，培训主要针对当前的网络舆情热点，讲授如何结合实际做好分析、研判、应对。网管中心年内首推《网络舆情周报》，共编发20期，把重大舆情上报给区委、区政府领导审阅，对相关单位处置网络舆情情况进行整理、汇报。为区委、区政府处理网络舆情提供决策依据。

5月21日，港口区干部教育大培训第77期“周末讲坛”暨港口区网络舆情应对专题讲座在区委七楼会议室举办　　蒋竞娆供稿

10月17日，由港口区网管中心主办的“大东沙生态经济带”网络采风活动，在红沙村、沙螺寮村开展。这次采风活动邀请广西新闻网红豆社区、省级驻防城港站网络媒体、防城港市新闻网和港口区本地网友代表参加。通过参观港口区现代特色海洋渔业(核心)示范区建设、网友互动等环节，宣传港口区现代特色海洋渔业，这次采风活动南国早报在10月20日用大半版刊登红沙蚝排的报道，同时广西新闻网、防城港市新闻网也做了相关报道，网友在各大网站发帖超20篇(条)，图文并茂地宣传港口区“大东沙生态经济带”建设和发展的风生水起。

(蒙祥洋)

## 统一战线

【概况】 中共防城港市港口区委员会统一战线工作部(简称区委统战部)内设1个职能股(秘书股)，挂牌机构为区委台湾工作办公室(与区人民政府台湾事务办公室合署办公)，行政编制3名，2015年，区委统战部深入学习中共八届四中、五中全会精神，认真贯彻落实中央统战工作会议精神，按照《中国共产党统一战线工作条例》(试行)的要求，紧紧围绕“率先发展，富民强区”宏伟目标，以服务改革发展为重点，以市委统战部提出的“四大行动”为引领，聚智创新，锐意进取，全面推

3月17日，港口区委统战部在区委一楼会议室召开港口区统战工作会议

港口区委统战部供稿

进统战各项工作。

【践行“同心”思想】 3月17日，召开港口区统战工作会议，传达全国、自治区、市统战工作会议精神，安排部署2015年统战工作，把统战干部的思想统一到践行同心思想，服务全区经济社会发展上来。

【服务非公有经济发展】 一是深入开展非公经济人士理想信念教育实践活动。3月27日，在光坡镇“芒箕涡”革命旧址挂牌成立港口区非公经济人士理想信念教育基地，并于5月21日组织非公经济人士40人到基地开展港口区继续深入开展非公经济人士理想信念教育实践活动动员会，公车商会和渔洲坪商会分别与挂钩村签订帮扶协议书。二是加强服务力度。3月26日，区委统战部会同区工商联举办港口区银企座谈会，密切与各大银行的联络，为非公企业解决融资难问题出谋划策。同时，加强对非公经济人士及非公企业高级管理人才的培训工作，10月20日，举办2015年港口区中小企业销售管理新模式培训班，培训非公经济人士50多人。同时选送非公经济人士参加自治区、市组织的非公经济人士培训班、读书班等30余人次，进一步提升非公企业人员综合素质。三是为非公企业搭建沟通、服务平台。引导非公经济人士充分利用人大、政协平台反映港口区在经济社会发展过程中出现的热点和难点问题。利用恳谈会、座谈会、联谊会等活动，积极向党委、政府谋划经济发展建言献策，年内非公经济人士在市、区（县）两级人大、政协会上提交议案、建议共9件。四是开展非公企业走访调研服务活动。11月，组织港口区工信、商务、住建等部门，面向全区部分大中型非公有制企业开展一次大走访活动，采取实地察访、组织座谈、问卷调查、电话反馈等形式对全区70家不同类型非公企业进行摸底调查，在走访活动中共收集意见建议24条。五是引导非公企业开展正能量活动。通过开展非公人士理想信念教育实践活动、非公企业家座谈会等活动为契机，加强贫困村与非公企业、商会组织的联系和沟通，牵好线，搭好桥，积极发动港口区非公经济人士参与到精准扶贫活动中。目前，防城港市新皇冠大酒店、防城港市畜旺高饲料有限公司、广西新港湾工程有限公司等三家非公企业分别与企沙镇山新村、光坡镇栏冲村、公车镇白沙村签订了民营企业扶助贫困村协议，并出台了帮扶方案，在方案中明确企业通过产业发展、就业安置、扶弱济困、风貌改造、党建互动等方式帮扶贫困村脱贫致富，进一步拓宽港口区扶贫工作面。据不完全统计，今年全区非公有制经济人士在捐资助学、帮扶新农村建设等活动中捐赠各类物资、资金折合人民币已达10多万元。

【党外人士队伍建设】 一是6月完成民革、民盟、民建、民进4个民主党派支部的换届工作。各民主党派支部完成新老交替和政治交接，更多年轻党派成员进入支委领导班子，港口区各民主党派组织建设迈上了新台阶。二是创新党外干部选拔任用机制。2015年，区委统战部与区委组织部密切配合，共同研究和分析党外干部的教育、培养、配备和选拔，及时向区委提供决策依据，为党外干部的成长提供组织保证。年内党外干部在政府部门担任领导职务的已超过五分之一，并且有1名党外干部担任政府工作部门行政正职；在法院领导班子中也配备1名党外领导干部，完成了自治区、市的相关绩效考评要求。三是创新党外干部培训工作,促进党外干部素质提升。7月20日—23日,区委统战部在百色市举办2015年港口区党外干部培训班,通过集中学习及情境教学相结合,全方位提升党外干部业务能力与政治素质。四是落实党外人士联系制度,完善港口区党政领导干部定期与党外代表人士沟通制度并认真抓好落实。通过召开年中经济工作通报会、综治工作通报会等会议,由区委、区政府领导向港口区党外人士通报了港口区经济社会运行情况,听取了党外人士对区委、区政府工作的意见及建议,进一步提高了党外人士参政议政积极性。今年“两会”期间,港口区党外人士共提出提案或意见建议30多件(条)。五是开展党外人士调研工作。港口区委统战部认真贯彻“党委出题,党派调研,政府采纳,部门落实”的工作机制。组织各民主党派、工商联、无党派代表人士开展调研活动,围绕区委、区政府中心工作,积极提出服务全区经济发展工作意见和建议,今年民主党派、工商联、无党派人士共完成调研课题9个,对促进港口区经济社会发展做出了应有贡献。

**【港澳台侨及海外联谊工作】** 一是开展走访慰问台资企业活动。年内,区台办多次走访富味乡芝麻油等台资企业,积极为台资企业协调进厂道路建设等问题。二是开展为侨服务活动。6月、9月分别组织统一战线成员到企沙镇华侨村进行医药下乡、侨法宣传活动,发放常用药品折合人民币1万元,为群众义诊200多人次,发放普法资料2000多份。三是开展扶危救困活动。加强对全区困难归侨侨眷、宗教界困难人士、原工商业者、社区老党员的关心和帮助,通过开展春节慰问、发放生活补助(针对原工商业者)、不定期走访慰问等形式,帮助解决社保、医保、子女上学等问题,其中区委统战部积极与财政部门协调,把港口区原工商业者生活补助标准提高到800元每年,比上年标准提高33%。年内,共发放慰问金、慰问品、生活补助等折合人民币5万元,给各界群众带去党和政府的关怀,营造了和谐、积极的氛围。

**【统战宣传调研信息工作】** 2015年,区委统战部共向《广西统一战线》《防城港统战信息》《防城港日报》、港口区新闻中心、区委办信息科等单位报送信息56篇次,其中被《广西统战信息》采用1篇,被《防城港统战信息》采用6篇,被《港口区新闻》采用7篇,被区委办信息科采用10篇,上报统战调研课题及成果各1篇;全年完成调研文章9篇。

（禤继兴）

## 老干部工作

**【概况】** 2015年,港口区共有离退休干部579人。其中,离休干部6人(平均年龄86.6岁);处职(级)退休干部7人,科级(含)退休干部123人,科级以下退休干部443人。

**【老干部思想文化建设】** 2015年,港口区不断强化老干部“两项建设”。着力抓好全国、全区和市“双先”表彰会议精神的学习贯彻。年初,通过举办“学先进、赶先进、当先进”教育活动,引导老干部和老干部工作人员自觉把思想认识统一到会议精神上来。港口区65个单位约480余名离退休干部先后收听收看了会议视频,收到老干部来信、来电反映感想和建议130多条。以开展老干部为党和人民事业增添正能量活动为契机,不断健全离退休党支部各项制度,推进离退休干部党支部工作制度化、规范化,年内举办时事形势报告会、政治理论辅导报告会等4次,使广大离退休党员及时了解政治、经济、科技文化等方面的发展情况,做到思想上清醒,政治上坚定。

**【老干部生活服务】** 2015年,港口区不断建立完善“五项制度”“四送上门”“三个坚持”等离休干部亲情化服务制度。重点完善和推行“1+1+”结对联系制度。坚持定期组织老干部学习,3月17日,组织12名离退休干部代表对全国、全区离退休干部“双先”表彰大会精神进行学习研讨。坚持老干部参加重要会议、听取汇报的制度。结合“三严三实”教育实践活动,邀请离退休干部钟发珍等参加区委书记为党员领导干部上的党课;结合“一季一座谈”机制,全年组织老干部开展区情通报会四次。坚持订阅各种报纸杂志,丰富老干部的文化生活。坚持老干部外出参观考察。6月,结合突出正能量主题活动,组织离退休干部“走出去”,参观防城港码头、红沙核电建设现场等。12月,港口区实施离休干部看病就医“一卡通”费用结算制度,有效解决离休干部看

9月11日，渔洲坪社区卫生服务中心在碧海紫金城免费为老年人体检　　港口区委宣传部供稿

病难、费用报销难等问题，全年累计为离休干部报销医药费约14.3万元。注重掌握老干部身体健康信息，坚持每年开展健康体检，并通过"1+1+"联系制度，时时掌握离休干部身体健康状况。在政治待遇落实方面，通过"五个坚持"开展工作，做到重大节日走访慰问与定期走访。

【老干部作用发挥】 组织老干部开展各项活动。围绕"展示阳光心态"，于春节和重阳节期间开展老干部游园活动2场次，参与老干部600多人次。3月，结合基层党建工作，选派2名熟悉党建工作的退休干部担任党建组织员。6月，结合港口区中心工作开展，推选6名有工作经验的退休干部参与服务大项目征地拆迁工作。组织由退休干部组成的仙人湾歌舞队深入村镇开展"舞动港口，为夕阳添彩"文艺活动。8月，组织区老科协12名老科技工作者深入红沙、中间坪等村开展"老专家下基层"调研活动；围绕"畅谈发展变化"，组织港口区"五老"宣讲团深入学校开展革命传统教育宣讲，向中小学生宣讲抗战老战士的英雄事迹，宣讲党的历史及抗战斗争史，据统计，全区共有12名"五老"参与宣讲，开办宣讲12场次。10月，组织开展"舞动港城、添彩夕阳"老年人广场健身舞比赛，全区16支老年队伍共计240多人参与比赛演出；围绕"体验美好生活"，积极搭建平台引导老干部"银龄行动、奉献港口"。

【机关自身建设】 2015年，港口区老干局积极参加上级调训，学习党的路线方针政策，学习中共十八大及三中、四中、五中全会精神，学习关于老干部工作的业务知识。根据市老干部局统一部署，加强对老干部工作信息报送和宣传，一年来，共向《防城港日报》《老年知音》等报纸杂志报送信息、文章共3篇。　　（莫海滨）

## 机构编制

【概况】 2015年港口区机构编制委员会办公室（简称港口区编办）内设机构编制股和综合股，行政编制3名，实有工作人员2名；下设事业单位登记管理局，编制5名，实有工作人员3名。港口区全区各级行政机关总编制457名（行政编制294名，政法专项编制108名，事业编制18名，机关后勤服务聘用人员控制数37名），实有人数453人（行政编制324人，政法专项编制82人，事业编制17人，机关后勤服务聘用人员30人），其中区直机关编制333名（行政编制183名，政法专项编制108名，事业编制18名，机关后勤服务聘用人员控制数24名），实有360人（行政编制236人，政法专项编制82人，事业编制17人，机关后勤服务聘用人员25人）。港口区各级事业单位152个，事业编制1936名，实有1767人。其中，全额拨款事业单位136个，编制1630名；差额拨款事业单位7个，编制228名；自收自支事业单位9个，编制39名。

2015年，港口区编办积极配合区委、区政府各项中心工作，认真做好党建、双拥、保密、理论学习等各项工作，认真落实中央八项规定等党风廉政建设工作。完成机构编制年度统计报表的汇总、统计、上报工作；办理政协提案1件。

【行政体制改革】 完成乡镇国土资源、村镇规划建设和环卫、环境保护、安全监管机构"四所合一”改革。根据“防办发〔2014〕30号”和中共防城港市港口区委员会防城港市港口区人民政府《关于港口区人民政府职能转变和机构改革的实施意见》(港区发〔2014〕15号)精神，明确港口区乡镇全面铺开推行乡镇国土、村镇规划建设和环卫、环境保护、安监机构“四所合一”管理体制改革。明确将国土资源管理所(国土资源执法监察中队、海洋管理所)从行政机构调整为事业机构，不再作为防城港市国土资源局港口区分局的派出机构，并下放镇管理。整合国土资源管理、村镇规划建设、环境保护、环境卫生、乡镇交通管理、安全生产监督管理等职责，设立国土规建环保安监交通站(挂综合行政执法队牌子)。不再保留国土资源管理所(国土资源执法监察中队、海洋管理所)、村镇规划建设站。进一步理清区与乡镇权责，规范综合执法队伍，为政府职能转变和行政审批制度改革提供体制机制保障。

**【行政审批制度改革】**

积极推进行政审批“接、放、管”工作　2015年，根据市人民政府下发“防政发〔2014〕9号”“防政发〔2014〕26号”“防政发〔2015〕5号”“防政发〔2015〕18号”等文件，梳理出港口区承接、调整和不再实施或不再列入行政审批项目共495项(因部分行政审批事项处理决定涉及多个部门，因此梳理实际统计为500项)。其中，①应承接事项103项；②下放基层3项；③调整24项；④取消132项；⑤待上级另文明确238项。在做好“接、放”的同时，港口区还抓好“管”的工作，主要是督促各相关部门做好审批事项承接、下放工作，及时制作工作流程，进入政务服务中心，压缩办事审批时限，创新机制，联合审批。2015年参加并联审批2次。

加强推进全区行政审批事项动态管理工作　市人民政府办公室下发《关于公开防城港市各部门行政审批事项等相关工作的通知》要求，港口区编办梳理上报共涉及国土分局、环保局等8个单位，事项共15项，按程序提交区人民政府审定后对外公告。

全面清理规范非行政许可审批事项　根据“桂政发〔2015〕21号”“桂办函〔2015〕16号”“桂政发〔2015〕49号”文件要求，港口区对非行政许可审批事项分3次全面清理，第一次共清理出港口区非行政许可审批事项241项(含子项目)；第二次梳理出自治区清理意见表漏港口区非行政许可事项34项；第三次港口区决定全面清理规范非行政许可审批事项共314项，其中取消非行政许可审批68项，调整为其他行政权力或转为政府内部审批事项246项，不再保留“非行政许可审批”这一审批类别。

对照梳理，规范统一　根据市审改办《关于清理规范我市行政审批中介服务的通知》要求，港口区组织各相关单位就行政审批中介服务情况进行自查，并将自查结果报区法制办进行合法性审查，进一步规范港口区行政审批行为。

严肃纪律，巩固成果　为确保行政审批制度改革取得实效，巩固行政审批制度改革成果，港口区根据国务院“审改办〔2015〕2号”文件及市审改办的通知要求，6月2日组织各单位开展自查工作，经自查梳理，各单位没有擅自增设或变相增设行政审批事项等行为，通过监督检查及时发现存在问题，并跟踪督促整改解决问题。

加强审批事项事中事后监管　组织实施印发《关于进一步规范行政审批事项“接、放、管”工作的实施意见》《防城港市港口区规范行政审批行为改进行政审批工作实施方案》和《2015年推进简政放权放管结合转变政府职能工作方案》一系列的事中事后监管措施；切实抓好迎接自治区人民政府督查室关于开展全区行政审批改革措施及行政审批事项“接、放、管”落实情况的实地督查工作，结合区实际情况，组织并指导涉及行政审批的38个部门重新对港口区人民政府印发的“港区政发〔2014〕9号”“港区政发〔2014〕12号”“港区政发〔2015〕2号”“港区政发〔2015〕3号”的行政审批事项和2013年以前的行政审批事项(目前还在实施的事项)进行梳理、查漏补缺，整理归档，按市审改办统一目录，指导各审批部门建好部门行政审批事项台账。依据各审批部门梳理的结果台账，港口区编办重新梳理、查漏补缺，汇编形成总的目录。港口区2014年以来承接、调整、不再实施(不再列入)和下放行政审批事项共461项。其中，应承接、调整、另文明确308项；下放基层3项；不再实施(含不再列入、转变管理模式、合并事项)150项。

**【事业单位分类改革】** 根据《中共广西壮族自治区委员会广西

壮族自治区人民政府关于分类推进事业单位改革的实施意见》（桂发〔2012〕4号）精神，要用5年时间完成事业单位分类改革工作。港口区编办在全面掌握事业单位分类改革政策法规和充分调研摸底的基础上，认真对港口区151个事业单位(2月前）进行初步分类。2月，防城港市港口区机构编制委员会《关于港口区事业单位具体分类意见的通知》（港区编发〔2015〕3号）正式印发实施，港口区共151个事业单位，划为行政类的事业单位6个，公益一类121个，公益二类13个，生产经营类1个，暂不定类10个。事业单位类别明确后，指导涉及单位按照“中发〔2011〕5号”“桂发〔2012〕4号”及相关配套文件的要求，依据上级指导意见，对划分为生产经营类的事业单位进行调研，逐步有序推进从事生产经营活动的事业单位转企改制工作。

**【职能转变和机构改革】** 根据中共十八大和十八届二中、三中、四中全会，以及《中共中央国务院关于地方政府职能转变和机构改革的意见》（中发〔2013〕9号）和《中共广西壮族自治区委员会广西壮族自治区人民政府关于印发政府职能转变和机构改革三个文件的通知》（桂发〔2014〕5号）精神，按照精简高效统一、与防城港市政府机构改革的衔接和体现港口区情的原则，为深化港口区人民政府机构改革，稳步推进机构和职责整合，规范机构设置，港口区编办根据《中共防城港市委员会办公室　防城港市人民政府办公室印发〈防城港市港口区人民政府职能转变和机构改革方案〉的通知》（防办发〔2014〕30号）精神，严控人员编制，提高行政效能，结合港口区实际，制定出台《防城港市港口区人民政府职能转变和政府机构改革的实施意见》，指导各相关部门、各镇（街道）做好“三定”的拟订、上报工作，并及时报港口区编委领导审核同意后印发实施。

**【机构编制监督管理】** 认真审核人员编制，严把机关事业单位招录人员入口关。在对行政事业单位人员编制情况进行认真摸底、严格审核的基础上，按照控制总量、盘活存量、有增有减、动态管理的原则，2015年，为满足教育、卫生系统人才的需求，港口区编办对相关单位的编制和实有人员情况进行审核，提供50多名事业编制面向社会公开招考教育、卫生系统工作人员。进一步创新机构编制管理，加强机构编制监督检查。合力分配执政资源，使机构编制资源发挥最大效益。加强机构编制使用的监督检查和实名制管理，严控机构编制总量，确保机构编制运行合理科学规范。建立与人社、财政等部门的配合制约机制，促进机构编制管理规范化，杜绝各类机构编制违规违法问题。

**【公车撤镇建街道相关工作】** 完成港口区公车镇撤镇设立街道相关工作。根据广西壮族自治区人民政府《关于同意撤销防城港市港口区公车镇的批复》和防城港市人民政府《关于同意撤销公车镇设置街道办事处的批复》精神，同意撤销公车镇设立沙潭江街道办事处、王府街道办事处。港口区编办及时拟订《关于防城港市港口区沙潭江、王府、渔洲坪、白沙沥街道办事处机构编制及管理体制方案的请示》（港区编报〔2015〕12号）上报市审批，市批复后以编委名义印发了《防城港市港口区街道各单位机构设置和管理体制方案》。另外，根据各街道上报的“三定”“四定”请示，拟订形成沙潭江、王府、白沙沥、渔洲坪四个街道党政机关“三定”和事业单位“四定”，经区编委领导审核同意，提交区委、区人民政府审定，于11月初以区委办、区政府办名义印发实施。（林培驷）

## 机关党建

**【概况】** 2015年，港口区直属机关工委（简称港口区工委）有编制3人，实有工作人员6人。下辖机关党组织52个（其中机关党总支1个、党支部51个），党员720名。

2015年，港口区工委制定《2015年区直机关党建工作要点》，分类指导各区直机关单位党的建设，结合中心工作和党建规划开展调查研究，对党员特别是党员领导干部实施监督。坚持按程序办理党员组织关系转接，做好有关信息的登记造册，全年办理党员组织关系转接146人次。严格党费管理制度，定期对党费收缴和使用情况进行通报。适时召开党员大会，对先进基层党组织、优秀共产党员和优秀党务工作者进行表彰。2015年，慰问困难党员、群众22人。

**【机关组织建设】** 2015年，指导

3个单位成立党支部，对25个党(总)支部进行换届选举。全年吸收预备党员10名，为10名预备党员办理转正手续。抓好党的思想、组织、作风、制度建设和党员管理教育以及干部的理论培训。7月8日至10日，通过组织区直机关各党支部党务工作者到百色市东兰县接受红色革命传统党性教育增强党务工作者的党性教育，免费向区直机关党员赠送书刊《习近平谈治国理政》《好干部是如何炼成的》各720本。9月29日，举办区直机关纪念中国人民抗日战争暨世界反法西斯战争胜利70周年经典诵读比赛，切实加强和提高党员的政治思想素质和党性修养。

7月8日至10日，港口区直属机关工委组织区直机关各党支部党务工作者到百色市接受红色革命传统党性教育　港口区直属机关工委供稿

**【机关制度建设】** 继续完善党代表工作室工作。全年共接待来访党员群众40多人次，充分调动各级党组织和广大党员的积极性、主动性、创造性，以党内民主带动人民民主。在制度建设中，紧密结合机关工委的实际，对已有制度进行梳理，建立完善工委各项工作制度、管理制度等，认真提高制度的实效性，切实做到制度的可执行、可监督、可检查。

**【机关反腐倡廉建设】** 以落实主体责任和监督责任为重点，加强对党员理想信念教育、党的宗旨教育、党性党风党纪和廉洁自律教育，以及廉政法规、从政道德和警示教育，做好信访举报和查办案件工作。全年共出具廉政证明96份。

2月13日，港口区直属机关工委领导慰问兴港社区党员

港口区直属机关工委供稿

**【机关党建群团建设】** 根据区委党建带工建、团建、妇建的工作要求，积极探索建立党建带工建、团建、妇建的新思路和新办法，积极参加团委、妇委会组织的各种活动，支持他们根据各自的特点，围绕机关中心工作，在改进机关作风、提高党员干部素质上开展创先争优活动，组织青年干部到社区开展卫生清洁大扫除，组织妇女干部参加健身活动等，指导防城港市海洋局港口区分局1个单位成立团支部和妇委会。3月8日，组织妇工委全体委员参观企沙工业园和到光坡镇中间坪村革命教育基地接受爱国主义教育。港口区人武部认真完成年度民兵整组和民兵训练工作增强民兵抢险救

灾的能力和处置突发事件的技能，圆满完成年度征兵工作任务。

（邓敏丽）

## 港口区人民代表大会

【概况】 2015年，港口区有区、镇两级人民代表大会4个，其中区级人民代表大会1个，镇级人民代表大会3个。2015年，港口区各级人大代表365人，其中自治区人大代表1人，市人大代表52人，区人大代表145人，镇人大代表167人。港口区第五届人大常委会组成人员21人，其中主任1人，副主任4人，委员16人，港口区人民代表大会常务委员会下设办公室和财政经济工作委员会、法制工作委员会、代表联络工作委员会3个工作机构。

年内，港口区人大常委会作出决议5件，检查2部法律法规实施情况，任免国家机关工作人员37人，办理代表建议意见41件，开展调研11项，依法指导镇召开人大会议，完成法定的各项程序。

【港口区第五届人民代表大会第五次会议】 2月7日至9日在港口区政府七楼会议室召开。会议听取、审议和通过港口区人民政府、人大常委会、人民法院、人民检察院工作报告；审查和批准港口区人民政府2014年国民经济和社会发展计划执行情况与2015年国民经济和社会发展计划草案的报告、港口区人民政府2014年预算执行情况和2015年预算草案的报告；批准2015年国民经济和社会发展计划、2015年预算草案；会议收到代表建议、批评和意见41件。

【港口区第五届人民代表大会第六次会议】 11月16日至17日在港口区政府七楼会议室召开。会议依法选举黎家迎为港口区人民政府区长。

【第五届人大常委会会议】 2015年，共召开九次，即区五届人大常委会第二十六次到第三十四次会议。

第二十六次会议　1月27日召开。会议听取和审议区五届人大常委会代表资格审查委员会关

2月9日，港口区第五届人民代表大会第五次会议表决通过各项工作报告决议草案　　苏　武供稿

11月17日，港口区第五届人民代表大会第六次会议在区政府七楼会议室召开　　黄鸿燕供稿

于区五届人大代表资格审查、代表变动情况的报告；审议通过关于召开港口区第五届人民代表大会第五次会议的决定及有关事项，区人大常委会工作报告；会议任命宋丞致为港口区人民法院审判员、审判委员会委员、副院长(任期1年)。

第二十七次会议　3月19日召开。会议审查通过2015年港口区部门预算支出草案；审议通过区人大常委会2015年工作要点草案。

第二十八次会议　5月29日召开。会议听取和审议区人民政府关于贯彻实施《中华人民共和国科技进步法》《中华人民共和国审计法》工作报告；会议免去严永的港口区人大常委会法制工作委员会副主任职务，免去何丽敏的港口区人民法院审判员、立案庭副庭长职务，免去田海的港口区人民法院行政审判庭副庭长职务，免去张振慧的港口区人民法院民事审判庭副庭长职务，免去王海峰的港口区人民法院行政审判庭副庭长职务，免去葛译超的港口区企沙法庭副庭长职务，免去韦旭芳的港口区人民法院审判监督庭庭长、审判员职务，免去余安安的港口区人民法院审判员职务；会议任命邓创造为港口区交通运输局局长，任命黄景新为港口区林业局局长，任命黄海燕为港口区文体广电新闻出版局局长，任命钟伟年为港口区卫生和计划生育局局长，任命曾兴荣为港口区旅游局局长，任命田海为港口区人民法院行政审判庭庭长，任命张振慧为港口区人民法院审判监督庭副庭长，任命徐祖英为港口区人民法院民事审判庭副庭长，任命余樊为港口区人民法院刑事审判庭副庭长，任命郑家勇为港口区人民法院审判员、企沙人民法庭副庭长。

第二十九次会议　7月30日召开。会议审议通过区人民政府关于2015年上半年港口区国民经济和社会发展计划执行情况报告、2015年上半年港口区预算执行情况报告、2014年港口区决算报告、环境保护工作报告、生态乡村建设工作报告，批准2014年港口区财政决算；审议和通过区人民法院、区人民检察院2015年上半年工作报告和区人民检察院2014年度惩治和预防职务犯罪工作报告；会议任命简崇成为港口区水产畜牧兽医局局长。

第三十次会议　9月17日召开。会议审议通过市人民检察院关于报请许可采取强制措施的报告。许可对区五届人大代表何建平采取强制措施。

第三十一次会议　11月9日召开。听取和审议区五届人大常委会代表资格审查委员会关于区五届人大代表资格审查情况、代表变动情况的报告；听取区人大常委会办公室关于区五届人大六次会议筹备情况报告；审议通过关于召开港口区第五届人民代表大会第六次会议的决定及有关事项；审议通过港口区2015年度预算调整方案；接受梁宗勇、郑光萍、李广斌、庞少军等四位代表辞去港口区第五届人民代表大会代表职务；会议任命韩凯为港口区人民政府副区长(任期1年)。

第三十二次会议　11月16日召开。会议接受姚喜心辞去港口区人民政府区长职务。

第三十三次会议　12月17日召开。会议听取和审议区人民政府关于港口区统计工作、科技工作、水利工作、文体广电新闻工作、安全生产监督管理工作、食品药品监督管理工作情况的报告；听取和审议区人民政府关于区五届人大五次会议代表建议办理情况的报告；会议免去黄景新的港口区林业局局长职务，免去曾兴荣的港口区旅游局局长职务，免去陈瑶的港口区人民检察院副检察长、检察委员会委员、检察员职务，免去田海的港口区人民法院行政庭庭长、审判员职务；任命张勇为港口区人民政府副区长(任期一年)，任命钟志杰为港口区渔洲坪街道人大工作委员会主任，任命赖胜东为港口区沙潭江街道人大工作委员会主任，任命周志成为港口区王府街道人大工作委员会主任，任命陈耀邦为港口区林业局局长，任命陈佳佳为港口区旅游局局长，任命何培源为港口区人民检察院副检察长，任命陆海文为港口区人民检察院检察委员会委员，任命梁新栋为港口区人民检察院检察员，任命朱海、葛译超为港口人民法院审判委员会委员；会议接受王华、何建平辞去港口区第五届人民代表大会代表职务。

第三十四次会议　12月28日召开。会议接受吴传伟、吴子伦、黄静等3人辞去港口区第五届人民代表大会代表职务；补选袁国华、吴适祥2人为防城港市第五届人民代表大会代表。

**【审议决定重大事项】** 作出关于

6月20日，港口区人大常委会副主任宋京洲（左三）到凯乐园路口开展道路安全法执法检查　　骆富城供稿

批准2015年港口区部门预算的决议、关于批准港口区2014年财政决算的决议、关于批准港口区2015年财政收支预算调整方案的决议。

**【专题调研】** 年内区人大常委会组织委员、代表共开展11项调研活动：①关于2014年区本级财政决算的调研；②关于港口区2015年上半年预算执行情况的调研；③关于港口区“美丽家园·生态乡村”建设工作情况的调研；④关于港口区环境状况和环境保护完成情况的调研；⑤关于港口区2015年预算调整的调研；⑥关于港口区人民政府安全生产监督管理工作情况的调研；⑦关于港口区人民政府食品药品监督管理工作情况的调研；⑧关于港口区科技专项工作情况的调研；⑨关于区人民政府水利专项工作情况的调研；⑩关于区人民政府统计工作的调研；⑪关于港口区文体专项工作情况的调研。每项调研活动都形成相应的调研报告，履行好人大机关的工作职能，监督“一府两院”的工作，为区政府工作提供参考意见。

**【人大代表议案和建议办理】** 五届人大五次会议代表提出建议、批评和意见共41件，涉及城建、环保、经济和农业发展各方面。在41件建议中所提出的问题年内得到解决的11件，占建议总数26.8%；基本解决的有18件，占建议总数的44%；正在解决或有计划安排待后解决的有11件，占建议总数的26.8%；无法解决的1件，占建议总数的2.4%。人大代表提出的41件建议按有关规定办理完毕，并答复有关代表，办复率100%。

**【国家机关工作人员人事任免】** 2015年任免港口区国家机关工作人员37人，依法任命25人，免职12人，接受辞职10人，补选市五届人大代表2人，补选区五届人大代表2人。

**【机关自身建设】** 认真开展“三严三实”专题教育活动，提升队伍整体素质；强化机关勤政廉政建设，提高机关服务能力；坚持民主集中制，完善适合地方国家权力机关的工作制度和运行机制，积极推进常委会工作科学化、规范化、制度化。扎实开展各项民生调研活动，为民排忧解难。

（骆富城）

7月14日，港口区人大常委会主任吴忠泰在人大312会议室主讲港口区人大常委会党组“三严三实”专题教育党课　　骆富城供稿

## 港口区人民政府

【政府机构概况】 防城港市港口区第五届人民政府设区长1人，副区长9人。2015年，港口区人民政府组成部门24个，派出机构4个，直属事业单位8个，挂牌机构12个，部门管理事业单位84个。港口区人民政府办公室内设机构7个，挂牌机构4个。

【政府常务会议】 2015年召开13次常务会议，即港口区五届人民政府第三十三次至第四十五次常务会议。

港口区五届人民政府第三十三次常务会议 1月7日由区长姚喜心主持召开。审议港口区财政局《关于印发防城港市港口区会议费管理办法的请示》、审议港口区财政局《关于要求审定2015年全区部门预算支出草案（一下）的请示》、审议港口区发改局《关于报送〈2015年防城港市港口区经济社会发展计划初步安排建议（草案）〉的请示》、审议港口区人社局《关于印发〈关于进一步加强和创新农民工工作实施方案〉的通知》、审议港口区教育局《关于加快改革创新全面实施教育振兴攻坚计划的意见》、审议港口区住建局《关于对区房地产公司渔洲城供水加压站等国有资产进行处置的请示》、审议港口区财政评审中心《关于要求审定防城港市港口区光坡至企沙公路改建工程预算上限控制价的评审报告的请示》、审议港口区编办《关于要求审定设立防城港市港口区气象局有关事项的请示》。

港口区五届人民政府第三十四次常务会议 1月22日由区长姚喜心主持召开。审议《2015年港口区人民政府工作报告》、审议港口区民政局《关于2015年春节慰问活动方案》、审议港口区委办、港口区政府办《关于印发港口区2015年春节期间慰问活动方案的通知》、审议市大西南工管委《关于原港口区工业园区管委会人、财、物等事项处理意见的函》、审议港口区政务办关于《防城港市港口区关于实行企业准入“三证合一，多证联办”登记制度的实施方案》和《关于聘用港口区“三证合一，多证联办”窗口工作人员的请示》、审议港口区财政局《关于港口区2014年预算执行情况和2015年预算草案的报告》、部署沙螺寮片区生态乡村建设相关工作、审议港口区财政评审中心《关于要求审定港口区栏冲海堤加固工程预算上限控制价评审结果的请示》、审议港口区民政局《关于要求对全区失地低保工作进行整改的请示》。

港口区五届人民政府第三十五次常务会议 2月9日由区长姚喜心主持召开。审议港口区绩效办《关于要求兑现2014年度机关绩效奖的请示》、审议市住建委港口管理办《关于港口区城中村居民建房审批方案》、审议港口区旅游局、市住建委港口管理办关于《防城港市港口区大东沙旅游区开发合作框架协议书》。

港口区五届人民政府第三十六次常务会议 4月1日由区长姚喜心主持召开。审议《西海斜阳》图书发布会策划方案及相关材料、审议港口区水产畜牧兽医局、港口区财政局《关于审定防城港市港口区2013年度渔业作业用油油价财政补贴实施方案的请示》、审议港口区信访局《关于要求招聘信访局工作人员的请示》、审议港口区人社局《关于港口区外出招聘“柔性人才”工作的请示》、审议港口区水利局《关于请求统一聘用堤闸管理人员的请

4月1日，港口区五届人民政府三十六次常务会议在区政府第一会议室召开　戚洪华供稿

示》、审议港口区人社局《关于要求划转原粮食系统离退休人员关系管理的请示》、审议港口区发改局关于撤销《关于要求审定光坡镇综合服务中心工程预算上限控制价评审结果请示的复函》的请示、审议港口区民政局关于审定《港口区关于失地低保户拥有机动车、油价补贴的整改方案》的请示、审议港口区民政局关于要求审定《港口区公车镇区划调整筹备工作方案》的请示、审议港口区计生局关于要求审定《港口区2014年度人口计生目标管理责任制考核奖励初评方案》的请示、审议港口区审计局、港口区财政局关于港口区地产公司(原公车镇房产公司)与131个客户购地协议纠纷的复核情况报告。

**港口区五届人民政府第三十七次常务会议**　4月13日由区长姚喜心主持召开。港口区人民法院传达依法治国新精神、审议港口区发改局《关于促进后三季度经济稳定增长努力完成全年目标任务的若干意见》、审议港口区发改局《关于请求下达防城港市港口区2015年“十百千”项目建设计划的请示》、审议白沙沥街道办《关于给予骆静开除处分的请示》。

**港口区五届人民政府第三十八次常务会议**　4月29日由区长姚喜心主持召开。审议港口区监察局《关于给予吴列泰行政警告处分的请示》、审议港口区政府办《关于审议要求提供六十年代精减退职人员生活待遇的申请》、审议《防城港市港口区农村金融改革工作实施方案》、传达学习关于学习贯彻李克强总理重要讲话精神。

**港口区五届人民政府第三十九次常务会议**　7月2日由区长姚喜心主持召开。审议港口区旅游局《防城港市港口区山心沙岛旅游项目投资开发协议书的请示》《防城港海上丝路文化产业园仙岛湾景区合作协议书的请示》《防城港中国－东盟边海体育运动训练基地合作协议书的请示》，审议港口区教育局《关于要求对未聘用相应专业技术岗位的中小学教师实行奖励性享受岗位待遇的请示》、审议港口区人社局《关于防城港市港口区调整机关事业单位基本工资标准、增加离退休人员离退休费工作方案的请示》、审议港口区人社局《关于上报审批公务员职务与职级并行晋升人员名单的请示》、审议光坡镇政府《关于对光坡镇水电农机综合厂进行产权改革的请示》、审议港口区财政评审中心《关于要求审定防城港市公车片区路网(Ⅰ号路)送电线路迁移工程预算上限控制价评审结果的请求》、审议港口区民政局《关于要求安置2014年城镇退役士兵工作的请示》、通报港口区民政局关于《港口区关于失地低保户拥有机动车、油价补贴的整改方案》、审议防城港市金源世纪港务发展有限公司关于《合作开发商住用地协议书》的处理意见、审议《港口区城中村居民建房审批工作方案(征求意见稿)》、审议港口区城投公司关于《华侨渔民北港异地购房公告》。

**港口区五届人民政府第四十次常务会议**　7月31日由区长姚喜心主持召开。听取港口区发改局2015年上半年经济运行情况分析汇报、传达《关于贯彻落实港口区人民政府常务会议精神有关事项的通知》文件精神、传达《防城港市加强城市精细化管理暂行办法的通知》文件精神、听取港口区安监局、区交警大队《关于安全生产工作情况汇报》、审议港口区交通运输局关于《请求同意支付长山小区、缪屋小区17户宅基地超深基础补偿款的请示》、审议港口公安消防大队关于《拨付港口区渔万岛消防站装备和人员经费

7月2日，港口区五届人民政府第三十九次常务会议在区政府第一会议室召开　戚洪华供稿

的请示》、审议港口区人社局关于《乡镇机关事业单位工作人员实行乡镇工作补贴的通知》和关于《上报审批公务员与职级并行晋升人员名单的请示》、审议港口区住建局关于《建设工程项目招标暂不统一上市交易的请示》、审议港口区住建局关于《港口区光坡镇沙螺寮村生态乡村建设村民新(改)建房屋管理实施方案》和《港口区企沙镇山新村生态乡村建设村民新(改)建房屋管理实施方案》的请示、审议企沙镇政府《关于企沙镇海水养殖公司调查情况报告》、审议港口区农业局关于《请求审定防城港市港口区有序推进农村土地承包经营权流转加快特色现代农业发展实施方案的请示》、审议港口区发改局关于《港口区"十三五"规划初步发展思路和建议(送审稿)的请示》、讨论关于签订招商引进项目合同的相关问题。

港口区五届人民政府第四十一次常务会议　8月31日由区长姚喜心主持召开。审议港口区搬迁办《关于审定中心城区危化企业异地技改实施方案的请示》、审议港口区城投公司《关于成立防城港市地坤房地产有限公司和防城港市港口区行健旅游基础投资公司的请示》。

港口区五届人民政府第四十二次常务会议　10月23日由区长黎家迎(提名)主持召开。审议企沙镇政府《关于要求对企沙镇山新村新农村建设项目进行审定的请示》、审议港口区财政评审中心《关于要求审定防城港核电大道至应急公路连接线(KO+000—K1+771.5)工程预算上限控制价评审结果的请示》、审议港口区财政局《关于要求审定棚户区改造项目—防城港市沙港住宅区一期(A区)居民住供配电工程预算上限控制价评审结果的请示》、审议港口区水利局《关于港口区九龙寨海堤工程(Ⅰ、Ⅱ、Ⅲ标段)预算上限控制价评审结果的请示》、审议港口区政府办《关于招商引资以融资租赁方式建设教育信息化项目的请示》和《关于招商引资以融资租赁方式建设"区卫生和计生医疗设备"的请示》、审议市大西南工管委《关于请求委托行使园区管辖范围内行政审批权和行政执法权的报告》(临港管函〔2015〕142号)、审议港口区人社局《关于上报审批公务员职务及职级并行晋升人员名单的请示》、审议港口区委政法委《关于聘请专职网格员的请示》、审议《关于研究实施〈港口区邮站建设实施方案〉的函》(防邮管函〔2015〕5号)、审议企沙镇政府《关于请求审批企沙镇乡村道路网规划的请示》、审议光坡镇政府《关于请求审批港口区光坡镇乡村道路网规划的请示》、审议公车镇政府《关于请求审批港口区公车镇乡村道路网规划的请示》、审议光坡镇政府《关于建设光坡边海民俗文化广场的请示》、传达《广西2015年市县党政领导班子和党政正职绩效考核评价评分标准及办法》的精神、听取港口区发改局、港口区统计局《1—9月份经济运行分析情况汇报》、听取区民政局《关于低保清理工作推进情况的汇报》、会议强调政府相关工作。

港口区五届人民政府第四十三次常务会议　11月5日由区长黎家迎(提名)主持召开。学习传达中共十八届五中全会精神、审议港口区发改局关于《防城港市港口区贯彻落实自治区加快服务业发展若干意见工作方案》的请示、审议港口区人社局关于《企沙、光坡镇"四所合一"机构改革工作实施方案》的请示、审议港口区财政局关于《港口区2015年财政预算调整(草案)》的请示、听取港口区教育局《关于教育均衡发展评估验收工作的汇报》、审议港口区人社局《关于给予港口区在岗的乡镇机关事业单位各类编外人员和区直驻村工作人员享受乡镇工作补贴的请示》。

港口区五届人民政府第四十四次常务会议　11月30日由区长黎家迎主持召开。传达学习中共中央领导重要讲话精神、听取港口区发改局关于港口区国民经济和社会发展第十三个五年规划起草情况的汇报、审议港口区发改局《关于审定防城港市港口区公务用车制度改革实施方案的请示》、审议港口区人社局《关于上报审批公务员职务与职级并行晋升人员名单的请示》、审议港口区政府办《关于广西崇源文化传播有限责任公司电影剧本创作合同的请示》、审议港口区财政评审中心《关于要求审定港口区华侨渔业村渔民上岸棚户区改造项目临时安置点工程预算上线控制价评审结果的请示》、审议港口区环保局《关于引进专业技术人才的请示》。

港口区五届人民政府第四十五次常务会议　12月18日由区长黎家迎主持召开。讨论区委关于制定国民经济和社会发展第十三个五年规划的建议(征求意见稿)、审议港口区监察局《关于给予韦金和行政警告处分的请示》和《关于给予陈杰行政开除处分的请示》、审议企沙镇政府《关于给予吴张胜行政开除处分的请示》和《关于给予刘志东行政开除处分的请示》、审议港口区林业局《关于请求提高港口区专业森林消防队员工资待遇的请示》、审议企沙镇政府《关于要求对〈企沙镇海水养殖公司职工安置方案〉审定的请示》、审议港口区财政局《关于要求审定港口区公车镇冲孔村上二组临时安置点土石方工程预算上限控制价评审结果的请示》、审议光坡镇政府《关于要求对光坡镇沙螺寮村旅游乡村项目进行审定的请示》,会议强调政府相关工作。

**【政府重大决策及工作部署】**

优先安置,确保征地搬迁工作顺利推进 按照渔万和中心区、光企片区以及大西南临港工业园A区、B区四大征地片区的要求,以市“十百千”重点督查项目和“最后一公里”项目为重点,抓好盛隆二期、冷轧配套等重点项目的征地搬迁工作,加快中心区江山大道以南已征地块、市实验高中、市中医院以及世行贷款路网项目的交地工作;做好东湾大道的扫尾工作,确保年内通车;抓好征地队伍管理,以优良的作风做好群众工作,切实做到情况明、思路清,主动为群众释疑解惑,确保群众思想通、有实效;严格执行征地政策,确保群众的合法权益;加大对违规抢建抢种行为的打击力度,坚决依法处理违章建筑,维护公平的征地搬迁环境。加快棚户区改造的12个子项目及其他安置区建设,切实做好北港四期,大龙四期、五期,沙港住宅区的推进工作,抓好和平住宅区、缪屋二期、冲孔扩大区等安置区土地平整及基础设施建设。加强安置软件管理,及时做好公寓房、宅基地分配工作,让搬迁户尽快住进新居;对回建工作基本完成的安置区,按照规划完善小区道路、排水排污、供水供电、绿化、路灯、消防、学校、卫生等配套服务设施,改善被征地群众的居住环境。

做好被征地群众的劳动就业培训,做好就业推荐和就业岗位的开发工作,多渠道促进被征地群众的就业。及时兑现养老保险、低保等社会保障政策措施,做到应保尽保。做好集体留用地的选址规划工作,加快协调土地报批,确保集体留用地落到实处。同时谋划好、运作好、使用好集体留用地,发展产业,增加收入,解决被征地群众生产生活的后顾之忧。

落实项目,稳定经济增长势头 大力推进自治区层面、市级层面的重点项目建设,深入贯彻执行“十百千”项目计划,全力配合市推进钢铁、核电、盛隆、中电、信润、澳加、海森特等重大产业项目建设,确保钢铁冷轧项目6月份投产、核电二期7月底启动、中电二期加快推进。力促大万渔业码头、企沙东部渔业码头、企沙镇华侨村渔民上岸工程等新建项目开工。加快榕木江大道、I号路等重大基础设施项目建设,加快桃中路以北区域路网建设。实行处级领导挂点联系项目制度,认真做好项目征地搬迁安置、投融资及前期工作,帮助企业解决好项目用地、审批难等问题。严格落实政府投资项目预算控制价评审、招投标、决算审计等制度,促进项目规范管理。完善项目落地督办流程,提高履约率和资金到位率。加强沟通对接和跟踪落实,争取更多项目列入中央、自治区级投资计划,实现规划项目早下达、资金早到位。准确把握国家、自治区产业政策,紧紧抓住东兴试验区开发开放的重大机遇,进一步深化开放合作,立足区位优势、产业基础和资源禀赋,精心谋划好包装好储备好一批带动性强、产业链长、与第三产业关联度高的项目;重点围绕钢铁、有色、食品、能源、石化、装备制造等六大支柱产业及其相关产业链条,进一步加大招商选商力度,确保项目库新增储备一批优质项目。

壮大产业,推动经济转型升级 抓好经济运行分析,重点跟踪盛弘冶金、捷康生物、富味乡食品、盛农磷化等计划上规模企业的服务工作。大力推动非公经济发展,解决好融资难、用地难、用工难问题,为非公经济创造良好的发展环境。加快产业结构调整,积极引进先进装备制造业,发展修造船及海洋工程装备工业、机械机电工业、废钢铁物流业等。深入推进节能减排工作,重点推进粮油、冶金、钢构、化工等行业升级改造。积极配合市推进大西南临港工业园和企沙工业园基础设施建设,逐步完善污水处理、供水供电、公共交通等配套设施,提高园区美化、绿化和亮化水平,打造宜居宜业园区。抓好灾后农业恢复生产,抓好水利设施维修,全年推广超级稻面积1.5万亩、秋冬种面积2.5万亩,保障辖区粮食生产安全;加大对集中海水养殖区域的基础设施投入,着力打造现代特色农业渔业示范区,大力扶持满福、特色水果等农业示范区建设,加大特色海洋渔业(核心)示范区项目投入力度，筹划推进海产品加工园区建设，打造渔业发展的升级版。推进农村土地承包经营权确权登记颁证工作，力争2015年在辖区实现全面铺开；发展林下经济和林业加工项目，培育新的农业经济增长点。继续抓好企沙镇牛路村、光坡镇红沙村、公车镇白沙村等3个市级新农村示范建设，加快新农村建设步伐。培育商圈，提升批发零售和住宿餐饮业的产业层次，挖掘消费潜力，打造港口区当地品牌，聚财富旺人气。加快中心区集贸市场、大西南工业品专业市场、桃花湾集贸市场、渔洲坪市场、公车新城集贸市场建设，推动商贸业健康发展。加强对外边贸企业的服务力度，不断扩大贸易规模。着力推进物流园区建设工作，配合市加快东湾物流加工园区、大西南公车物流园区等项目建设。加快大东沙旅游产业园建设步伐，完善红沙片区、沙栏片区（含榄埠）、簕山至山新片区基础设施。启动边海经济带建设，大力发展边海特色旅游产业。扩大服务业规模，提高现代化水平，构建现代服务业体系。

优化城镇，推进城乡统筹发展　科学布局、统筹规划，抓好沙潭江、王府街道办筹备工作，稳步推进撤镇改街工作。着力抓好企沙总规修编、企沙城东区及光坡镇控规修编工作。以东湾大道通车为契机，全面启动东兴大道改造工程。加快渔峰路延长段和港安路的推进工作，做好光坡集镇至核电二三公司路段的前期准备工作，完善江滨小区基础设施，推进江滨公园项目建设，实施公车新城环境改造和美化亮化工作。同时，重点抓好珠砂港、仙人湾、渔洲坪等“城中村”改造工作。加快推进危房改造、城乡风貌改造、小街小巷路面硬化、视频监控（天网工程）等民生建设工程，不断改善城镇居民生产生活环境。加强市容环境综合治理，加大对泥头车抛撒漏污染道路、城区“五乱”现象的整治力度，创建“六无”城居环境，不断提升城乡环境质量。推进小城镇建设，全面实施企沙镇百镇示范工程，抓好企沙镇德城大道改造、企沙凤凰公园、兴企路配套工程等基础设施和公共服务建设，打造配套功能齐全的宜居名镇样板。积极推进沙栏片区生态村屯建设，打造新的宜居村屯示范点；继续做好簕山古渔村的巩固提升工作，打造成熟的边海示范村名片，带动边海生态旅游产业发展。巩固提升清洁乡村活动成果，紧密结合新农村建设工作，充分发挥群众的主体作用，探索建立科学有效的群众参与和激励机制，推动乡村生态、绿色、循环经济一体化建设。着重以“村屯绿化、饮水净化、道路硬化”三个专项活动为抓手，挖掘丰富的边海文化资源，培育乡村文化产业；着力发展乡村休闲旅游业和集体经济，增加农民收入，实现“生态乡村”活动开展与农村经济发展的深度融合，形成环境改善、产业发展与群众增收互动的良好局面。

改善民生，增进人民群众福祉　全力配合市做好市实验高中新校区项目建设工作，积极推进辖区新建、续建教育项目建设，加快学前教育发展，加强师资队伍建设，提升教育办学水平；大力推进“一校一品牌”“一校一特色”工作，确保义务教育均衡发展。完善全民基本医疗保险及乡村卫生服务一体化管理，配合市做好市中医院新院区项目建设，抓好公车镇卫生院迁建、疾病预防控制、计划外生育控制及孕前优生检查等工作。提升明华科技企业孵化基地，抓好威仕科科技企业孵化器建设；推进知识产权强县试点示范工作，完成港口区发明专利倍增计划任务；推进港口区文化馆等一批公共文化基础设施建设，全面开展全民健身工程，树立“欢乐海洋”群众文化广场活动品牌。做好农民工服务工作，切实维护农民工合法权益。继续扩大社会保险稽核和医保覆盖面，努力解决被征地农民就业和社会保障问题，不断拓展、优化三方共建平台和服务功能，做好港口区社保工作。加强对餐饮服务业、食品生产流通及“药械保化”管理；强化安全生产管理，贯彻落实新《中华人民共和国安全生产法》；加强交通安保工程建设，深化社会治安综合治理，狠抓禁毒工作，严厉打击各种犯罪，切实保障人民群众生命财产安全和社会稳定。抓好公共配套设施、交通设施、医卫条件、教育硬件、保障性安居、水利设施、生态建设、安置区建设等八个方面的民生改善工程。

全面深化改革，提高政府服务水平　重点推行政府部门“权力清单”“责任清单”“负面清单”制度，实行企业准入“三证合一、多证联办”登记制度改革，完善征地拆迁安置体制机制，完善农民工工资拖欠问题解决机制，建立健全码头粉尘污染治理长效机制，推进农民土地承包经营权确权登记颁证试点工作改革，推进城镇管理体制机制创新改革。

（戚洪华）

## 机关事务管理

【概况】 2015 年，港口区机关后勤服务中心内设秘书股、机关事务股、车辆管理股和公共机构节能监督管理股 4 个股室，实有工作人员 49 人。

【卫生清洁和绿化管理】 以建设“美丽广西 · 清洁乡村”为契机，增加办公楼卫生清洁人员，提高卫生清洁质量；护理台风吹倒大树 35 棵，修剪草木 9 次。

【车辆管理和保卫管理】 加强对车辆驾驶员的安全教育，增设上下班接送车停车点，方便干部职工搭乘；机关大院落实 24 小时值班制度，配合有关部门处理政府宿舍二区安全隐患的工作，全年没有发生过治安事件。

【房产和水电管理】 港口区党政办公楼电梯投入使用；水电维修 253 次；维修围墙 118 平方米、车棚 108 平方米、板房 12 平方米；安装办公楼轮廓灯 270 米，更换铁门 5 扇、玻璃门 4 扇、监控摄像头 8 个；修复党政大院台风刮倒的旗杆 1 根；按时足额代收代缴水电费。

【会务和饭堂管理】 完成大小会务 852 次，其中大型会务 58 次；为改善饭堂饭菜的口味和品种，辞退 3 名厨师，新聘 3 名厨师，完成会议接待餐 10 次。

【公共机构节能】 印发《关于加强港口区公共机构废旧商品回收利用工作的通知》；港口区党政办公大院及港口区卫生系统实行水电按功能分区计量和节能改造，全部使用节水龙头和 LED 灯具；围绕“节能有道节俭有德”的主题开展公共机构节能宣传，制作宣传画 18 套，板报 9 块，横幅 8 条，利用短信向干部职工倡议体验能源短缺带来的不便；联合港口区工信局举行 1 次节能培训；协助港口区水利局完成市级节水型示范单位创建工作。2015 年，港口区公共机构人均能耗 64.04 公斤标准煤、单位面积综合能耗 2.28 公斤标准煤 / 平方米、人均用水 15.46 立方米，分别占全年任务的 99.27%、88.72%、88.92%，完成公共机构年度节能目标控制任务。

（黄国欢）

## 政协防城港市港口区委员会

【概况】 2015 年，政协第四届防城港市港口区委员会设主席 1 人，副主席 4 人(其中中共党员 2 人，民主党派 1 人，无党派 1 人)，常务委员 22 人，政协委员 137 人，委员会内设办公室、提案法制委员会、经济科教文卫体委员会、华侨民族宗教文史学习联谊委员会。在职在编机关工作人员 18 人。

【港口区政协四届五次会议】 政协第四届防城港市港口区委员会第五次会议于 2 月 7 日至 8 日在港口区政府七楼会议室召开。出席会议的委员有 129 人，列席会议 72 人。港口区政协主席杨家积主持开幕会，副主席刘晓红主持闭幕会。会议听取、学习中共港口区委书记梁宗勇的重要讲话；听取、审议、通过政协常务委员会工作报告、四届四次会议以来提案工作情况报告、四届五次会议提案审查情况的报告和《政治决议》。政协委员列席港口区第五届人民代表大会第五次会议，听取和讨论区人民政府工作报告和其他报告。会议共收到提案 98 件，立案 96 件，立案率 98%。

【港口区政协常务委员会会议】 2015 年举行 5 次政协常务委员会会议，即港口区政协四届常务委

2 月 7 日至 8 日，中国人民政治协商会议第四届防城港市港口区委员会第五次会议在港口区政府七楼会议室召开　钟凉德　吴季霖供稿

员会第十五至十九次会议。

港口区政协四届常务委员会第十五次会议　1月17日在区协会议室召开，港口区政协主席杨家积主持会议并作重要讲话。会议讨论港口区政协四届五次会议常委会工作报告（草案）、提案工作报告（草案）；审议通过召开港口区政协四届五次会议的有关事项、《政协委员增补名单》和《关于召开区政协四届五次会议的决定》。

3月9日，港口区政协常委会四届十六次会议在区政协会议室召开

钟凉德　吴季霖供稿

港口区政协四届常务委员会第十六次会议　3月9日在港口区政协会议室召开，港口区政协副主席王立强主持会议，主席杨家积作重要讲话。会议学习中共中央总书记习近平系列重要讲话精神和“两会”精神；讨论通过港口区政协常务委员会2015年工作要点、工作计划、调研课题和各专委2015年工作计划。

港口区政协四届常务委员会第十七次会议　5月15日在公车镇政府四楼会议室召开，港口区政协副主席陆汉松主持会议，主席杨家积作重要讲话。会议学习中央、自治区党委、市委和区委关于“依法治国”的相关会议和文件精神；视察港口区现代特色海洋渔业示范区池塘标准化清洁养殖示范项目和“美丽家园·生态乡村”建设；对港口区现代特色农业建设和“美丽家园·生态乡村”建设进行协商讨论。

5月15日，港口区政协常委会四届十七次会议在公车镇政府四楼会议室召开

钟凉德　吴季霖供稿

港口区政协四届常务委员会第十八次会议　7月16日在港口区政协会议室召开，港口区政协副主席陆汉松主持会议，主席杨家积作重要讲话。会议学习中共中央总书记习近平系列重要讲话精神，开展“三严三实”专题教育；听取港口区人民政府上半年经济社会发展情况及下半年工作计划的通报，对港口区政府下半年工作计划进行协商讨论；听取港口区政协提案委、经科委、联谊委汇报上半年工作开展情况及下半年工作计划，对港口区政协下半年工作计划进行协商讨论。

港口区政协四届常务委员会第十九次会议　9月29日在港口区政协会议室召开，港口区政协副主席陆汉松主持会议，副主席蔡硕主持视察活动，主席杨家积作重要讲话。会议学习市委书记金湘军、市政协主席赵发旗在全市政协工作会议上的讲话精神，开展“三严三实”专题教育；审议“撤销陈某某政协第四届防城港

8月31日，港口区政协“三严三实”专题教育研讨会在区政协会议室召开　钟凉德供稿

市港口区委员会委员资格”；视察港口区现代特色海洋渔业示范区池塘标准化清洁养殖示范项目和“美丽家园·生态乡村”建设。

【重大活动】

民主协商活动　2015年港口区政协主动选择区委重视、政府关注、政协可为的有关边海经济带建设、“四个全面”等重大战略决策以及人民群众关注的重点、热点、难点等问题，确定协商议题。在深入调研的基础上，开展全体会议协商、常委会协商、专题协商、对口协商、界别协商、提案办理协商等协商活动15场次。提出“关于港口工业经济改造升级的思考”“关于港口区发展生态农业特色农业精品农业的思考”“征地工作安置先行”“组织综合调处组解决历史遗留问题”等意见建议共100多条，为港口区稳增长、促改革、扩开放、调结构、惠民生、推进边海经济带建设建言献策，许多意见建议被区、市采纳，“推进基层协商民主建设”工作被自治区政协指定在“广西壮族自治区市县(区)基层政协工作”经验交流大会上作经验介绍。

主席接待委员日活动　9月2日至10日，港口区政协主席、副主席5位政协班子领导分别到各镇(街)接待全区130多名政协委员，听取委员的意见建议，收集和了解来自基层的社情民意。广大政协委员紧紧围绕港口区经济社会发展和社会热点难点问题，踊跃发言，各抒己见，提出“项目建设要注重科学规划”“治理金川矿渣污染问题”等30条意见建议，呈区委区政府作决策参考。

委员视察活动　11月18日至20日，港口区130多名政协委员组成5个政协委员视察活动小组，由主席、副主席分别带队，对精准扶贫与共同富裕，港口区在边海经济带建设中如何发挥主战场作用，农业现代化与新型工业化、信息化、城镇化同步协调发展，港口工业发展与环保，美丽家园创建活动与制度创新等工作开展视察活动。

民主评议活动　11月下旬至12月初，对港口区人社局、卫计局、文体广电新局、教育局和征地办等5个部门的工作进行民主评议，推动区直单位进一步增强服务意识、转变工作作风、规范执法行为、提高办事效率，充分发挥政协的民主监督作用。

“三严三实”专题教育　港口区政协领导带头转变作风，认真

5月15日，港口区政协主席杨家积(前排右三)率领全体政协常委到光坡镇沙螺寮村调研生态农业发展情况　钟凉德　吴季霖供稿

贯彻落实中央八项规定，坚决贯彻执行《廉洁自律准则》《纪律处分条例》，坚决反对“四风”，深入基层开展调研走访活动，接地气、知民情、找差距，着力解决不严不实问题，拉近与港口区各界群众的距离，推动专题活动与工作有机结合，使政协队伍的思想政治素质得到进一步提高。

**【专题调研】** 根据区委五届八次全会和2015年全区经济工作会议精神，进一步贯彻落实中央关于加强协商民主建设的要求，港口区政协年内成立5个常委会重点调研组和4个机关调研组，先后就经济社会发展重大问题、“十二五”规划实施、“十三五”规划科学编制、群众关注的民生问题等方面，深入开展专题调研。调研组在区内调研的基础上，分5批次分别到山东、天津、重庆、江苏、福建等先进发达地区学习，借鉴先进经验和做法，形成《关于加强港口区海岸环境保护管理的调研报告》《关于如何推进行政审批改革，建设法治政府的调研》《港口区发展生态农业的思考》《以磷化产业为例论港口区工业的改造升级》《关于加强港口区渔港建设，促进海洋渔业发展的思考》等13篇调研报告，为港口区在海岸保护、行政审批、生态农业、港口工业、海洋渔业等方面的重点工作出谋献策，得到区委、区政府及有关部门的重视和采纳。同时将调研成果带到市政协专题协商会，与市级决策高层直接对话，“坚决限制排污大户进入，以留足留够发展海洋渔业的环境容量和资源空间”等建议得到市级层面的采纳。

**【提案工作】** 政协委员围绕港口区经济和社会发展计划执行情况，国家机关履行职责、遵守法纪、为政清廉等方面情况，社会普遍关注的热点、难点问题，积极建言献策。2015年，共收到委员提案101件，经审查立案99件，确定10件作为主席、副主席领衔督办重点提案，2件作为区委、区政府主要领导阅示案。为了抓紧抓好提案的办理落实，及时提出审查意见，转送区委、区政府审定，共同召开交办会，移交给32个单位办理，主席、副主席、各专委会和区委、区政府督查室全程跟踪督办，做到件件有答复，提案办理总体效果良好。如：关于加强海水养殖药物使用管理监控的建议，港口区水产畜牧兽医局通过立案查处、没收销毁“三无”投入品等措施，污染物排放得到有效控制，促进生态养殖的健康发展；关于建立企业信息化平台的建议得到港口区工信局的采纳，设立“港口工信”微信公众服务平台，并通过认证，向全社会开放。

2015年9月9日，港口区政协主席杨家积(右三)在港口区政协会议室主持召开“关于修缮维护三光企革命武装起义纪念碑红色教育基地的建议”重点提案督办会 钟凉德供稿

**【文史工作】** 组织编辑政协第四届《港口区政协风采》纪实，总结记述该届政协重要工作、重大事件、主要履职成效，展示政协委员履职风采，增进全社会对政协工作的了解、支持，扩大政协社会影响力，激发委员履职热情。副主席陆汉松出任市政协组织编写的《海上胡志明小道》一书执行主编，主持“广西322工程建设”的史料收集及编写。

**【惠民行动】** 广大政协委员主动关注民生、服务基层，积极开展“情系征地搬迁户”“情暖侨心”“委员善行”等扶贫济困、捐资助学活动。通过委员捐资及社会筹集，共筹集助学资金30多万元，主动深入村屯(社区)慰问老党员、困难群众、军人家属，慰问搬迁户、孤儿、困难华侨、学生等，深入村屯(社区)开展“文化、科技、卫生”下乡活动，为群众免费送医送药。充分发挥委员主体作用，深入开展“双联双助”委员行动工程，全年共有98名政协委员主动结对联系86家企业、53个基层单位、21个村委会(社区)、基层群众186人。

6月1日，港口区政协联合区委统战部、侨联等单位到企沙镇华侨小学开展“2015‘同心’共建侨乡为侨服务之‘六一’活动”

钟凉德　吴季霖供稿

【联谊工作】 积极配合自治区、市等上级政协调研组到港口区开展的各项专题调研活动，主动提供第一手资料，在市政协对协商民主建设、海洋环保等专题开展调研中，及时将“关于理顺市与港口区财政体制问题”“关于理顺市与港口区城市管理问题”等需要全市统筹研究解决的意见建议积极向上反映，与党委政府同心协力，为争取相关问题早日纳入市级层面的决策作出了努力。接待贵州省、湖北省以及广西壮族自治区内柳江县、钦南区等外地政协考察调研组多批次，通过接待活动开展广泛的交流。充分发挥人民政协联系广泛的优势，在春节、清明节等传统节日期间深入走访看望回乡探亲访友的港澳台同胞和海外侨胞，联合相关部门开展联谊座谈活动，积极扩大与港澳台同胞和海外侨胞的联系交往，努力为他们知情明政提供必要的便利和服务，共同致力于祖国的和平稳定和港口区的繁荣发展。　（钟凉德）

## 纪律检查和行政监察

【概况】 中共防城港市港口区纪律检查委员会（简称港口区纪委）和港口区监察局合属办公，挂两块牌子一套人马，内设有办公室、信访室、案件检查室、案件审理室、执法监察室、效能监察室、党风廉政建设室等7个科室（10月前），编制10人，实有工作人员16人，其中行政编制8人，事业编制2人，聘用2人，借调4人；二层机构区绩效评估中心事业编制3人，实有工作人员2人。各镇（街道）纪委各配备纪委书记1人，监察室主任1人，纪委委员5人。

根据自治区纪委《关于推进全区县级纪检监察机关内设机构改革的意见》要求，11月，港口区纪委完成内设机构改革，将内设机构由原来的7个减至3个，即办公室、纪检监察室和党风政风监督室，编制8人，实有工作人员14人（其中行政编制8人，聘用2人，借调4人）。各镇（街道）纪委各配备纪委书记1人，纪委委员5人。12月，公车镇撤镇设立沙潭江与王府2个街道，各配有纪工委书记1名。

2015年，港口区纪检监察机关深入贯彻中共十八大和十八届三中、四中全会精神，按照十八届中央纪委五次全会、自治区纪委十届六次全会和市纪委五届六次

2月11日，港口区纪委五届五次全会在区政府七楼会议室召开

港口区纪委供稿

全会工作部署，围绕“三转”，聚焦主责主业，强化责任担当，坚决落实“两个责任”，严格党的纪律规矩，持之以恒纠正“四风”，惩治腐败零容忍，认真做好党风廉政建设和反腐败工作。

**【中共防城港市港口区第五届纪律检查委员会第五次全体会议】** 2月11日在港口举行。全会学习贯彻中共十八届纪委五次全会、自治区纪委十届六次全会和市纪委五届六次全会精神，总结回顾2014年全区党风廉政建设和反腐败工作，研究部署2015年工作。会议由区委副书记许大俭主持，区委书记梁宗勇出席会议并作重要讲话。区委常委、纪委书记刘明奕在会上作《突出执纪监督　强化责任担当，扎实深入推进党风廉政建设和反腐败斗争》工作报告。出席会议的有区四家班子党员领导，区法院院长，区检察院检察长。各镇（街道）党委书记、镇长（主任），区直各单位主要领导列席会议。区纪委监察局全体干部，各镇（街道）纪委书记、监察室主任，区直有关单位纪工委书记（纪检组长）参加会议。

**【中央八项规定贯彻落实】**

加大日常监管力度，防微杜渐　从早抓起、从小着眼抓作风建设，积极整治机关干部庸、懒、散等不良作风行为。2015年，共组织开展明察暗访10多次，重点查处领导干部上班时间上网聊天、玩游戏、看视频、玩手机等行为，约谈11个单位领导，对出现“走读”问题的企沙镇4名班子领导进行诫勉谈话，约谈镇党委书记，同时，在“正风肃纪曝光台”上全市通报。

加大专项监督检查，狠刹歪风　瞄准突出问题开展专项治理，抓点带面，打好攻坚战。加大对执行中央八项规定的检查力度，继续开展“三公”经费、公务用车、规范办公用房、清房等活动；年内，港口区发文同比减少75%，全区性会议压缩23.53%，区级“三公”经费同比下降9.26%，清退领导干部违规多占住房7套、约谈1人；区委书记亲自约谈办公用房超标配备的7名处级领导干部并限时整改。同时紧盯关键时间节点，在春节、清明、“三月三”“五一”、中秋、国庆等节假日期间，对各部门落实中央八项规定开展专项检查和暗访活动，对不按规定停放公务车的某单位负责人进行诫勉谈话，责令2家单位作情况说明。

加大通报曝光力度，强化震慑威力　积极发挥案件查办治本功能，在中秋国庆等重要时间节点前夕，就违反中央八项规定精神和发生在群众身边的“四风”和腐败问题等共发出典型案例通报6期，重点对港口区林业局违反中央八项规定违规滥发津补贴问题进行全区通报，要求全区各单位组织学习，让广大党员干部从中汲取深刻教训，以案为鉴，警钟长鸣，筑牢思想防线，不断增强警示教育和震慑作用。

**【查处发生在群众身边的“四风”和腐败问题】** 扎实开展查处发生在群众身边的“四风”和腐败问题专项工作。区委高度重视，将解决群众身边的“四风”和腐败问题作为当前和今后一段时间的中心工作来抓，升格领导小组，成立由区委书记担任组长的港口区深入推进查处发生在群众身边的“四风”和腐败问题专项工作领导小组，区委书记亲自抓，并带队深入企沙镇赤沙村开展调研工作，听取群众意见建议，层层传导压力和责任。监察机关认真研究制定专项工作方案，明确责任分工。加大宣传力度，利用电子显示屏滚动播放宣传标语并对外公布举报电话，在全区各镇（街道）、39个村（社区）张贴宣传标语50多条、悬挂横幅40多条、摆放宣传专栏板报40多版，实现宣传全覆盖。对2013年以来群众身边的“四风”和腐败问题线索进行排查，全区共梳理信访举报件77条，排查出问题线索14条，初核14件，立案14件，重点查处港口区扶贫办原主任陈杰受贿案，公车镇沙港村委会干部利用集体资金大肆吃喝挂账十多万元的违反中央八项规定精神案等一系列发生在群众身边的“四风”和腐败案件。

**【违纪违法案件查办】**

加大查办案件力度　全年共受理群众来信来访和电话举报46件，立案29件，同比增长107%；涉及科级干部2人，其中区本级自办案件14件，同比增长55.6%；结案29件，结案率100%，给予党纪政纪处分29人（其中科级干部2人，一般干部8人，农村党员干部19人），移送司法机关2人。

严格案件审理把关　年内共审结案件43件，其中立案29件，历年遗留案件14件。认真开展2010年至2014年10月期间服刑人员党籍及工资问题清理和党纪政纪处分决定执行情况自查自纠工作，港口区共有576人受到刑事处理，清查出未及时调整和停发

6月9日，区委常委会"三严三实"专题教育研讨会在区委办公室召开

蒋竞娆供稿

工资的有5人，责成财政、人社等部门追缴多发工资53247.2元；作出相应党纪处分的2人。积极开展党纪政纪处分决定执行情况和案件质量检查，发现港口区人社局没有将1名受处分人员的处分决定书按规定装进人事档案、个别镇纪委自办案件的案卷没有及时装订等，及时纠正有关部门完善人事档案、案件卷宗。

【惩治和预防腐败体制建设】

充分利用各种媒介载体，强化廉政宣传报道工作　充分运用纪检网站、防城港日报、手机报等媒体宣传辖区各部门认真落实"两个责任"、正风肃纪、纪律审查、纪检体制改革等重点内容，充分发挥廉政宣传报道在声音传递、压力传导和突出震慑方面的作用。年内共发表信息报道20多篇，调研文章5篇，手机报30余条，其中自治区纪检网采用3条，市纪检网采用10条，防城港日报采用7条，港口区党委信息采用11条。着重抓好重要时间节点警示提醒，在端午、中秋、国庆等重大节假日发送廉政提醒短信，重申中央八项规定，严明纪律规矩。

积极开展各类廉政教育活动，强化警示教育　结合"三严三实"专题教育，开展专题廉政党课教育，区委书记亲自上党课，列举身边发生的"为官不正、为官不为"等典型案例以案明纪，全区170多名正科级以上党员领导干部接受教育，增强纪律和规矩意识，严格用党的纪律和规矩约束言行，自觉践行"三严三实"。创新廉政警示教育方式，利用港口区法院公开开庭审理案件平台，分2次组织20名新提拔领导干部旁听，不断筑牢党员领导干部"不愿腐""不能腐""不敢腐"的思想防线和制度防线。

积极开展廉政谈话，不断筑牢防线　年内共对120多名新晋级人员及新提拔领导干部进行任前廉政谈话。严格执行领导干部述职述廉、诫勉谈话、函询等制度，共函询4人，约谈100多人，诫勉谈话24人，出具廉政鉴定70多份；落实领导干部重大事项报告制度，及时更新和新建个人重大事项报告处级领导干部37人、正科级领导干部180人；进一步强化对权力运行的党内监督、纪检监督、信息化监督和社会监督。

组织学习《准则》《条例》，增强纪律规矩意识　把深入学习贯彻《中国共产党廉洁自律准则》和《中国共产党纪律处分条例》作为履行全面从严治党主体责任的重要抓手，积极在全区营造浓厚氛围，把党章党规党纪的权威性、严肃性立起来，挺纪在前。区委中心组带头专题学习，并组织全区科级以上干部共137人参加自治区《中国共产党纪律处分条例》和《中国共产党廉洁自律准则》的视频授课。全区68个部门单位还以专题党课、举办学习培训班、网上学习等形式组织本单位干部职工认真学习，积极营造谈《准则》、讲《条例》的浓厚氛围，不断提高纪律规矩意识。（刘小菲）

## 绩效工作

【概况】港口区绩效考评领导小组办公室（简称港口区绩效办）成立于2009年11月24日，为港口区绩效考评领导小组的常设办事机构，暂挂靠区纪委、区监察局。港口区绩效办所需编制在区纪委、区监察局内部调剂解决，核定领导职数1名。下设事业单位——港口区绩效评估中心，事业编制3名，核定副科领导职数1名。港口区绩效办主要职责：承办港口区绩效考评领导小组的日常工作；根据经济社会发展不同时期的工作重点，修订和完善绩效考评指标和考评办法；审定考评对象根据职能任务和工作要求制定的年度绩效计划；督促检查考评对象绩效目标完成情况，提出改进意见和建议，开展日常评估工作；对各镇（街道）和区直属机关进行年度绩效考评；指导各镇（街道）组织开展对所直属机关的绩效考评工作；完成市绩效考评领导小组办公室和区绩效考评领导小组交办的其他事项。港口区绩效评估中心主要职责：协助做好综合考评社会评价和绩效评估工作；负责综合考评数据的采集、统计、分析和绩效信息平台建设与管理工作；负责绩效评估与绩效管理的指标体系、技术方法、绩效考评机制等问题的调查研究。2015年港口区绩效办共4人，其中绩效办主任1名，绩效评估中心主任1名（借调区纪委），中层干部评估中心副主任1名，职工1名（借调区纪委）。

**【绩效考评】** 2015年，港口区把绩效考评工作列入重要议事日程，不定期召开绩效指标完成情况分析会。港口区绩效办征求各镇（街道）、区直各单位的意见和建议，制定《2015年度港口区机关绩效考评工作方案》，报区绩效考评领导小组审定后实施。绩效考评重点围绕经济建设、社会建设、文化建设、生态文明建设、党的建设等内容，有针对性地深入现场督查自治区提出的为民办实事、"三农"工作、"美丽广西·生态乡村"、非公有制经济发展、一服务两公开、旅游业发展、公众评议反馈问题整改等指标完成情况，发现问题及时整改，圆满完成自治区和市对港口区的绩效核验工作。经努力，港口区在2015年度获得全市排名一等等次。坚持运用公众评议、领导评价、问卷测评等多种评估方法，发放测评表1112份，收回1112份，严格做好分数统计。以公开、公平、公正、客观为原则，科学运用考评结果，把绩效考评与绩效整改挂钩、与领导干部选拔任用挂钩、与绩效奖金挂钩，充分发挥绩效考评在提高干部工作热情和机关工作效率上的作用。

（黄　洁）

## 民主党派和工商联

**【中国国民党革命委员会防城港市委员会港口区】** 中国国民党革命委员会防城港市委员会港口区支部（以下简称民革港口区支部），主要职能是参政议政、民主监督。2015年有党员21人，其中市政协委员2人，区政协常委1人，区政协委员3人。

民革港口区支部五届一次大会学习　6月26日，民革港口区支部第五届一次党员代表大会在中共港口区委统战部会议室召开，会议听取并审议民革港口区第四届支部委员会所作的工作报告，选举产生第五届委员会组成人员：主任委员凌瑞敏，副主任委员项慧玲、吴晓鸿、陈永艳，组织委员黎卫权。中共港口区委副书记许大俭，民革市委会副主委、区政府副区长佟义东，中共港口区委统战部副部长李学英、石武昌出席大会，区其他民主党派、工商联、侨联等党派、团体的负责人应邀参加会议。

参政议政　在区政协四届五次会议上，民革界别的政协委员提交提案3件，分别是：黄乃丰的《关于进一步严格规范医保卡个人账户资金使用的建议》和凌瑞敏的《关于规范校园食品安全管理的建议》《关于规范夜市摊点管理的建议》。民革港口区支部积极投入当前热点问题的调研，先后牵头组织3次专题调研活动，与区卫生、工商、药监等政府行政管理部门座谈二次，深入走访群众50人次，走访商户数十户，掌握大量的社情民意，组织撰写《关于如何进一步加强港口区卫生监督工作的调研报告》，提供政府作决策参考。

（凌瑞敏）

**【中国民主同盟防城港市委员会港口区支部】** 2015年，中国民主同盟防城港市委员会港口区支部（简称民盟港口区支部）按照中共港口区委部署进行换届工作，于5月召开全体盟员会议，选举产生民盟港口区支部第四届委员会：主委蔡硕，副主委潘俊洁、唐国团、张晓霜、杨善茹，支委黄美华、苏小东、凌立英。支部共有盟员20人，有市政协委员3人、港口区政协委员5人（其中政协副主席1人）。盟员蔡硕、唐国团共同完成调研课题"关于更加重视解决青少年学生体质健康问题的建议"，刊登在《港口区社会科学》期刊上，并在市、区两级政协会议的议政大会上分别作书面、口头发言。2015年，民盟港口区支部还完成中共港口区委统战部下达的关于港口区医疗卫生体制改革的课题调研1项，提交两级政协提案5件，开展下乡义诊活动2次。（蔡　硕）

**【中国民主建国会防城港市港口区支部】** 中国民主建国会防城港

市港口区支部(以下简称民建港口区支部)2015年有会员12人，其中企业界别会员5人，机关界别7人(科级干部3人)。会员平均年龄30～40岁，大部分会员学历在大专以上，企业会员中有助理审计师、中级选矿师等。

参政议政　民建港口区支部按照民建防城港市委会、中共港口区委统战部的要求，积极做好课题调研、提案建议的撰写报送工作。会员提出的《关于校园周边食品安全问题的建议》等提案建议在市、区两级"两会"上提交，得到有关部门的重视和采纳。

组织建设　2015年，组织会员参加由民建广西壮族自治区委会、中共防城港市委统战部、民建防城港市委会、中共港口区委统战部等部门组织赴广西壮族自治区社会主义学院、中共防城港市委党校的学习，通过多层次、多渠道、多样化形式开展思想政治教育工作，提高会员特别是领导干部、青年骨干的政治素质和统战理论水平，提高政治把握能力、参政议政能力、组织领导能力和合作共事能力，弥补中共党外人士行政管理经验缺乏的"短板"。

社会服务　民建港口区支部通过本职岗位和支部活动、社会活动，努力在社会服务工作方面发挥作用。2015年在市高级中学捐资1000元资助2名贫困学生。

换届选举　民建港口区支部于2015年6月29日召开三届一次会员大会，投票选举新一届民建港口区支部班子。(邓春莲)

**【中国民主促进会防城港市委员会港口区支部】**　中国民主促进会防城港市委员会港口区支部(简称民进港口区支部)有会员17人，其中正科级4人，中级职称以上8人。

支部换届　6月27日，民进港口区支部换届，杨纯环当选支部主委。

自身建设　年内，支部人大代表、政协委员在市、区两级人大和政协会议上提交议案、提案8件；会员张家春获中央民主促进会社会服务工作全国先进个人。

(杨纯环)

**【中国致公党防城港市委员会港口区支部】**　2015年致公党防城港市委员会港口区支部有党员11人，其中年内入党1人。支部设主委1人，副主委2人，委员2人。党员中有区政协委员3人，区政协委员中有常委1人。

参政议政　2015年，参与完成中共港口区委统战部下达的《港口区"十三五"期间城市发展布局问题研究》1篇，提交港口区政协提案4件，分别为《关于加大对电动自行车安全行驶法规宣传力度和整治力度的建议》《关于加强对港口城区渣土车管理的建议》《关于加强我区基层医疗机构人才队伍建设的建议》《建议教师年终奖与公务员同等对待》。致公党党员多次在中共港口区委、区政府、区政协召开的相关协商会、通报会上建言献策。

自身建设　按照中共港口区委的要求，在中共港口区委统战部的组织下，组织致公党党员参加中共港口区委统战部举办的统一战线知识培训班和党外干部培训班。年内发展党员1名。

社会服务　组织致公党党员开展以送医药、宣侨法、促招商等为主题的"六一"儿童节慰问活动。参加致公党防城港市委员会、中共港口区委统战部组织的各项活动。6月1日，联合中共港口区委统战部、区政协华侨民族宗教文史学习联谊委、区侨联、区侨办、企沙镇政府到企沙镇华侨村开展"情系港城·共建侨乡"主题服务活动，以送慰问、宣侨法、促招商等主题为内容，了解他们的生活情况，给贫困户送上慰问金，发放慰问品。　(黄雯婷)

**【港口区工商业联合会】**　2015年，港口区工商业联合会，编制3

6月1日，致公党港口区支部联合有关部门在企沙镇华桥村开展"2015'同心'共建侨乡为侨服务之'六一'活动"　黄雯婷供稿

人，实有人员5人，全区工商业会员198人。港口区工商业联合会在中共港口区委、区政府的领导和市工商联、中共港口区委统战部的指导下，深入贯彻落实中共十八届四中、五中全会以及自治区工商联、市工商联执委会全会精神，结合开展民营企业家守法诚信教育实践活动及县级工商联“五好”建设等工作，充分发挥职能优势和作用，认真践行“两个健康”工作主题，进一步解放思想、开拓创新、转变作风、真抓实干，积极完成各项工作任务。

为非公经济发展服务　3月11日，组织会员参加由广西商务厅、阿里巴巴集团在南宁共同举办的2015中西部首届电商生态峰会。3月26日，港口区工商业联合会在防城港新皇冠大酒店组织各直属商会及非公经济人士代表召开港口区民营企业家守法诚信教育实践活动动员会，对教育实践活动进行动员和部署。4月中旬，在市工商联召开的防城港守法诚信深入开展理想信念教育实践活动大会上，防城港恒裕股份有限公司以及新皇冠大酒店2个“守法诚信”示范的非公企业作发言。港口区工商业联合会代表区县工商联在大会上作在如何做好服务及引领企业守法诚信等方面工作的示范发言。4月26日，在马来西亚吉隆坡举办的第26届东盟峰会中，港口区总商会组织会员企业3家到吉隆坡参加专场跨境投资商务洽谈以及东盟中小企业合作发展论坛等活动，帮助企业解决中小企业跨国投资及贸易合作过程中合作伙伴难选、考察谈判成本高等问题，推动两地共同跨越发展开创新局面。5月21日，联合乡镇商会在光坡芒箕涡开展近百人的理想信念教育实践主题暨“感恩致富·生态乡村”活动，活动中2个乡镇商会签订了挂钩村（社区）帮扶清洁家园工作协议。积极组织全区20名民营企业管理人员参加中共广西壮族自治区党委统战部（自治区非公办）、中共防城港市委统战部（市非公办）、防城港市工商联10月28日在深航国际酒店举办的广西非公有制强优企业高级人才暨防城港市非公有制经济人士培训班。联合港口区工信局委托广西高思教育咨询有限公司，在深航国际酒店四楼培训厅举办2015年港口区中小企业销售管理新模式培训班，组织近100名非公经济人士代表参加培训。年内，港口区工商业联合会充分发挥职能优势，创新招商引资工作机制，坚持把招商引资作为工商联参与、服务全区经济工作的突破口，积极参与招商，主动服务招商。

参政议政　2015年春节前后，港口区工商业联合会全体人员走访企业，听取企业的意见和建议，深入基层商会、异地商会和会员企业，围绕促进民营经济发展、机关作风建设等方面的问题开展专题调研，了解情况及困难，联合会主席彭莲撰写的调研报告《关于港口区非公经济发展的建议》得到区政协领导的重视，作为港口区政协大会上的发言专题，为港口区更好地服务会员企业，促进民营经济发展出台政策措施提供参考。组织担任市人大代表、市政协委员的非公有制经济人士围绕民营企业融资、现代商贸建设、设立政府营利性基金、城市管网建设等方面的问题开展调查研究，形成针对性较强的提案8件。

自身建设　围绕港口区委、区政府中心工作和制约港口区改革发展稳定以及制约非公有制经济发展的热点和难点问题，特别是对促进非公有制经济发展的配套政策的相关课题，以召开民营企业纳税服务联席会议、商会会长及秘书长联席会议等多种形式，深入基层商会、异地商会和会员企业开展走访调研，并形成有针对性、现实性的调研报告和有价值的议案提案，为党委政府提供决策参考，促进非公有制经济发展环境的不断改善。3月25日，在港口区工商业联合会二届四次执委会上，中共港口区委统战部副部长、中共港口区工商联党组书记张进传达学习中共十八届四中全会、自治区经济工作会议、市经济工作会议及市工商联四届四次执委会议精神。3月26日，召开二届四次执委扩大会议。港口区总商会增选渔洲坪商会曹潮文、小八黑生态农场甘琼喜等5人为副会长。年内指导渔洲坪街道成立渔洲坪商会，完成乡镇街道商会全覆盖。同时，筹备成立女企业家协会。（黄莉莉）

# 人民团体

## 港口区总工会

【概况】2015年，港口区总工会行政编制2名，事业编制1名，柔性引进人才3人。年内，港口区总工会以党的十八大精神为指导，

4月2日，全区基层工会建设“落实年”工作会议暨加强千里边海防线基层工会组织建设经验交流会在港口区企沙渔港工会联合会召开

黄兰媚供稿

围绕构建和谐劳动关系，以维护职工合法权益为主线，突出开展困难职工帮扶、基层工会建设、工资集体协商等工作，全区工会各项工作实现创新发展，2015年被市总工会评为全市工会工作先进单位特等奖。

**【工会基层组织建设】** 坚持“组织起来，切实维权”的方针，因地制宜、因企制宜，以非公有制企业为重点组建领域，以农民工为重点发展对象，迎难而上，多措并举，工会组织建设和会员发展取得了新突破。截至2015年，累计组建工会551家，会员累计12350人。以自治区总工会提出的“加强千里边海防线基层工会组织建设”为重点，按照“试点、扩面、增量、提质”的思路，加强沿海、沿边基层工会组织建设。企沙渔港工会联合会先行点在开展以生产、维权、帮扶、教育、培训为主要内容的“七服务、七到位”工作中，切实发挥工会组织在护海、固防、睦邻、惠民的作用。4月，自治区加强千里边海防线基层工会组织建设经验交流会在企沙镇企沙渔港工会召开，自治区人大常委会副主任、总工会主席王跃飞出席会议并作重要讲话。

**【工会帮扶救助】** 切实发挥工会的桥梁纽带作用，帮助职工排忧解难。2015年，组织开展“春节期间送温暖”“高考前慰问困难职工子女”等活动，走访慰问困难职工、农民工、留守儿童共331人，共送上价值2000余元慰问品和26.68万元救助金，“金秋助学”共筹措资金12.2万元，为60名学子实现上学梦，组织184名女职工进行免费健康体检及“两癌”筛查。6月17日，港口区总工会开展“情系一线职工”为主题的“平安度夏送清凉”活动，总工会副主席项麟一行前往欧劳福林（防城）香料工业有限公司、博拉暨广顺化工（防城港）有限公司、广西晟宇通物流有限公司，为高温条件下工作的一线职工送去加多宝凉茶、西瓜等价值6000多元的防暑降温慰问品。发动职工参加医疗互助保障计划3935份，超额完成市总工会下达任务数，超额完成612份。

**【职工权益保护】** 为了推动工会

6月17日，港口区总工会开展2015年度“平安度夏送清凉”慰问活动

黄群珊供稿

法律援助工作深入开展，切实履行工会维护职工合法权益的基本职责，建立港口区总工会职工法律援助服务站，与广西精一律师事务所签订《聘请职工法律援助律师协议》，为职工提供劳动政策。2015年，参与受理法律援助案件3起，为职工争取工伤补偿费5000多元。

**【职工服务工作】** 联合广西盛隆冶金有限公司以及港口区人社局等单位在广西盛隆冶金有限公司共同举办港口区“送温暖、送政策、送服务”文艺晚会；与港口区文体广电新闻出版局联合举办的2015年港口区企沙渔港休渔期群众广场文艺联欢会顺利开展，同时，农民工技能大赛、女性健康知识讲座、健身操培训班、太极拳培训班、渔民文化提高班等活动持续开展。组织开展家政培训、技能培训360人，进一步提升农民工就业能力。为更好地关爱职场“孕妈妈”，在防城港市荣兴房地产开发有限公司成立全区首个“爱心妈咪小屋”示范点，成为女职工面对事业、家庭双重压力时的心灵庇护所。

**【劳模管理服务】** 建立健全劳模档案，进一步完善劳模档案动态管理，按时准确上报有关劳模调查情况。认真做好劳模情况的调查，摸清底数、核准好劳模的合法权益，发挥好劳模的作用。及时发放全国劳模“三金”和自治区困难劳模困难补助金，做到专款专用，均按要求及时发放。2015年春节开展劳模慰问活动，为港口区4位劳模送上节日的问候，慰问金额为600元/人；积极配合市总工会做好2015年自治区劳模评选工作，港口区李永红、邓强、黄良智、骆荣芳4人被评为自治区劳动模范。开展劳模表彰、一次性物质奖励发放、劳模（一线职工）疗休养、劳模（退休劳模）困难情况调查摸底和上报等工作，指导李云霞等5名自治区劳模提出困难补助申请上报到市总工会，发放2015年困难劳模补助金8300元；组织劳模、一线职工共7批26人次到桂林、南宁等地参加疗休养活动。邀请劳模到企沙中学开展“劳模进校园”宣讲活动。 （唐文娜）

1月23日，港口区总工会联合人社局、工管委、文体局、盛隆冶金有限公司在广西盛隆冶金有限公司职工宿舍篮球场联合举办2015年港口区“送温暖、送政策、送服务”进企业文艺晚会 黄兰媚供稿

## 共青团港口区委员会

**【概况】** 2015年共青团港口区委员会（以下简称团区委）编制2人；全区共有区直属团委、团总支10个，非公经济团（总）支31个，建有基层团委6个、团支部238个、基层团工委8个，共青团员7863人（含市本级）。2015年主要开展青年创业创新行动、党建带团建—团建基础工作、服务发展生力军工作、“温暖同行”青年志愿者行动、少先队工作、维护青少年合法权益·预防青少年违法犯罪工作、宣传报道工作、“清洁乡村·青年当先”活动、基层团干部“青春引擎”培训班、召开推进全区共青团重点工作会议等。

**【基层组织建设】** 2015年，团区委坚持党建带团建，加大非公企业建团工作力度，在已建党组织的非公企业和以青年为主体的社会服务行业中开展团组织建设工作，全区31家非公企业已建立团支部。

3月12日，团区委在中共港口区委统战部会议室开展党的群众路线教育实践活动动员会。实施共青团广西壮族自治区委“青春引擎”全员培训计划，团区委于11月16日—20日，举办港口区基层团干部“青春引擎”素质拓展培训班。

**【青少年思想政治工作】** 4月4

10 月 28 日，2015 年港口区重点青少年服务管理和预防犯罪工作成员单位联席会议在区委统战部会议室（区委一楼会议室）召开　周剑荣供稿

日，团区委组织光坡中学、光坡镇中心小学到“三光企”革命武装起义纪念碑开展“缅怀先烈、报效祖国、圆梦中华”清明节祭先烈活动。“五四”青年节期间开展“青春辉映党旗红”主题团日活动，组织港口区共青团员到光坡镇“三光企”革命武装起义纪念碑前缅怀革命先烈。发扬爱国主义精神教育活动。其间还表彰一批优秀团支部、团干和团员，树立典型，学习先进。9 月 1 日，团区委在港口区第三小学开展“开学第一课”纪念先烈教育活动。9 月 29 日，团区委与港口区教育局、光坡镇中心小学在港口区爱国主义教育基地“三光企”革命武装起义纪念碑开展纪念中国人民抗战胜利暨群众爱国主义教育活动。

**【青年就业创业服务】** 2015 年，实施团银干部交叉挂职制度，团区委与农行、农信社召开联席会议，联合下发文件，三镇团委副书记与信贷员交叉任职；与港口区人社局、港口区财政局和市区金融机构联合对各级团干进行“青春引擎”金融知识培训，向港口区 40 名优秀青年开放青年创业小额贴息担保贷款，在资金方面给有意向创业的青年提供扶持，减小创业阻力；新建青年就业创业见习基地 3 个，提供见习岗位 240 个。

**【青少年合法权益维护】** 3 月 28 日，团区委和港口区司法局联合到企沙镇、公车镇开展社区服刑人员未成年子女慰问活动。与孩子们亲切交谈，并送上慰问品。6 月 25 日，团区委和区禁毒大队到公车镇中学开展“拒绝毒品，从我做起”——禁毒知识进校园活动。10 月 28 日，港口区预防领导小组召开成员单位联席会议，在总结 2014 年工作基础上，制定 2015 年的工作计划，明确 2015 年全区预防青少年违法犯罪工作的目标和任务。　（黄君欢）

## 港口区妇女联合会

**【概况】** 港口区妇女联合会（以下简称区妇联）是负责妇女儿童工作的群众团体。2015 年，有行政编制 2 名、事业编制 1 名，实有 5 人；内设办公室（挂港口区妇女儿童工作委员会办公室，简称“区妇儿工委办”）。全区有镇、街道基层妇联 5 个、区直机关妇工委 1 个，区直各部门单位妇委会 37 个。行政村妇代会 25 个，社区妇代会 14 个。

2015 年，全区各级妇联组织牢牢把握新形势对妇联工作提出的新任务新要求，把服务大局与服务妇女群众紧密结合，把履行职责和发挥优势紧密结合，找准妇女所急、党政所需、妇联所能的工作切入点和着力点，不断探索创新，努力夯实基础，全区妇联工作取得新发展。

**【“美丽家庭”创建】** 2015 年，区妇联以弘扬社会主义核心价值观为主线，在开展家庭美德教育、宣传男女平等基本国策、推动巾帼志愿服务等方面持续用力，在全社会营造浓厚的宣传氛围。继续开展“寻找最美家庭活动”，评选出 12 户港口区最美家庭，组织拍摄一户最美家庭的宣传短片，光坡镇红沙村邓强家庭获自治区最美家庭荣誉称号。着力提升家庭教育水平，以“传承家风家训　弘扬传统美德”为主题，邀请家教专家深入镇（街道）举办家庭教育知识讲座 6 场，传授科学的家庭教育理念。

**【女性人才培养】** 联合港口区委组织部举办全区妇女干部培训班，区直机关及镇（街道）部分中青年女干部共 56 人参加培训，邀请广西婚姻家庭研究会副会长陈一、广西南宁启阳形象设计公司首席形象顾问王启阳、防城港市委政研室副主任谭秋贤、高级瑜伽导师张清清给女干部授课，通过“职场心理减压”“突出港口区优势，推进边海经济带建设”“女性公务员礼仪及形象维护”“瑜伽与女性健康”“廉政建设与有关法律知识”“女性领导干部公务礼仪”“女性幸福哲学”“女性医学保健”等课程的学习，提高女干部的专业素养和工作能力，增强妇女干部维护妇女儿童合法权益的能力。

【节庆纪念活动】

*“三八”妇女节活动* 联合区委组织部举办港口区纪念“三八”妇女节暨女性中医养生保健知识讲座，邀请广西治未病中心常务理事李洪波教授给女干部们讲授女性中医养生保健知识和心理调适，提高女干部的自我保健意识和能力。以“巾帼维权·送法到‘家’”为主题，开展形式多样的“三八”妇女维权周活动。在光坡镇举办普法山歌会，利用当地群众喜欢唱山歌、听山歌的特点，请当地艺人用山歌的形式进行普法宣传，让群众寓教于乐。在白沙沥街道插排尾社区、渔洲坪街道渔洲社区举办“巾帼维权·送法到‘家’”法律知识讲座2场，邀请区法院的法官为妇女群众解读《妇女权益保障法》《中华人民共和国婚姻法》等法律法规，提高基层女干部和妇女群众的法制意识和维权能力。在插排尾社区、企沙镇山新村的妇女之家举办普法知识竞赛2场，现场发放普法宣传资料300多份。到光坡镇大坡社区“妇女之家”开展“传承家风家训 弘扬传统美德”最美家庭道德讲堂。通过家风家训的教育，弘扬中华传统美德，引导广大家庭建设文明向上的家庭文化，树立良好家风。

*“六一”儿童节活动* 联合港口区财政局、港口区国税局巾帼文明岗到白沙沥街道仙人湾社区儿童家园举办“心语心愿·爱心圆梦”留守、流动儿童快乐体验活动。志愿者陪伴留守、流动儿童观看电影，赠送留守、流动儿童礼物及慰问品折合人民币5000多元。到企沙镇山新村儿童家园开展“晒家教家规家风·让家庭幸福之花绽放”故事会，参加活动的孩子们分享了自己的家庭故事，参与了丰富多彩的游园活动。联合港口交警大队西湾女子岗到白沙沥街道沙沥社区儿童家园开展“安全意识·促我成长”交通安全宣传主题游园活动。西湾女子岗的交警与社区的孩子们进行交通安全游戏互动，赠送学习用品、礼物折合人民币2000元。（卢少丽）

## 港口区科学技术协会

【概况】 2015年，港口区科学技术协会（简称港口区科协）有行政编制1名，事业编制1名，实有人数4人，其中在编1人。2015年，港口区科协举办科普活动5次，举办技术培训班4期、专题讲座4场（次），听众1200多人，印发科普资料4600多份，科技咨询230人次，技术服务210人次，服务群众290人次。

【科普活动】 3月18日，港口区科协邀请防城港市科协科普大篷车在沙沥社区开展三维立体科普展板展示及科普展品设备体验活动，并与港口区第一小学的学生进行现场科普器材操作及演示。5月28日，邀请防城港市科协，联合市科技馆、港口区教育局、港口区乡村办、光坡镇政府、光坡镇卫生院、光坡镇中间坪村委会、光坡小八黑生态种养科普示范基地在光坡镇中间坪村开展“美丽广西·生态乡村”科普宣传活动，悬挂横幅标语、科学知识展板、猜谜语、发放宣传资料本（册子）及科普大篷车进农村等系列活动。6月4日，邀请防城港市科协科普大篷车到港口区阳光实验学校开展2015年“科普大篷车月月行”活动，让学生与科普器材近距离接触，感受科普知识的奥秘。6月18日，由防城港市科协主办，防城港市科技馆、港口区科协、港口区第一小学、港口区沙沥社区承办的“节能有道，节俭有德”为主题的科普进社区系列活动，通过“低碳生活·绿色行动”科普讲座、生态环保科普谜语竞猜、趣味游戏（低碳游戏棋、民族蜡染手工制作）、环保知识宣传、发放环保知识宣传单，并充分发挥沙沥社区小小科技馆的科普设备和资源，让沙沥社区居民、港口区第一小学师生感受到科学的魅力。组织动员辖区中小学生参加防城港市、自治区、全国举办的青少年科技创新大赛。10月22日，在光坡镇财源路（镇政府大门前）举办2015年港口区“十月科普大行动”活动，主题为“万众创新，拥抱智慧生活”，邀请16个成员单位前往参加，并通过悬挂横幅标语、科学知识展板、发放宣传资料本（册子）及设立服务咨询台、义诊台等，从节约资源、保护生态、科学种养、网络学习、健康生活等角度，向广大市民群众普及种养技术，普及地震、雷电、台风、寒潮、高温、干旱、火灾、食物中毒防范和煤、电、气以及交通安全等知识来宣传普及科学知识，反对邪教、倡导崇尚科学，吸引周边群众前往观看。10月27日，与港口区老科协联合在防城港市小八黑生态种养科普示范基地召开2015年港口区科学技术工作者座谈会，邀请东兴市老科协、防城区老科协的科技工作者交流经验，并一同参观小八黑生态种养科普示范基地的原生态现代农业示范园，对黑桑葚、黑玉米、黑土豆、黑花生、黑紫淮山的种养以及对黑山羊、黑土鸡、黑兔子的放养进一步的了解，听取专家们的建议，积极改进，使科协的工作更上一层楼。

【科技培训】 2015年，港口区科协联合涉农部门和农村专业技术协会，通过邀请专家采取举办科技培训班、现场答疑等多种形式，广泛深入开展送科技成果、科技信息下乡活动，深受农民群众欢迎。3月3日，在防城港市小八黑生态种养示范基地举办港口区“五个一”工程培训暨海水养殖技术培训班，邀请防城港市水产渔牧兽医站高级技师谭宁授课，为养殖户进行养殖技术培训。3月18日，在沙汀社区小小科技馆组织开展养生保健科学知识普及培训班，邀请防城港市科协副主席李志初给社区居民讲解如何养生保健的科普知识。4月10日，在光坡镇光坡村举办港口区“五个一”工程培训暨花生种植技术培训班，邀请防城港市农业技术推广服务中心主任、高级农艺师刘义明讲课。5月28日，在光坡镇中间坪村举办科普知识讲座，邀请防城港市科协副主席李志初授课，主要围绕建设生态乡村、饮水卫生安全等科普知识向村民授课，给村民送上特殊的科普大餐。11月4日，在光坡镇青蟹养殖协会举办港口区“五个一”工程暨青蟹养殖培训班，邀请防城港市水产技术推广站站长、工程师裴琨授课，主要针对青蟹种苗的培育及喂养过程中遇到的病害防治知识进行讲解，课后，青蟹养殖户还根据平时喂养青蟹遇到的难题与裴站长进行交流。 （陆 华）

## 港口区文学艺术界联合会

【概况】 防城港市港口区文学艺术界联合会（简称港口区文联）2015年编制2人，实有工作人员3人（其中临时工1人）。港口区文联是中共防城港市港口区委领导下的群团组织，实行团体会员制，有团体会员6个，分别为港口区文学协会、港口区书画协会、港口区音乐舞蹈协会、港口区摄影协会、港口区民间文艺协会、港口区诗词学会，有会员200多人。

【文学艺术交流】 2015年，港口区文联配合市教育局完成全市中小学师生规范汉字书写比赛的评审工作。协助市银监局完成其系统书画摄影展作品的评奖工作。支持市国土局举办系统廉政书画展评工作等。积极参加由中国文联主办、中国文联文艺研修院承办、湖北省文联协办的第8期全国地县级文联负责人“创新发展与品牌建设”专题研修班和自治区文联举办的文艺家读书班、文艺期刊培训交流会议等，努力提高本会领导干部的理论水平和业务水平。组织文艺家和爱好者参加各级开展的采风创作交流活动和“深入生活、扎根人民”主题实践活动，以提高港口区文艺家、文艺爱好者的创作积极性和创作水平。如4月份和5月份分别组织文艺家和文艺爱好者参加走进港口区法院体验法治文化交流活动和走进白龙珍珠养殖场采风创作活动；11月份，由港口区文联主办、港口区诗词学会承办的前往上思开展的冬季采风创作交流活动等。

【文学艺术活动】 配合市“三下乡”活动，组织多位书法家到防城区那良镇开展义务现场送春联活动。根据港口区的实际，组织多位书法家到渔洲坪街道车辽社区开展“文艺惠民”义务现场送春联、送图书活动。5月，会同市书法家协会在中国文艺志愿者服务日前后，开展“到人民中去”文艺志愿服务主题活动。主要活动有“书法进校园”走进港口区企沙中学和防城区十万山瑶族乡沙坪小学。并在校园分别举办“中国梦”主题书法作品展览、现场辅导交流及向学校赠送港口区文联编辑出版的《天堂滩》杂志及艺术图书等近千册书籍。通过进校园举办“中国梦”主题书法作品展览活动，突出宣传“中国梦”，大力宣传践行社会主义核心价值观，达到“文艺支教”的目的。积极组织广大书画家和书画爱好者参加各级举办的书画展赛活动。如：年初组织港口区、市书画家创作数十幅作品参加在市艺术中心举办的“春色港城”迎春书画展；上半年组织征集多幅书画摄影作品参加广西第十七届“八桂群星奖”美术、书法、摄影作品展评活动和第三届广西艺术展等各级多个展赛活动;下半年根据市政协的要求组织防城港市多幅书法作品参加自治区政协举办的艺术展、协助市工艺美术协会筹集多件作品参加广西艺术节等;9月,在由文化部、中央文明办主办的2015年“春雨工程”——全国志愿者广西行暨第七届“魅力北部湾”(南宁)文化活动中,港口区文联组织10多幅作品参评,同时派出港口区文联会员邓立进参加9月13日—16日的现场活动,与南宁、北海、钦州的书法家代表一起,为参加第十二届中国－东盟博览会和广西民歌节的国内外客人现场表演书法创作,作品被领导、来宾、群众当场收藏。

**【文学艺术创作出版】** 2015年,出版《天堂滩》文艺季刊4期,审选文稿300多万字。充分发挥《天堂滩》杂志的文艺平台作用,重点突出《天堂滩》季刊对本土文艺家和文艺爱好者的服务及培养推介功能,较好地完成全年编辑出版和发行等各项工作。《天堂滩》办刊几年来,港口区、市的广大作家、作者以及文艺同仁们以他们的笔触在这片文艺园地上辛勤地耕耘,每期《天堂滩》都推出以描写港口区为主的散文作品。为了更集中地体现创作成果,更好地彰显和宣传港口区、市的人文风情和区位优势,进一步审视和前瞻着港口区、市的美好发展前景,港口区文联优选部分散文结集成《港风渔韵》一书公开出版发行。从2014年喜迎国庆65周年之际在市图书馆举办的畅书“中国梦”书法作品展中,选取部分作品汇集出版《畅书“中国梦”书法作品选》一书。2015年,港口区文联积极配合防城港市政协做好《海上胡志明小道——广西322工程建设纪实》一书的采写编撰工作。

(邓立进)

## 港口区社会科学联合会

**【概况】** 2010年12月31日,根据防城港市港口区机构编制委员会《关于设立防城港市港口区社会科学界联合会的通知》(港区编发〔2010〕38号文件),设立港口区社会科学界联合会(以下简称港口区社科联)。港口区社科联机构级别为正科级,核定事业编制3名,科级领导职数2名,内设机构3个(办公室、学会部、科普部),人员经费为财政全额拨款。2015年有工作人员3人。

港口区社科联的主要职责:领导和协调社会科学界各个学会、协会、研究会的工作;组织开展学术研究、科普、科学成果评奖等活动;负责对有关社会科学团体进行监督管理,维护团体会员和广大社会科学工作者的合法权益;负责与外地学者、学术团体的学术交流工作;负责办好学术刊物,开展资料信息交流工作;承担区委、区政府和上级部门交办的其他工作。

**【社会科学研究】** 根据自治区社科联《关于公布2015年全区县级社科联开展应用对策课题研究予以立项的通知》精神,开展《影响港口区征地拆迁工作的原因及对策》一项课题研究。为了完成这项应用对策课题研究,港口区社科联多次召开会议研究课题,明确人员,落实经费,外出考察调研,收集资料,按照要求完成课题研究并上报自治区社科联。

2015年港口区社科联出版《港口区社科工作》2期。

(黄怀谷)

## 港口区残疾人联合会

**【概况】** 2015年,港口区残疾人联合会(简称港口区残联)行政编制3名。下设港口区残疾人康复服务所、残疾人劳动就业指导所、残疾人用品用具供应站,事业编制3名,全区各镇(街道)共配备专职理事长1人,兼职理事长4人,残疾人专职委员43人。年内,港口区各级残联贯彻落实党中央、国务院和自治区人民政府关于促进残疾人事业发展的有关政策,全面推进残疾人社会保障和服务体系建设,全面改善残疾人状况,优化残疾人平等参与的社会环境,解决残疾人民生问题,推进残疾人事业与经济社会协调发展。

**【残疾人专项调查】** 年内,根据国务院残工委部署,对持有第二代《中华人民共和国残疾人证》的残疾人和暂未领取残疾人证的疑似残疾人进行调查,组成96名调查员的工作队伍围绕残疾人基本服务状况和需求开展专项调查,完成入户调查2461名残疾人,完成信息录入、数据分析和上报等工作。

**【“阳光家园”托养】** 年内,各镇(街)残联认真摸排家庭特别困难、长期需要人照顾的智力、精神重度残疾人138户,每户每年1000

元。用于开展残疾人托养服务工作,为符合条件的残疾人家庭接受居家生活照料、家政服务、康复护理以及购买社会服务等提供资助等。利用自治区项目资金及市、县区两级配套资金为智力、精神重度残疾人提高生活质量、增强生活信心。

【重度残疾人护理补贴】 年内,持有《中华人民共和国残疾人证》的农村和城镇无工作且家庭生活困难的一、二级重度残疾人1266名领取了护理补贴,每人每年补贴360元,补贴资金45.58万元。

（苏民东）

## 港口区归国华侨联合会

【概况】 港口区归国华侨联合会(简称港口区侨联)是中共港口区委领导的人民团体,是党和政府联系广大归侨侨眷和海外侨胞的桥梁和纽带。该机构成立于2002年1月,属科级单位,事业编制3个,科级领导职数2名,实有工作人员3人。2015年9月29日,召开第二届港口区归侨侨眷代表大会。选举港口区新一届侨联主席、副主席、常委和委员。

【队伍建设】 5月,召开港口区侨联一届九次全委会,通过万子荣卸任委员的决定,中共港口区委提名杨孙艳为港口区侨联主席候选人。6月,召开港口区第二次归侨代表大会筹备工作会议,各镇(街道)及安置点的相关人员参会。9月,港口区第二次归侨侨眷代表大会在区委七楼会议室召开,来自港口区各镇(街道)及安置点的65名归侨侨眷代表出席大会,大会通过港口区侨联一届委员会的工作报告,聘请3名海内外顾问,选举产生新一届侨联领导班子:委员13名,常委7名,主席杨孙艳,专职副主席傅春坚,兼职副主席梁海金,秘书长傅春坚(兼)。

【侨界联谊活动】 4月,港口区侨联副主席杨孙艳到北海侨港镇参加“北海市越南姑苏群岛归侨联谊会成立十周年暨换届选举大会”,大会期间结交了一批美国华人朋友。同月,港口区侨联接待北海越南姑苏群岛联谊会及美国加州越南姑苏群岛同乡联谊会一行20人到港口区考察。6月,港口区政协、中共港口区委统战部、港口区外侨办、致公党港口区支部等涉侨部门在企沙镇华侨小学开展“同心”共建侨乡为侨服务庆“六一”活动。8月,与港口区委宣传部合作,选送30幅摄影作品参加“第二届世界华侨华人摄影展”,参展作品反映了港口区的社会环境、生活方式、风俗习惯等,提高港口区的宣传力度,扩大港口区在海外的影响力。9月,中共港口区委统战部、港口区侨联、港口区外侨办、港口区政协华侨委及各民主党派港口区支部,在企沙镇华侨村开展“情暖侨心”系列服务活动。10月,港口区侨联主席杨孙艳随市外侨事务团赴越南胡志明市、同奈省隆庆市参加第四届世界钦廉同乡恳亲大会,会上与美国、澳大利亚、新加坡、越南等9个国家的钦廉同乡侨社团建立联络方式,与20多位知名侨领沟通交流,并配合市侨务团做好承办第五届世界钦廉同乡恳亲大会交接工作。

【为侨服务】

开展慰问活动　2015年,自治区、市、港口区三级侨联系统在港口区开展困难归侨侨眷春节慰问“暖心”活动,共慰问困难归侨侨眷32户,发放慰问金1.04万元,发放慰问品食用油、大米及棉被等折合人民币7000多元,并为7位学生捐资助学。6月,港口区侨联在企沙镇华侨村开展“七一”建党日活动,入户慰问困难党员、老党员及村干部。12月,港口区侨联慰问5名重大疾病侨胞,协助这5名因病返贫侨胞申请红十字会人道救助。12月,市红十字会、市侨联、致公党市委联合在港口区企沙镇华侨村开展元旦“送温暖进侨村”慰问活动。

维护侨益　年内,接受来信来访1件,处理1件。4月,接访美国华侨黄昭然的国内亲属,诉坐落在港口区公车镇冲孔村豪丫组路口的李氏祖坟在未协商好搬迁问题就被挖到坟边缘的事宜,与港口区侨办联系共同处理。9月,港口区侨联携手中共港口区委统战部、港口区侨办、港口区政协华侨委及各民主党派港口区支部,在企沙镇华侨村开展“情暖侨心”系列服务活动,活动主题是侨法宣传及义诊。12月,港口区侨联主席杨孙艳在渔洲坪街道办四楼小会议室参加关于林培光等信访事项的协调会,该会议由市侨办与市侨联联合主持。

侨情调研　1月,市侨联主席林威爵带领市侨联相关领导一行4人到港口区企沙镇华侨村开展侨胞生产生活情况调研,了解侨胞的住房、生产生活、养老等急需解决的问题,认真听取华侨小学的校园建设、困难学生的帮扶等情况汇报，并就下一步应如何有效解决侨胞的生产生活及渔民上岸的转产转业问题提出意见。5月，做好市外侨办到企沙镇华侨村对棚户区改造工程调研工作。8月，中国侨联权益保障部和中国农林水利工会联合调研组到企沙镇华侨村开展调研活动，走访了解渔村的基础建设及住房情况；召开座谈会，了解华侨村基本情况、工会组织建设情况、侨胞生产生活现状、存在的主要困难和侨胞帮扶等情况。

挂钩帮扶　年内港口区侨联到华侨村开展卫生清洁大扫除活动12次。2月，村党建指导员杨孙艳在企沙镇簕山主持召开中共簕山理事支部换届大会，协助召开簕山支部及理事成员会，商讨簕山的管理问题及簕山旧屋岭塘养殖合同有争议的问题。9月，港口区侨联在企沙镇华侨小学开展“侨法知识进校园”主题活动，聘请法律专家给华侨小学的学生讲授法律知识及开展侨法知识抢答活动。（杨孙艳）

## 港口区红十字会

**【概况】** 港口区红十字会是从事人道主义工作的社会救助团体，依照《中华人民共和国红十字会法》认真履行备灾救灾、募捐救助、现场自救互救培训、红十字青少年志愿服务、无偿献血、造血干细胞捐献及艾滋病防治知识传播等项职责。

2015年港口区红十字会大力弘扬“人道、博爱、奉献”的红十字精神，加强红十字会基层组织建设，使红十字会不断发展壮大，港口区建立红十字会基层组织5个，会员及志愿者600多人（含院校红十字志愿者）。开展初级自救互救知识和技术培训1000人次，开展无偿献血和造血干细胞捐献活动2次，发放宣传资料8000多份。在公车中心校设立红十字基层组织，利用“5.8世界红十字纪念日”，组织有关人员深入公车中心校进行红十字会学校授牌仪式。学校红十字会是以学生为主体、师生员工共同参加的中国红十字会基层组织，该组织在提高学生的思想素质和品德修养，帮助学生树立正确的世界观、人生观和价值观，关爱人的生命健康等方面发挥积极作用。

**【自救互救培训】** “六一”期间，港口区红十字会深入学校，分别向已成立红十字会学校的桃源小学等4所学校的青少年学生发放红十字知识竞赛试卷，组织青少年学生参加全国红十字会青少年自救互救知识竞赛。派出专职人员向青少年讲授红十字有关知识，提高防灾避险意识，准确识别灾害风险，提高自救互救能力。

**【社会救助】** 11月底，港口区红十字会为2名患先天性心脏病的患儿到定点医院接受免费手术治疗，为1名身患乳腺癌患者提供救助，以实际行动为患者家庭排忧解难。

**【博爱救助】** 根据自治区红十字会《关于2015年“红十字博爱送万家”活动的通知》，港口区红十字会深入农村基层走访了解困难群众的情况，并向特困户、五保人员、老党员送去大米、食用油、棉被、温暖箱等慰问品，为困难群众过好春节送去温暖。

**【“三献”工作】** 根据自治区红十字会关于开展“三献”工作的要求，港口区红十字会高度重视三献工作，并将该项工作列入重要工作日程。积极配合，协调市红十字会和中心血站，做好义务献血、造血干细胞捐献和人体器官捐献宣传工作。2015年港口区红十字会深入基层开展无偿献血工作2次、参加无偿献血达到300人次。联合市红十字会及其他有关部门，利用人员密集的地方，以发放宣传资料的方式，向过往群众发放无偿献血、造血干细胞采样入库、人体器官捐献有关宣传资料画册，有效地提高人民群众对“三献”工作的认识，为开展红十字会业务工作奠定良好基础。

（宋美霖）

## 人力资源管理

**【概况】** 港口区人力资源和社会保障局（简称港口区人社局），下设社保局、就业服务中心、人才交流服务中心、劳动保障监察大队四个单位，辖办公室、社会保障与基金监督股、人力资源开发和就业促进股、公务员管理股、专业技术人员和事业单位人事管理股、工资福利与退休股、监察和调解仲裁股七个内设机构。主要负责港口区人力资源市场、就业创业、社会保障、公务员和事业单位管理、人才管理、军转安置、人事、劳动争议仲裁调解等工作。

【公务员管理】 不断规范人事管理。及时办理2015年新录用公务员转正及登记手续、政府机关(参公事业单位)调任人员的公务员登记工作。进一步更新完善公务员管理信息系统，及时开展调任人员的公务员登记。积极做好公务员职务与职级并行工作。

【人事考试】 坚持"凡进必考，择优录用"的进人原则和"公正、公平、公开"的考试原则，认真组织做好各项公开招考工作。公开招聘教师48名，柔性教师17名，公务员7名，三支一扶人员9名，政务服务中心工作人员4名，村官6名，党建组织员8名，圆满完成机关事业单位招考工作。

【队伍改革建设】 为破解高层次、技能型人才紧缺瓶颈，港口区组团外出开展人才招聘工作，招聘白鹭人才1人，柔性人才50人。做好"三支一扶"大学生、非在编人员、大学生村官和企业军转干部的管理和服务工作。

【社会保险】 2015年，城镇职工基本养老保险参保企业690个，参保人数达14016人，当期养老保险费收入11732.11万元。城镇职工基本医疗保险参保人数9750人，城镇职工基本医疗保险基金收入4573.86万元。工伤保险参保人数9743人，工伤保险基金当期收缴433.96万元。生育保险参保人5830人，生育保险基金收缴311.55万元。城乡居民基本养老保险参保17317人，征缴保费122.83万元。失业保险参保人数11789人，征缴失业保险基金1053.98万元，完成社保的各项指标和任务。

【率先实施三方合作共建"一站式"惠民服务平台】 联合农信社、电信，充分依托彼此优势，将就业、培训、社保、金融以及电信业务信息及办理等服务项目进行有效整合共享，搭建"一站式"服务平台，创新"惠民通"手机AAP，为群众提供更加直接、便利和高效的服务，真正让群众足不出村，足不出户就能办理所需业务。

（许强定）

## 民政事务

【基本概况】 港口区民政局是区政府主管社会行政事务的一个职能部门，承担全区的救灾救济、城乡居民最低生活保障、城乡困难群众重大疾病救助、基层政权和社区建设、区划地名、双拥、优抚、退役士兵安置、婚姻登记、儿童收养登记、社团登记、民办非企业单位登记、社会救助等职能。下设秘书股、民间组织和社会事务管理股、优抚和安置股、救灾救济和社会救助股、基层政权和社区建设股5个内设机构；有港口区城乡居民最低生活管理办公室(港口区低收入居民家庭经济状况核对中心)、港口区城市福利中心、港口区救助管理站、港口区有奖募捐办公室4个事业单位；区老龄办、区双拥办、区地名普查办设在民政局办公。下辖乡镇民政办3个，街道民政办2个。

【婚姻管理】 依法做好婚姻登记管理工作，进一步强化婚姻登记服务质量，加强登记处的基础设施建设，认真学习民政部新颁发的《婚姻登记工作规范》内容，认真履行职责，提高婚姻登记工作效率。2015年，办理结婚登记1166对、离婚登记333对、补发婚姻登记171对，婚姻登记合格率100%。

【救灾救济】 2015年冬春期间，全区共发放救济物资145.08万元，共救济10600人。其中，发放粮食53吨，救济4700人，发放救济衣被5900件(套/床)，救济5900人。汛期期间，港口区民政局组织召开防灾救灾专题工作会，落实应急预案，组织防灾检查，及时排除隐患，做好物资储备，确保救灾网络畅通，科学查灾核灾。在农房政策性保险工作中，按要求于7月31日将辖区内农房政策性保险保费4.44万元转至中国人保财险防城港市分公司，完成自治区下达的农房保险资金筹措任务，协调辖区7户受灾农户农房政策性保险各项协调理赔工作，共获得理赔金5万多元。

【社会组织管理】 积极做好社会组织管理工作，认真贯彻落实《社会团体登记管理条例》和《民办非企业单位登记管理暂行条例》，坚持培育发展和监督管理并重的方针，不断完善登记制度和管理措施，依法做好社会组织登记和年检各项工作。截至2015年年底，在港口区民政局依法成立登记的社会组织有84家(社会团体成立登记45家、民办非企业单位成立登记39家)，其中2015年新成立登记的社会团体7家、民办非企业单位9家。

【双拥工作】 2015年双拥工作各成员单位对双拥活动精心组织扎实开展。“八一”、元旦、春节期间，区委、区政府及各成员单位均组成慰问团，对解放军及武警部队和优抚对象进行走访座谈慰问，共享改革开放成果，累计发放慰问金187.97万元。端午节还组成“军民龙舟队”参加中外龙舟赛，部队官兵自发到社区与社区干部一起包粽子，利用社区网格化服务平台为驻地社区60多名孤寡老人、重点优抚对象送去700多个“爱民”粽子。广西金川有色金属有限公司为军分区海防营、海防二连、观通站三个部队的营房建设投入200多万元，辖区成立“非公组织”双拥协会，动员各企业以人力、物力和财力支援部队建设，据统计，全区非公企业为部队建设捐款捐物共39万元。

【老龄事业】 围绕落实“六个老有”，狠抓养老保障服务体系建设，扎实开展老年人生活救助，妥善处理老年信访问题。落实老年优待政策。及时办理老年人优待证，扎实做好全区2142名80岁以上老年人高龄补贴发放工作，共计发放高龄补贴151.29万元，维护老年人合法权益。全年共办理老年人优待证276个，其中针对70周岁以上的老人发放红卡216个，60周岁以上的老人发放绿卡60个。培育一批示范性老年协会。2015年，共选择5个基础条件好的村作为协会建设示范点，每个点安排福彩公益金3万元用于基础设施设备建设，对全区5个村级老年协会建立协会组织机构，并制定章程制度制版上墙和完善“七薄一册”记录登记本等工作，培育一批村级老年协会建设示范点，以此推动全区老龄工作建设。

【基层民主政治建设】 进一步规范村务公开行为，接受村民和村民代表的监督，调动村民参与村级组织建设的积极性。坚持把群众最关心、反映最强烈的问题作为村务公开的重点，坚持重大事项向村民公开，认真开展“一事一议”，积极争取全体村民的支持。成立由村民代表组成的村务公开监督委员会，建立一套科学的村务公开和民主管理的制度，明确考核指标和检查验收标准。同时，在方便群众阅览的地方设村务公开栏、意见箱，将村民民主决策的重大项目的启动、实施、检查验收等情况纳入村务公开的内容，做到“我决策、你管理，你办事、我监督，你服务、我放心”，给全体村民一个“明白账”。

【退役士兵安置】 积极推行“阳光安置”，2015年共接收退役士兵35人，符合安置条件的3名退役士兵全部得到妥善安置。给予1名城镇退役士兵一次性自谋职业经济补助费共7.7万元；为31名自主就业退役士兵发放经济补助金31.5万元。组织退役士兵开展职业技能培训工作，通过与职业技校相互配合，为20名退役义务兵举办为期3个月的免费职业技能培训。

【区划地名工作】 协助港口区政府顺利完成撤销公车镇，成立沙潭江、王府2个街道的区域调整工作，2个街道已经正式成立，人员已全部到位，各项工作已正常有序开展。稳步推进全国第二次地名补查工作。在试点的基础上，组织普查人员深入基层，按新的规范要求，进一步完善港口区地名信息内容396条，拍摄地名相片282张。同时，先后接待区内外单

10月21日，光坡镇大坡社区老年协会在开展老年人活动

港口区民政局供稿

位28批共216人学习考察，发放地名普查成果作品133套。

（荣建雄）

## 扶贫工作

【概况】 港口区扶贫开发办公室是港口区农业局的挂牌机构，编制3名，实有4人。2015年，开展贫困村、贫困户精准识别工作，全区共识别出贫困户644户2370人。

【扶贫项目管理】 2015年，以贫困村整村推进扶贫项目向上级争取财政扶贫资金，全年获得中央、自治区专项财政扶贫资金329万元，市级财政扶贫资金35万元，区级配套资金30万元。继续抓好红沙村和光坡村“十二五”贫困村整村推进收官工作，完成投资244万元，实现年度工作目标；投入扶贫资金178万元，修建贫困村硬化道路7条5.25公里；投入扶贫资金12万元在光坡村实施村屯绿化1.17公里。

【智力扶贫】 投入扶贫资金33万元实施“雨露计划”，扶持贫困家庭子女学历教育66人；开展家禽养殖技术培训、岗松种植技术，在红沙村、光坡村举办2期农民实用技术培训班，培训人次200人，印发技术资料300份。

【产业扶贫】 投入产业开发项目资金36万元，购买4.24万羽优质鸡苗扶持1129户贫困农户发展养殖业，项目带动农民人均增收500元；投入项目贴息资金35万元，扶持龙头企业防城港市宝兴工艺品有限公司实施岗松种植加工基地扶贫项目建设，项目辐射带动光坡、企沙两镇1000多户农民种植岗松及加工篱笆编织工艺品，每户农民年均增收6000元。

（张秀玲）

## 民族宗教事务·涉台事务

### 民族宗教事务

【概况】 2015年，防城港市港口区民族和宗教事务局（简称港口区民宗局）编制2名，实有工作人员4人。

【民族】 2015年，港口区户籍人口13.56万人，共有28个民族。其中，汉族107693人，占79.42%；壮族23100人，占17.04%；瑶族2495人，占1.84%；京族1305人，占0.96%；其他少数民族1007人，占0.74%。

【民族工作】 港口区民宗局实施民族项目，发展民族地区经济，顺利完成少数民族项目建设。2015年投入，148万元建设沙企一级路至光坡镇光坡村中路组道路硬化工程等11个民族项目，共修建道路6.72公里（其中水泥硬化道路2.06公里），安装供电线路1.22公里，受益群众3738人。

以民族团结宣传月为契机，开展多种形式的宣传活动，营造民族团结进步的良好氛围。在机关、社区、乡村悬挂宣传横幅、制作民族团结宣传展板，在社区设置民族政策法律咨询台、到学校开展民族政策宣传及赠送打印机、体育器材等活动，全年发放民族团结宣传册500多份。

10月19日—22日，港口区民宗局与港口区委组织部联合举办2015年港口区少数民族干部培训班，到广西民族大学开展少数民族干部培训活动，全区45名少数民族干部参加培训。

2015年，港口区民宗局资助6名特困少数民族优秀学生（其中

10月19日，2015年港口区少数民族干部培训班开班典礼在港口区委7楼会议室举行　　黄春宇供稿

9月18日,港口区民宗局和港口区基督教信徒到公车镇王府村四组慰问　陈俊任供稿

大学生3人、高中生3人),专项补助资金12000元。

【宗教工作】 港口区民宗局认真贯彻落实党的宗教政策,分别到城区和乡镇开展国家民族、宗教政策法规、《宗教事务条例》等内容的宣传教育活动,引导信徒奉献爱心,积极参与社会公益活动,宗教与社会主义社会相和谐。积极开展"美丽家园·清洁乡村"工作,多次到公车村开展卫生清洁工作,分阶段部署"美丽家园·清洁乡村"工作,携手当地村民共创美丽家园。

5月15日,港口区民宗局参加2015年港口区政务公开日宣传活动,在海珍路口设点,向过往市民群众宣传党的宗教政策法规、《宗教事务条例》,共发放宣传资料100多份,接待群众咨询9人次,解决问题2个。6月,结合港口区基督教活动点实际,制定学习月活动方案。6月28日,深入基督教聚会点,开展"国法与教规的关系"为主题的宗教政策法规学习活动,向信教群众讲授民族团结、共同进步的重要性和国家宪法与教规的关系以及《宗教事务条例》内容等。参加学习活动的信教群众约160人,悬挂横幅3条,发放宗教宣传资料600份,民族政策法规知识小册子100本,接受信教群众的政策法规咨询13人。9月13日,在基督教聚会点开展全员献爱心捐款慈善活动。当天共捐款2000多元。9月18日,港口区民宗局全体干部与港口区基督教代表前往公车镇王府村四组慰问2名困难群众。基督教聚会点给贫困人家每户1000元慰问金和月饼。10月22日,参加港口区科协在光坡镇开展的科普宣传活动,共发放《宗教事务条例》宣传资料600份,民族政策小册子200份,答复群众咨询15人次。

(黄春宇　陈俊任)

## 涉台事务

【概况】 2015年,港口区台湾工作办公室(简称港口区台办)按照市台办提出的提高服务水平,促进两岸和谐的工作思路,全面提高对台工作科学化水平,深化对台经济、文化交流合作,服务台胞台属,维护台商的合法权益。在对外交流工作中大力宣传港口区,提高港口区的知名度和影响力。

【对台交流工作】 9月18日,港口区台办参加防城港富味乡油脂食品有限公司开业仪式,与参加仪式的台湾同胞进行交流,向台湾同胞大力宣传港口区的资源优势和风土人情,进一步扩大港口区对外开发开放的宣传力、影响力。

【服务台胞台属工作】 2—5月,港口区台办开展台胞台属台企调查摸底工作。为全面掌握港口区台胞台属情况,服务祖国统一和地方经济社会全面发展打下基础,其间走访慰问困难台属2次,发放慰问品、慰问金折合人民币1000元;走访台资企业4次。

(禤继兴)

## 信　访

【概况】 2015年港口区信访局有工作人员7人,其中在职在编3人,柔性人才2人,聘用人员2人。信访工作围绕区委、区政府的工作目标,畅通信访渠道,创新信访工作机制,强化工作责任,维护正常信访秩序,年内共受理信访125件次。其中,来信99件,来访26批57人次。

【信访事项解决】

信访积案化解工作　根据《关于印发〈全市开展化解复杂疑难信访案件专项活动工作方案〉的通知》（防信联发〔2015〕1号）精神，开展化解复杂疑难信访案件专项活动，全区共梳理出复杂疑难信访案件16件。对排查出来的16件复杂疑难信访案件实行“一对一”包案，根据“属地管理，分级负责”“谁主管，谁负责”原则，明确牵头单位、责任人，办结时限等要求。包案领导“包调查处理、包问题化解、包教育稳控”。区委、区政府领导定时听取包案情况汇报，共同研究解决倾向性问题，督促加快复杂疑难信访案件的化解进度。对上级交办和自行排查案件，历史积案案件实行区领导包案，采取重点约访、带案下访、专题会商等形式，分类施策，全力推进问题的解决。对案情较清楚，处理结果也合法合理的，组织召开信访人和办案单位、稳控单位相关领导和责任人参加案件协调会，为信访人解惑答疑，推动案结事了。对信访疑难案件、积案及影响较大的群体性信访事件，采取定期和非常时期随时召开信访联席会议的方式，弄清问题，吃透案情，依照政策法规提出处理意见、制定解决办法。2015年，召开区信访联席会议3次，信访例会6次，镇（街）召开信访例会7次；区领导下乡督查十余次，督促办理交办案件以及历史积案的办理和各项工作任务开展情况。

11月3日，副区长韦更望（中）在区政府第一会议室接访红沙虾场上访群众　　港口区信访局供稿

群众来信来访处理　2015年共受理信访量为125件次，与上年同期126件次相比持平。来信99件，与上年同期76件相比上升30.2%；来访26批57人次，与上年同期50批149人次相比，批数下降48%，人次相比下降61.7%。其中，集体访5批30人次，与上年同期12批122人次相比，批数下降58.3%，人次下降75.4%。上级交办件8件，已办结。港口区信访局把接访办信工作作为一项基础性业务工作，高度重视，认真对待。积极改善接访环境，长期坚持文明接访，热情服务。严格执行来信来访登记、初审和首办工作制度。对来信来访登记建立台账，根据来信来访情况，进行审定、解释答复、转送交办、呈送报批、劝返稳控等首办工作。推行联合接访，促进接访工作与信访事项办理紧密结合。接访工作人员对重大或重点集体上访、赴邕进京上访，通过向分管领导请示报告，组织有关部门到现场，当面答复信访人或者就信访人提出的问题作解释，实现跟踪接访办理重要信访事项。

【领导干部接访下访活动】　2015年港口区信访局坚持落实领导干部接待群众来访工作制度、定期下访接访制度。采取定期下访、专题下访、带案下访、定点接访、重点约访、上门回访等多种方式，深入基层帮助解决群众信访诉求。将每月15日、25日定为区领导定期接待群众日，区委、区人大、区政府、区政协领导班子成员轮值定期接待群众来访。重大会议、节庆活动期间，党委和政府班子成员实行重点约访，做到“诉求合理的解决到位、诉求无理的思想教育到位、生活困难的帮扶救助到位”。　（苏　姗）

# 法　　制

## 地方法制建设

**【执法检查】** 5月，港口区人大常委会组织开展对区人民政府贯彻实施《中华人民共和国科技进步法》《中华人民共和国审计法》进行执法检查，召开常委会会议听取和审议区人民政府关于贯彻实施《中华人民共和国科技进步法》《中华人民共和国审计法》情况报告，并依法作出港口区人大常委会关于区人民政府贯彻实施《中华人民共和国科技进步法》《中华人民共和国审计法》情况报告的审议意见。

**【法律监督】** 7月，港口区人大常委会会议听取和审议港口区人民法院和港口区人民检察院上半年工作报告；听取审议港口区人民检察院2014年度惩治和预防职务犯罪工作报告。（骆富城）

## 社会治安综合治理

**【概况】** 中共防城港市港口区委政法委员会（简称港口区政法委）是区委领导、管理政法工作的职能部门，担负着维护社会稳定、社会治安综合治理、执法监督、队伍建设等重要任务。与港口区社会管理综合治理委员会办公室（简称港口区综治办）、区委维护社会稳定工作领导小组办公室（简称港口区维稳办）、区防范和处理邪教问题办公室（又称港口区防范办公室）、区国家安全领导小组办公室（简称港口区国安办）合署办公，区铁路护路办公室隶属港口区综治办。

**【治安防控体系建设】** 2015年，港口区投入34万元在白沙沥、渔洲坪2个街道进行网格化服务管理。投入39万元应用于综治信息化综合系统建设，其中建设单位21个；pc终端数量21个、移动终端数量113个。已建立网格化管理的社区有渔洲坪街道的渔洲社区、珠沙港社区、桃花湾社区；白沙沥街道的沙万社区、仙人湾社区、插排尾社区。网格化管理工作开展以来，共录入人口信息72440条，协助管理流动人口11640人，堵塞了社会管理空白漏洞。社会及政府共投入900多万元架设安装视频监控摄像头350个。以渔万辖区为试点，探索推广“一小区三中心”新型治安防控体系建设，在居民小区内全面推广视频监控系统、楼道门禁系统、人相识别智能防控系统等一系列智能防控的新技术。其中，作为试点的桂海东盟新城小区，数百户居民入住四年多来未发生一起刑事案件；阳光海岸、碧海紫金城、恒信花园等小区，实现零发案。港口区组织878名政法干警进驻村、社区、企业，主动提供政法综治工作服务，化解各类矛盾纠纷，实现全区社会治安面貌持续良好，80%的村、社区、企业实现“零发案、零投诉、零上访”。

**【打击各类违法犯罪】** 2015年，港口区严厉打击各类违法犯罪活动，继续开展“百日社会治安整治”专项行动。全区共立各类刑事案件1049起，与上年同比上升20%；破案186起。共发治安案件2056起，查处843起，查处率41%，同比上升2%；抓获各类违法犯罪嫌疑人2746名，抓获逃犯22名；抓获违法人员1084人，共缴获氯氨酮、麻古、冰毒、神仙水、海洛因等各类毒品3250.48克。港口区检察院受理审查逮捕案件151件230人，批准逮捕134件194人，受理移送审查起诉207件294人，提起公诉159件223人。港口区法院共受理刑事案件179件268人，审结166件235人，结案率为92.75%。

【矛盾纠纷排查化解】 2015年，港口区及时排查化解各种矛盾纠纷，共建立人民调解委员会45个，其中镇（街）调解委员会5个，村级调解委员会37个，交通调解委员会1个，医患纠纷人民调解委员会1个。全区共排查各类民间矛盾纠纷825起，调解成功810起，调解成功率98%，没有因矛盾纠纷调处不及时或不适当引发的非正常死亡、民转刑案件、群体性上访和群众性械斗事件的发生，充分发挥人民调解“第一道防线”的作用。

【青少年违法犯罪】 2015年，港口区开展未成年人权益保护工作，以切实维护青少年合法权益，预防和减少青少年犯罪，开展大量法制宣传教育活动，坚持“教育、感化、挽救”方针贯穿于检察工作始终，年内，全区共受理审查逮捕青少年犯罪案件17人，批准逮捕15人；受理审查起诉22人，移送起诉18人；不批捕2人，不起诉4人。

【校园及周边治安综合治理】 2015年，港口区中小学校、幼儿园建立安全管理责任制，各校（园）成立安全保卫机构，校园内开展管制刀具收缴工作，门卫管理制度落实，校园内安全管理各项规章制度完善并落实，应急管理工作体系健全。9月26日至10月15日对中小学、幼儿园校园及周边环境进行整治，制定专项整治工作方案，组织开展排查整治工作，进一步打击校园周边的无证、存在食品卫生安全隐患的零售小摊点、黑网吧和接纳未成年人消费的娱乐场所。对出现安全责任事故的学校、人员进行问责，对发生安全责任事故的学校、人员将按照“一岗双责”的有关规定，实行“一票否决”，取消其当年评优评先的资格；造成重大安全责任事故的，责任人移交司法部门追究其法律责任。经过综合治理，全年没有发生安全责任事故。

（赵小瑶）

## 审 判

【概况】 防城港市港口区人民法院（简称港口区法院）是国家审判机关，依法独立行使审判权，接受上级法院的指导和监督，对港口区人民代表大会及其委员会负责并报告工作。2015年，有内设机构12个：办公室、政工科、立案庭、刑事审判庭、民事审判庭、行政审判庭、执行工作局、法警大队、监察室、企沙法庭、审判管理办公室、审判监督庭。2015年，有编制59名，其中行政编制53名，事业编制6名。实有工作人员57人。其中，行政编制51人，事业编制6人；退伍士官1人；有党员35人；具有审判职称25人；有硕士研究生8人，学士学位31人；在职研究生2人，本科45人，大专4人。

【审判执行】 全年受理审判、执行案件3178件，审、执结2302件，收、结案数与2014年同比分别增长23.61%、4.16%，法官人均有案数居广西法院第四位。

刑事审判　牢固树立罪刑法定理念，坚持宽严相济刑事政策，强化人权保障，依法惩处各类犯罪。受理刑事案件179件，审结166件，判决235人。其中，审结暴力、侵犯财产案件70件108人，提升人民群众安全感。审结涉毒案件44件44人，遏制毒品犯罪高发势态。依法严惩职务犯罪，审结贪污、贿赂案件3件4人，公开审理社会广泛关注的市城投公司原董事长黄志民、东兴海关缉私分局原副局长李虎受贿案，促进反腐败斗争深入开展。

民商事审判　受理民商事案件2294件，审结1644件，收、结案数同比增长25.49%、2.69%。其中，审结建设工程施工、金融借贷等合同纠纷案件1381件，维护诚实信用、公平竞争的市场环境。审结医疗、劳动争议案件44件，依法保障和改善民生。审结家事纠纷案件114件，弘扬中华孝悌、仁爱传统美德。加大调解力度，与有关部门联动调解，促使8起“看房团”房屋买卖纠纷和解并当场履行。审结天猫商城为被告的首例网络买卖纠纷新类型案件，判决后天猫商城立即赔付，收到良好的社会效果。

行政审判　坚持依法裁判，规范行政行为，促进“依法治区”建设。受理行政案件40件，审结34件，收、结案数同比增长29.03%、41.67%。认真贯彻新修改的《中华人民共和国行政诉讼法》，妥善审理土地、山林、水利“三大纠纷”案件，维护行政相对人合法权益。组织召开行政审判与行政执法机关联席会议，主动向党委、人大、政府汇报重大敏感行政案件，协调各方妥善处理。加强与征地工作组联系，掌握征地拆迁纠纷动态，及时化解行政纠纷。

案件执行　全年受理执行案件575件，执行到位金额1.16亿余元，为历年最高。建成和运用网络查控、失信惩戒、执行公开、案件管理系统，推动执行工作机制创新。全年利用查控系统查询到债务人财产8000多万元和25辆车。开展打击拒执犯罪、反规避执行专项活动，将123名失信被执行人录入最高人民法院名单库，在媒体曝光49名失信被执行人名单，对4名拒不履行被执行人实施司法拘留，构筑强大威慑态势，让“老赖”无处可逃。

【人民审判制度建设】

审判服务工业企业制度　成立服务大局工作领导小组，制定《港口区法院服务辖区企业发展若干意见》《企业经营防范法律风险提示》，开展“一企业一法官”活动、在企业建立法律服务点。成立“工业巡回法庭”，审理三大园区“涉企”案件，全年受理案件98件，62%以调解方式结案。通过加强调解、慎用查封企业账户措施，帮助企业渡过难关，保障企业正常生产经营。

开展品牌特色服务　创设“巡回法庭”“海上法庭”，法官到案发地开庭审案，调解纠纷，宣传法律。推行轻微刑事案件、小额诉讼案件速裁审理机制，提高审判效率。开展送法进校园、入企业、到社区活动，让司法贴近群众、服务群众、教育群众，增强司法认同。

【自身建设】

思想教育　深入学习中共中央总书记习近平系列重要讲话精神，扎实开展“三严三实”专题教育，引导全院干警树立正确的世界观、人生观和价值观，打造忠诚、干净、担当的法官队伍。组织开展学习邹碧华先进事迹活动，举办“法官当如邹碧华”演讲比赛，以榜样的事迹感染人、鼓舞人、塑造人，筑牢干警献身司法、公正司法的理想信念。积极宣传法院工作成绩和先进典型，凝聚法院发展正能量。全年干警在国家级、省级、市级媒体发表新闻稿件1382篇，人民网、新华网、中国法院网、广西日报、广西人民广播电台等各大媒体对港口区法院在队伍建设、法院文化、服务大局、执行工作、阳光司法等方面所取得的成绩皆有广泛报道。2015年新闻宣传工作港口区法院获得全市政法系统综合考评第二名。

12月25日，港口区法院法官到企沙港上船为疍家渔民开展普法宣传

港口区法院供稿

党风廉政建设　贯彻从严治党要求，组织干警认真学习《中国共产党廉洁自律准则》和《中国共产党纪律处分条例》，强化干警遵守党规党纪的自觉性。落实“两个责任”和“一岗双责”，加强对重要岗位、重点环节、重点人员监督，规范法官与当事人、律师的交往。

司法能力　加强领导班子建设，提高班子民主决策能力、司法能力、管理能力。强化职业培训，选派骨干法官到国家法官学院、浙江大学、广西法官学院学习培训，加强对年轻法官的“传、帮、带”，不断提高法官的知识水平和业务能力。

政务公开　实行立案、审判、执行、裁判文书、司法政务公开常态化。在中国裁判文书网公开裁判文书1482份，上网率达100%。利用科技法庭同步摄录案件191件，网络庭审直播案件25件，微博庭审直播案件18件。评估拍卖实行网上抽签确定评估拍卖机构。落实人民陪审员“倍增计划”，人民陪审员参加审理案件576件。

司法救助　给616件案件困难当事人减、免、缓交诉讼费287.37万元，向40名困难当事人发放执行救助金13.50万元。扎实开展精准扶贫，结对帮扶25户贫困户，为贫困户联系就业，投入1

11月30日，港口区法院邀请港口区各大律师事务所律师代表参加"港口区人民法院'阳光评议'活动"。图为律师代表(右排)现场查阅案件卷宗了解法院审判情况 港口区法院供稿

万多元帮助贫困户重修被毁屋顶。

便民诉讼　设立导诉台，配备电子触摸查询系统、排期开庭电子显示屏，提供立案"一站式"服务。设立残障人等特殊群体诉讼"绿色通道"，实行网上预约立案。开通阳光司法网，方便群众实时了解案件进展。

涉诉信访　高度重视涉诉信访工作，完善接处接访工作机制，采取领导包案、法官带案下访、判后答疑、回访等措施，做好当事人服判息诉工作，取得全年无涉诉信访案件的好效果。

自觉接受监督　主动向党委、人大报告重要工作部署、重大敏感案件审理情况。加强与人大、政协沟通联系，开通司法政务短信平台，向人大代表、政协委员报送法院工作、大要案审判信息11期。邀请人大代表、政协委员和各界群众旁听庭审、监督执行、阳光评议案件220多人次。召开新闻发布会，向新闻媒体、社会发布法院重要信息，举办公众开放日活动，自觉接受社会监督。

基础建设　加大资金投入，购置更新一批现代化办公设备。建筑面积5200平方米的审判附属楼已经竣工并验收合格，正在推进审判法庭装修和设备采购报批。

科技强院　大力推进信息化建设，完成高清数字化法庭、远程接访系统、执行指挥中心的建设和升级改造，科技法庭实现与中院、高院三级联网，审判执行指标数据实时自动生成。"点对点""总对总"查控系统全面应用，手机OA办公系统率先在全市基层法院使用，裁判、政务文书实现带章打印。打造"门户网站+微博+微信"三位一体网络平台，为公众提供"指尖上"的便利化服务。

(林芳羽)

## 检　察

【检察机关概况】 2015年，港口区人民检察院内设办公室、政工科、反贪污贿赂局(简称反贪局)、反渎职侵权局(简称反渎局)、职务犯罪预防局、侦查监督科、公诉科、民事行政检察科、控告申诉检察科、司法警察大队、案件监督管理办公室、企沙检察室及后勤服务中心共13个科室，在职在编检察人员31人。

【打击刑事犯罪】 全年受理侦查机关提请批准逮捕案件151件230人，批准逮捕134件194人，受理审查起诉案件207件294人，提起公诉159件223人。严厉打击严重刑事犯罪，办理黄某某故意杀人案，陈某某组织、利用邪教破坏法律实施案，黎某2人利用"伪基站"发送短信诈骗案，13名外地人员偷越国境案，等等一批影响群众安全和社会稳定的刑事案件，给予犯罪分子强有力的威慑。严厉打击涉企犯罪，共办理涉及企业的盗窃、诈骗、职务侵占、合同诈骗、拒不支付劳动报酬等犯罪案件25件46人(如罗某等6人盗窃金川公司铜矿粉案、黄某等人职务侵占案)，为企业发展提供法律保障。依法对犯罪情节轻微、社会危害不大的刑事犯罪嫌疑人作从宽处理，不批准逮捕36人，不起诉16人；促成轻微刑事案件和解4件。

【查办职务犯罪】 深入查办涉农、惠民等重点领域的职务犯罪，共立案查办贪污贿赂案6件9人，所立查案件均为大案；查办渎职侵权案件2件2人。所查办案件中，科级干部3人，处级干部2人，通过办案追回涉案赃款约254万元。通过开展专项行动，集中力量查办海关、扶贫开发、征地拆迁等重

5月6日，港口区检察院在兴港大道开展“行政检察　服务为民”宣传活动，向过往群众发放宣传资料　杨榆珺供稿

被害人诉求，开展刑事案件不抗诉答疑说理3件。

**【民事审判和行政诉讼监督】** 审查处理民事行政申诉案件11件，其中属对审判结果监督1件，审判程序中审判人员违法行为监督8件，民事行政执行活动监督2件。向相关单位发出《检察建议》2件，均获采纳。对不符合法定条件的申诉案件，做好释法说理、服判息诉工作，根据被执行人的申诉，积极加强与审判机关的沟通联系，多次应邀参加审判机关执行案件，维护群众的合法利益和司法权威。

点领域和行业的职务犯罪，大要案数创历史新高。

**【职务犯罪预防】** 利用港口区预防职务犯罪联席会议平台，对辖区12家重点单位预防工作进行部署；向辖区副科级以上干部发送廉政短信共3456条；稳步推进预防职务犯罪“进机关”活动，到有关单位开展预防工作6次，配合辖区党委政府开展预防培训3次；提供职务犯罪行贿档案查询502次；向有关单位发出预防检察建议9件；向党委政府报送预防职务犯罪年度报告。2015年，成功举办港口区第四届预防职务犯罪气排球比赛。

**【刑事诉讼和侦查活动监督】** 对侦查机关应当立案而不立案、应当提请逮捕而不提请、遗漏犯罪嫌疑人罪行的，监督立案3件、追加逮捕9人、纠正遗漏罪行3人。对侦查机关侦查活动违法情形提出纠正意见4件。对认为确有错误的刑事判决，依法提请抗诉2件，均在二审获得改判。其中，黄某某猥亵儿童一案，经该院抗诉后，刑期从八个月改判为八年，该案获得广西检察机关“精品刑事抗诉案件”。对辖区监外执行工作进行监督2次，确保79名监外服刑人员处于社区矫正部门监管下，无脱管、漏管现象。听取刑事

**【控告申诉检察】** 依托控申接待中心、驻企沙检察室接待窗口开展接访息诉工作，受理群众来信来访控告6件、刑事申诉3件、民事申诉11件、举报10件，检察长接待日共接待来访人员25人次，对不属于检察机关职能管辖范围的诉求，均做耐心引导、妥善处理，如2次帮助农民工追讨拖欠工

5月21日，广西检察机关案件管理工作现场会在港口区检察院召开　莫　秦供稿

1 月,港口区检察院被自治区党委组织部、自治区检察院记集体二等功　　港口区检察院供稿

资,积极引导其通过法律途径进行追讨。深入开展普法宣传和法治教育,开展带案下访 2 次,开展“举报宣传周”、政法宣传周等法制宣传活动 5 次。针对因案致贫的刑事被害人开展救助工作 1 件,发放救助金 2500 元。

**【案件监督管理】** 全年受理案件 376 件,收到外来文书 732 份,接收随案移送物品 462 件。组织开展案件质量评查,对抽查的 17 件案件提出整改意见 23 个。人民监督工作有效开展,对该院拟不起诉、拟撤案的自侦案件,报市级检察院人民监督办公室提交人民监督员监督 4 件。发布案件程序性信息 389 件,重要案件信息 12 篇,公开法律文书 152 份。启用电子卷宗系统,为律师阅卷提供便利,规范自身执法行为。案件管理工作经验被最高级人民检察院向全国检察机关推广,承办广西检察机关案件管理工作现场会。

**【队伍建设】** 开展“三严三实”专题教育、“执法不严、司法不公”自查自纠活动、规范司法行为专项整治工作,落实“两个规定”要求,对领导干部干预司法活动、插手具体案件处理的情况进行监督,组织开展检务督察 4 次,规范执法办案部门和环境。组织检察人员参加各级各类培训 332 人次,通过开展岗位练兵、业务竞赛、演讲比赛、廉政党课讲堂等活动,锻炼检察人员综合能力。2015 年,港口区检察院被自治区党委组织部、自治区检察院记集体二等功,2 名检察人员分别记个人二等功、三等功;获防城港市园林式单位、廉政文化建设先进单位、“六五”普法先进单位称号;2 名女检察官被评为防城港市三八红旗手;2 个部门、10 名检察人员获市检察院记功、嘉奖。

**【保障和服务民生】** 立足检察职能加强社会管理,通过办理 2 件拒不支付劳动报酬案件,向人社、住建部门发出关于维护劳动者权益的检察建议书,并与辖区有关部门会签《关于建立港口区联合打击拒不支付劳动报酬犯罪行为长效机制的工作意见》,对打击恶意欠薪行为起到积极推动作用。该 2 份检察建议被自治区检察院评为优秀检察建议。继续开展“守护童年 · 护蕾行动”防范性侵害宣传教育活动,到港口区第二小

10 月 29 日,港口区检察院到防城港市第二中学开展“关爱未来 · 法治护航”未成年人法制宣传教育活动。图为自编情景剧

港口区检察院供稿

学开展专题宣讲;配合防城港市检察院到市第二中学开展“关爱未来·法治护航”未成年人法制宣传教育活动。开通港口区检察院官方微博、微信,共编发检察动态、案件发布、法治宣传等信息约100条,充分保障人民群众对检察工作的知情权、参与权、监督权。

(杨榆珺)

## 公　安

【概况】2015年,防城港市公安局港口分局(以下简称分局)内设2室、1科、9队5所,另有边防序列的4个边防派出所,共有民警168人。

【刑事侦查】2015年,分局坚持强化日常破案打击和适时组织专项行动相结合,保持对刑事犯罪的严打高压态势,整体破案打击效能和攻坚克难水平明显提升,有效地遏制刑事案件的高发势头。2015年共立各类刑事案件1049起,破获186起,通过打击破案,共抓获各类违法犯罪嫌疑人262人,其中抓获网上逃犯13人,刑拘229人,逮捕176人,移送起诉181人,快速侦破6起命案,命案破案率100%。在上级公安机关的大力支持下,分局举全局之力,快速侦破了“卢××过失致人死亡案”“刘××被故意伤害致死案”“冯××被杀害案”“蝴蝶岛无名女尸案”“嘉××所故意杀人案”“刘×被故意杀害”等6起命案,及时消除负面影响,树立形象。

1月25日,市公安局港口分局出动200多警力,搜山20小时,抓获杀人潜逃男子,侦破一起故意杀人案　　庞敏燕供稿

【经济犯罪侦查】2015年共立各类经济案件21起,破案15起,抓获各类犯罪嫌疑人37人,涉案金额3667.50万元,挽回经济损失268.94万元。历经7个月艰苦、细致的侦办,分局侦破公安部督办的“赵×、林××等人涉嫌职务侵占案”,将涉嫌职务侵占2680万元的主要犯罪嫌疑人赵××、林××、黄××、黄××移送检察院起诉,该专案立破5起案件,刑事拘留15人,逮捕10人,起诉9人,扣押赃车5辆,冻结资金100万元,退还赃款100多万元。连续侦破2起以真实身份跨区域实施骗租车辆的新型诈骗案件,逮捕2人,网上追逃3人,取保候审1人,追回被骗高档小轿车3辆,串并南宁、钦州、北海等地案件8起,涉案金额达200多万元。侦破深圳钰诚财富管理有限公司依托“e租宝”“芝麻金融”“惠仁财富”等网络借贷平台吸收公众资金案,涉及全国31个省份,抓获7人。

【禁毒工作】2015年分局共缴获

各类毒品共3245.75克，其中海洛因2055.36克，冰毒996.57克，氯胺酮153.32克，咖啡因40.50克。共抓获涉毒违法犯罪人员407人，其中刑事拘留42人，取保候审6人，强制隔离戒毒110人，逮捕43人。

【治安管理】 分局积极开展对治安混乱地区的排查整治，加强爆炸物品、剧毒物品等危险品的管理，组织开展“治爆缉枪”、校园周边秩序整治、废旧金属整治等50余项专项行动。共查处治安案件1933起，其中涉黄案件82起、赌博案件170起、毒品违法案件296起。抓获违法犯罪人员1412人，其中治安处罚993人，强制戒毒101人，其他处罚318人；排查化解各类矛盾纠纷500多起，化解群体性事件苗头10起，维护施工30多次。分局创新反恐处突模式，在港城派出所设立集训点，以轮值轮训的方式保证行政中心区每天有40名应急处突警力的防暴处突队伍。据统计，2015年分局共处置非访事件114起，出动警力1000余人次。成功化解各类矛盾纠纷500余起，依法处理拖欠农民工工资案（事）件35起。其中，立涉农民工工资刑事案件5起，逮捕2人，追讨被拖欠农民工工资3000多万元，有力地维护辖区大局稳定。分局继续稳步开展“一村一警”工作，共召开11次会议部署“一村一警”工作，成立规范警务室29间，派驻村民警29人，同时要求村警每周必须进村2天，每月必须入警务室8天以上。年内，分局开展村警培训会5次，培训83人。开展警民联动巡逻42次，走访村组42个，帮助困难群众70余户，调节矛盾纠纷13起，有效地维护农村的治安秩序。

【户籍人口管理】 分局一直加强窗口服务与践行“简化手续、服务群众”相结合，深入推行“五个率先”服务群众。2015年，分局政务服务窗口共办理临时身份证1134张，更改年龄、性别、民族、纠错、漏报补录87人，各类户口迁移1066户，各业务咨询8500余次；全年审批新增酒店20家，年审116家。临时身份证由原来的3天改为10分钟现场办结服务，实现一个窗口办理，一个窗口办结的“一条龙”服务，提速率达200%以上。分局窗口荣获防城港市政务中心集体“优秀窗口”流动红旗4次、个人荣获窗口服务之星奖杯6次、收到群众电话、感谢信、锦旗20余次。分局民警杨美玉、蔡雯霓和文职人员潘柳雪、吴婕4人被评为先进个人。

6月14日，市公安局港口分局投入135名警力完成2015年防城港市海上龙舟节活动安保任务　赵祖阳供稿

【队伍建设】 分局始终把提高公安队伍整体素质放在工作的首位，不断加大队伍建设的力度。

深化思想政治教育　深入开展学习中共十八大和十八届三中、四中全会精神，坚持不懈地用中国特色社会主义理论体系武装广大民警头脑，进一步坚定对中国特色社会主义的道路自信、理论自信、制度自信，矢志不渝做中国特色社会主义事业的建设者、捍卫者，打牢民警的理想信念和思想道德基础。

深入开展“三严三实”专题教育　分局党委认真学习贯彻上级党委和上级公安机关指示精神，按照规定动作开展“三严三实”专题教育，分3个专题进行集中学习与研讨，主要领导开展“三严三实”专题调研并召开专题民主生活会，对发现的“不严不实”问题逐步整改。各党支部严格按照分局党委的部署，及时开展“三严三实”专题教育。

狠抓教育训练，强化民警队伍素质　分局推行“轮训轮值、战训合一”训练模式，全年举行培训

11 月 18 日，市公安局港口分局组织全体民警开展实弹射击训练

杜昕宸供稿

班 13 期，培训 130 余人，全面提升处置暴恐、突发事件及群体性“非访”事件能力。开展紧急集结演练 7 次，提高快速反应能力，队伍反应速度逐步提高。开展警务实战训练 15 天，除了负伤和休假民警外，其余民警全部参加训练。

开展形式多样忠诚教育　分局将 3 月定为开展“忠诚教育”月，分局多部门的民警到光坡镇中间坪村芒箕涡阻击战纪念碑前开展“缅怀英烈·忠诚教育”活动。政委吴永帅在“忠诚教育”月和抗战胜利 70 周年纪念日带队到光坡镇三光企革命武装起义纪念碑前，重温入党和入警誓词，全年共有 150 余名民警参与该活动，强化民警的政治信仰，树立民警“忠诚可靠，无私奉献，执法为民，求真务实，廉洁从警”的良好作风。

坚持从优待警　坚持走访慰问、关爱民警。在元旦、春节等重大节假日，慰问基层值班执勤民警和分局多名老党员、生活困难党员；先后慰问、看望因伤住院、家庭变故等民警及其家属 6 人，为他们送去分局党委的关怀和温暖，共发放慰问金 35000 元。进一步督促各部门认真落实民警休假制度，努力让民警能够休养生息，分局按规定有序安排 141 人休假，为 4 名民警办理退休手续。举办各类文体活动，丰富民警的业余生活。开展庆祝“三八”妇女节、棋牌类和球类比赛等活动。组织业余篮球队、足球队与其他单位开展友谊比赛。积极组织单位职工参加港口区第八届职工运动会。在新落成的警察训练馆里举行分局汽排球比赛，共有 12 支队伍、80 余名选手参加比赛。丰富的文化活动培养了民警的团队精神，增强队伍凝聚力、向心力。

深入推进党风廉政建设　积极贯彻落实党委主体责任制，建设学习型、团结型、廉洁和从严从实的领导班子，认真贯彻落实党委建设“十六字”方针，强化班子成员的拒腐防变能力。落实纪委的监督责任，让纪委切实担负起监督责任，从小问题抓起，未雨绸缪，防患于未然。分局认真贯彻执行《防城港市公安机关内部监督管理细则》，共通报 103 人次，扣 149 分。（张南景）

## 道路交通管理

**【概况】** 2015 年防城港市公安局交通警察支队港口大队（简称港口交警大队）有民警 40 人、协警 45 人，内设机构有办公室、秩序中队、事故中队、宣传中队、车管中队、城区中队、光坡中队。2015 年，港口交警大队以“深化平安建设，推进法治建设，加强队伍建设”的重要精神为方针，以遏制重、特大道路交通事故为重点，以加强队伍建设整顿纪律作风为着力点，集中开展整治摩托车严重交通违法专项行动、大货车交通违法专项行动，扎实开展各项道路交通管理工作，努力开创交通管理新局面。

**【道路交通管理】**

交通秩序整治工作　抓好元旦、春节、元宵、“三月三”“五一”“十一”等节假日期间的道路交通安全管理工作，强化路面巡逻和管控，提前做好交通安全事故隐患排查、重点驾驶员、运输单位宣传教育以及两公布一提示工作，预防和减少重特大交通事故的发生，切实保障节假日期间的交通安全。扎实开展专项整治行动。通过开展道路交通违法行为专项整治行动，改善交通通行秩序，摩托车驾驶人无证驾驶、酒后驾驶、不戴安全头盔、超员、无牌无证、不定期进行安全技

10月中旬，港口交警大队多举措扎实开展酒驾、毒驾违法行为专项整治行动　　陈　奋供稿

术检验等严重交通违法行为明显下降，摩托车交通事故死亡人数下降，力争不发生涉及摩托车一次死亡3人以上的较大事故，取得显著成效。全力以赴维护校园周边交通秩序。提早启动“护卫天使”，加大校幼园周边的警力部署，在中小学生、幼儿园儿童上、下学等重点时段和路段派驻执勤民警和协管员，增加校园周边道路的警车巡逻班次，认真抓好路面“护学”行动。为确保学生出行安全，西湾女子示范岗及时应对，合理调配警力，在上学、放学高峰时期全程进行人工指挥，全力以赴疏导交通秩序，筑牢交通安全防线。2015年，港口交警大队共查处各类交通违法行为34801起，无证驾驶605起，乱停乱放2580起，饮酒后驾驶19次，超速6314次，违反交通信号灯3次，教育35190人次。

交通事故处理　2015年，港口交警大队立足工作实际，科学研判辖区交通形势，针对辖区事故发生的具体情况，及时分析辖区交通事故发生的特点和规律，迅速动员部署，进一步拓宽工作思路，进一步明确责任和工作任务，以预防重特大道路交通事故压倒一切的思想为主旨，积极组织集中查处严重交通违法行为，推进交通安全隐患排查治理，切实加强道路交通事故预防工作，努力为辖区营造良好的道路交通安全环境。同时推行道路交通事故调处“五位一体”一站式服务的工作模式，实现交警、法院、司法、检察、保险同址办公，为当事人考虑解决矛盾纠纷的渠道，减少当事人诉讼和司法成本，减少道路交通事故复核案件，减少因交通事故引发的信访案件。据统计，辖区发生各类交通事故53起，死亡7人，受伤73人，直接经济损失15.8万元，四项指数与去年同比分别下降1.85%、下降22.22%、上升8.96%、下降0.63%，辖区无一起死亡3人以上道路交通事故发生，道路交通持续平稳有序安全畅通。

车辆管理　港口交警大队继续开展流动车管所，“农事村办”活动，每月深入企沙、公车等乡镇及辖区的企业，为群众办理各类车管业务，解决群众多行路，多花钱，多费时的问题。2015年，共办理摩托车注册登记2001辆（其中带牌销售1313辆），小型汽车注册登记118辆，年检摩托车1914辆；

7月23日，市交警支队领导到港口交警大队就事故处理工作进行指导　　黄任龙供稿

新核发摩托车驾驶证473本，增驾申领驾驶证173本，补、换机动车驾驶证4027本，电动自行车注册登记4355辆；下乡服务10次，年检摩托车465辆。

交通宣传　做好校园交通安全宣传教育工作。深入辖区各中小学校、幼儿园，通过播放警示光盘、发放宣传单以及现场交通手势指挥演示等方式，讲解中小学生、幼儿园幼儿常见的交通违法行为及其危害性，达到春季开学交通安全宣传教育“五个一”效果，即上一堂交通安全课，开一次主题班会，播一场宣传教育片、设一处宣传橱窗、办一次学生互动节目。充分利用校园广播，做好校园“小喇叭”交通安全广播，让学生在校园中学到更多交通安全知识。做好企业交通安全宣传工作。组织民警到企业开展交通安全宣传教育活动，改变以往只针对企业驾驶员的方式，进一步贴近企业员工需求，将交通安全知识带给企业全体员工。主动征求企业员工对交警工作的意见和建议，要求员工们按照交通安全法律法规的规定，安全驾驶、文明驾驶，严禁驾驶人超载、超速、酒后、疲劳驾驶和无证驾驶等违法行为，确保车辆安全行驶。做好机关单位交通安全宣传。组织民警到辖区各机关单位开展宣传，立足国家政府机关单位员工的自身需求，针对私家车发生轻微交通违法事故应该如何避免、发生轻微交通事故时应该如何处置的交通问题，为他们开设交通安全知识教育小课堂，使机关单位员工真正意识到遵守交通安全法律法规的重要性，在道路上行驶应当礼让三分，不争不抢，严格遵守道路交通安全法规。提高机关单位员工自身的交通安全意识，避免不必要的轻微交通事故发生和不必要的交通事故纠纷。

11月5日，港口区委组织部、区教育局、区司法局、港口交警大队联合学校举办“港口区第三届‘关爱明天、普法先行’青少年法制知识专题讲座”。图为企沙中心小学讲座现场　黄任龙供稿

6月14日，港口交警大队为“2015年防城港市海上龙舟赛”交通安全保驾护航　陈　奋供稿

【交通警卫】 港口交警大队民警以“人民警察为人民”为宗旨，牺牲时间、精神、体力和家人团聚的机会，坚守交通要道，确保完成各项安全保障工作。全力为元旦、“春运”、春节、元宵、“三月三”“五一”“高考”“龙舟赛”“抗战胜利70周年”、国庆等人流、车流量较大的节日、活动以及“两

会”召开期间保驾护航，确保交通安保做到万无一失，全力为辖区群众创造一个安全、畅通的道路交通环境。（龙裕艳）

## 司法行政

【概况】 2015年，港口区司法局内设秘书股、法制宣传股、基层工作股、法律援助股(港口区法律援助中心)、调解处理土地山林水利纠纷办公室、社区矫正工作股；派出机构有公车、光坡、企沙、渔洲坪、白沙沥5个司法所。

【普法宣传教育】 2015年，港口区“六五”普法着眼于提升城区法治化管理水平，不断强化措施，在创新载体上下功夫，全区的普法依法治理工作有较大提高。组织全区各成员单位做好迎检工作。履行依法治区工作职责，积极争取区委、人大和政府领导的大力支持，把检查验收工作纳入党委、政府的年度工作计划，健全党委领导、人大监督、政府实施、相关部门齐抓共管的法制宣传教育领导机制，各镇(街)、各单位建立健全相应的普法领导机构和工作机构，顺利通过上级“六五”普法检查验收。继续深入开展法律进机关、进企业、进学校、进农村、进社区、进单位的“法律六进”活动。通过与有关部门联合开展“三八”妇女节、“安全生产咨询日”“政务公开日”等专题法律宣传活动，采取现场设点、法制讲座、出版法制宣传板报、张贴宣传标语、赠送法律书籍等形式进行宣传，重点宣传《中华人民共和国宪法》《信访条例》《中华人民共和国土地管理法》《中华人民共和国物权法》等与群众生产生活息息相关的法律法规，不断提高辖区群众的法律素质和法制意识，共发放宣传资料4600多份。同时，结合矛盾纠纷调处工作，通过向双方当事人宣传《广西壮族自治区土地山林水利纠纷调解处理条例》《中华人民共和国土地管理法》《中华人民共和国森林法》等法律、法规，从而提高群众的法律、法制意识和依法维权意识。

【律师公正事务】 加强律师行业党建工作，提高律师服务层次。通过开展律师党建活动，教育引导律师增强政治意识和大局意识，积极开展法律服务工作。切实提高服务层次，提升竞争能力，介入高端领域，在做大做强港口区律师事业的同时更好地服务全区经济社会又好又快发展。加强政府法律顾问工作，积极为政府部门提供法律意见和建议。继续聘请广西幸程律师事务所作为港口区人民政府法律顾问团，年内法律顾问团为政府处理法律事务9起。港口区成立至今仍未有公证机构，公证法律服务事业严重滞后，影响经济社会的发展。2014年3月，港口区司法局向区政府申请成立防城港市港口区公证处，形式为合作制公证处，人员配备3至4名公证员。年内已通过市司法局的审批，正在向自治区司法厅申请中。

【法律援助】 2015年，港口区司法局紧密围绕民生工作，不断扩大法律服务和法律援助覆盖面，义务为弱势群体代理民事案件，有效地维护当事人的合法权益。完善功能，大力开展弱势群体法律援助工作。通过认真贯彻《法律援助条例》，动员和引导法律工作者积极为困难群众提供法律援助；做好“12348”法律服务专线、妇女维权中心、职工维权中心等法律援助工作，开通农民工、残疾人法律援助绿色通道，对法律援助案件应援尽援，树立政府的良好形象。截至11月，累计接待来访230余人，解答法律咨询666人次，办理各类法律援助案件30件。围绕法律服务公共体系建设的要求，扎实开展一村(社区)一顾问工作，要求律师、法律服务工作者配合包村，发放牌子，签订协议。年内，3名律师、7名法律工作者在各镇(街)进驻10个自然村，全部签订服务协议，明确双方关系和权利义务，推进辖区一村(社区)一顾问工作。

【人民调解】 完善区、镇(街)、村、组四级调解网络。按照人民调解委员会规范化建设，不断完善各级人民调解组织网络，2015年，全区建立人民调解委员会42个，其中镇(街)调解委员会5个，村级调解会37个，在村民小组、居民小组设立调解小组650个，全区共有调解人员1063人，形成镇(街)—村(社区)—组的人民调解工作网络。每年对各级调解人员进行一次以上的业务培训，不断提高调解人员调解纠纷的能力和技巧。认真执行《矛盾纠纷排查调解处置制度》，及时调处纠纷。按照矛盾纠纷排查调处制度，各级人民调解组织每月定期对所在镇(街)的矛盾纠纷进行排查，并采取专项治理和联防联调的措施，及时做好矛盾纠纷化解工作。2015年，全区共排查调解各类矛盾纠纷825起，调解成功810起，调解成功率98%，基本上做到小事不出组，中事不出村，大事不出镇。没有发生因民间纠纷调解不及时或调解不当而造成的非正常死亡、民转刑案件、群体性闹事和群体性上访，有效地发挥人民调解工作在维护社会稳定中的“第一道防线”作用。抓好“三大纠纷”调处工作。由于一批重大建设项目落户港口区，因此由项目征地拆迁等引起的纠纷不断增多，人民调解委员会积极主动服务区委、区政府中心工作，重点做好项目征地拆迁及农村矛盾尖锐“三大纠纷”的调处工作，维护农村社会稳定。2015年，立案调处“三大纠纷”3起，调解成功率100%，化解涉及项目征地拆迁纠纷41起，没有因调处不及时或调处不当而激化矛盾影响施工事件发生。

【社区矫正和安置帮扶】

*加强社区矫正监管工作，不断强化刑罚执行意识* 在利用手机定位、一月一思想汇报对在矫人员管理的基础上，港口区司法局健全完善监管制度体系和考核体系，严格落实社区在矫人员报告、居住地变更、外出请销假等制度，进一步规范执法行为，督促社区服刑人员遵规守矩，防止脱管漏管和重新违法犯罪。2015年，港口区司法局累计接收矫正人员116人，开展审前调查141个，解除矫正60人，在册管理56人，累计向矫正人员发送手机信息1356条。深入开展“社区矫正质量提升年活动”，联合港口区检察院对社区矫正人员的管理情况进行全面检查，对存在的不足进行纠正。

*安置帮助工作扎实开展* 紧紧围绕构建社会主义和谐社会的战略任务，以保稳定，促和谐为目标，以帮助刑释解教人员顺利回归社会为根本，以加强衔接、帮教、安置、管理为重点，最大限度地减少重新违法犯罪。做好调查摸底工作，完善档案管理及衔接、管控措施。协调有关部门做好本辖区下落不明人员、见档不见人人员和“三假”人员的调查甄别工作。通过调查摸底工作，力争做到不疏、不漏、不留死角。认真做好档案管理工作，建立健全刑释解教人员台账。对回归的“两劳”人员，及时做好衔接工作，落实帮教措施，认真做好安置帮教工作。同时，做好跟踪回访工作，及时掌握其思想动态，防止其重新犯罪。2015年，辖区回归刑释解教人员76人，帮教率100%，安置率98%。

（区司法局办公室）

## 打击走私

【概况】 2015年，港口区打击走私综合治理领导小组办公室（简称港口区打私办）编制1人，实有工作人员10人。

【反走私调研】 在开展打击走私行动工作中，港口区打私办针对2015年走私的新动态、新特点，深入调查研究，加强情报的收集、分析，拓宽信息渠道，提高打击走私工作的预见性、针对性、实效性。适时开展市场调研，及时掌握热销商品，短缺商品、敏感商品的供求和价格动态，评估走私活动的导向性和可能性。对走私重点商品，弄清商品的货源地、流向地、作案方法等因素，并结合工作实际，确保打击走私的精确度，确保经济市场的稳定性、社会的安定性。

【打击走私宣传活动】 在开展打击走私的工作中，港口区打私办紧紧抓住反走私工作中的热点、难点问题，进行重点宣传，并将宣传工作和重心工作下移，认真抓好沿海一线反走私综合治理工作，尤其是加大对企沙、光坡两镇的整治和防范。2015年，港口区打私办从相关职能部门抽调干部组成打击走私应急处置小组，深入乡村开展法制宣传，以悬挂横幅、张贴标语、散发资料等多样化的形式，广泛宣传走私活动的违法性质、量刑标准以及对国家经济市场冲击、给群众生活带来的危害。年内，港口区打私办组织开展反走私宣传6次，悬挂横幅200条、张贴标语380张、发放资料2800份。通过反复宣传，使全区群众深刻认识到打击走私、贩私是促进社会和谐安定团结的重要渠道，走私、贩私是违法犯罪、破坏社会经济市场的罪魁祸首。

【打击走私联合行动和专项行动】 2015年港口区打私办认真贯彻落实自治区、防城港市打击走私工作会议精神，按照防城港市打击走私综合治理领导小组《防城港市打击冻品走私专项行动方案的通知》和《防城港市打击走私“五大战役”专项行动方案的通知》的部署，在辖区开展打击冻品走私、打击走私“五大战役”等专项行动，加强二线管控检查。组织海关、公安、交通、工商等部门开展联合行动和专项斗争，加强对重点部位、重点地段实行全天候的监控，专项打击重点物品、敏感物品的走私活动。年内共出动警力2031人次，出动车辆698辆次，查获冻品465.5吨，白糖52吨，酒类1080瓶，查获走私香烟635件，涉案总值达850万元。经过“五大战役”等专项行动的打击，有效地遏制辖区走私贩私行为。

**【打击走私综合治理】** 2015年港口区打私办周密部署，认真组织开展打击走私综合治理工作，对各职能部门进行职能分工。区工商局、防城海关加强对辖区冷冻厂、废旧物资回收加工企业（点）及相关市场的检查，对手续不齐全或不符合相关要求的企业予以取缔；防城港市公安局港口分局、区边防大队开展针对码头、船舶停靠点、高速路口、西湾大桥及“三无”船舶的摸排调研，加强对辖区主要通道、沿海沿岸、非设关地码头、偏僻海滩等重点区域巡查与监控。港口交警大队加强道路监控，组织开展车辆专项整治，对无牌照、假牌照及非法改装的车辆予以取缔。在综合治理工作中，本年度共检查仓库6轮次、港口码头8轮次、船舶151艘次、渔船民242人次，有效净化了港口区辖区经济市场。（陈 术）

# 国防建设

## 人民武装

**【概况】** 2015年，港口区人民武装部（以下简称港口区人武部）坚持以邓小平理论、“三个代表”重要思想、科学发展观和中共中央总书记习近平系列重要讲话精神为指导，按照聚焦中心谋打赢，夯实基础促整体，从严治军保稳定，改革创新谋发展的工作思路，狠抓各项工作落实，全面建设不断提升，被防城港军分区评为“安全工作先进单位”，公车镇人武部被港口区评为“基层武装部全面建设先进单位”。

**【政治思想建设】** 突出抓好中共中央总书记习近平系列重要讲话精神和中共十八届五中全会精神的学习贯彻，组织党委中心组带机关5个专题学习，广泛开展基本理论进营连、进班排、进训练场活动。扎实抓好“三严三实”专题教育整顿活动，增强政治纪律和政治规矩意识。深入开展“学习践行强军目标，做新一代革命军人”主题教育、深化国防和军队改革专题教育，夯实干部职工思想根基。按照上级部署要求，扎实抓好肃清郭（伯雄）徐（才厚）案件影响。深入培育当代革命军人核心价值观，坚持不懈地抓好拒腐防变教育和严守边境政策纪律教育，扎实抓好“四反”工作，干部职工军魂意识、使命意识、责任意识和法纪意识不断增强，没有干部职工参与走私和发生失泄密事故案件。4月份，为深化“三严三实”教育成果，港口区人武部与中共港口区委组织四家班子领导共40余人到滩散边防连队过“军事日”，通过听、看、练，提高领导干部的国防观念和军事素质。

**【拥政爱民】**

*支持地方经济建设和精神文明建设* 2015年，港口区人武部结合征兵宣传、民兵整组等机制，派出干部职工深入乡镇农村，开展农业科普宣传活动，推动农村经济发展。在“美丽家园·生态乡村”活动中，广大干部职工积极参与清扫街道、清除卫生死角等工作。

*开展扶贫帮困活动和爱民服务活动* 港口区人武部发扬拥政爱民的优良传统，把驻地当故乡，视驻地人民为父母，不论驻扎在哪里，都与当地贫困户建立帮扶关系，从人力、财力上帮助农民脱贫致富，义务为农村小学当辅导员，资助贫困学生完成学业，主动参与当地的社会主义新

10月15日，在企沙海防营进行民兵训练　　郑兴科供稿

农村建设，为社区修路、修垃圾池等。2015年，港口区人武部共投入5000元用于帮助企沙镇南港社区修缮基础设施和维护进出口道路，投入4000元用于帮助贫困户和贫困学生。

军（警）民共建和国防教育 积极协调驻港口区各军（警）单位与区行政、企事业单位进行军（警）民共建，部队与学校共建，部队与单位、社区共建等，在共建活动中，部队积极派出官兵为地方讲授国防知识，为学校进行军训，为学生进行革命传统教育，学校积极为部队培训人才提供教学条件等。国防教育方面，以武装工作绩效考评活动为推手，协调区委宣传部、区教育局做好领导干部国防教育、学校国防教育和全民国防教育工作，进一步增强全民国防意识。

**【后勤保障工作】**

后勤管理 按照全军统一部署，从三月份至六月份，组织人员对港口区人武部2013、2014年度经费开支进行全面清查，共清查发票1.2万张，补充完善证明材料和手续240份，清退不合理开支38笔4.65万元。不断推进后勤保障改革和管理模式创新，规范物资集中采购和公务卡结算制度，减少现金开支，提高经费保障效益。（黄乃仁）

## 港口区公安边防大队

**【概况】** 防城港市港口区公安边防大队（简称港口区边防大队），下辖港口区边防派出所（以下称港口所）、企沙边防派出所（以下称企沙所）、星光边防派出所（以下称星光所）和沙龙边防派出所（以下称沙龙所）。

**【边境维护】** 2015年，共物建“路长”16名，与交警、打私办、客运公司、高速收费站等签订警务合作协议10份，推进星光所核电警务室、企沙所兴企警务室建设，10月底港口所御景湾警务室正式揭牌成立，服务履职能力不断提高，为企业的快速稳定发展提供有力保障。年内，共查获非法入境人员40批290人、重点地区人员2批38人；查办涉嫌无合法手续货物案件23起，缴获香烟199件、冻品17吨，总案值约120万元。扎实推进基础信息采集大会战，共拍摄全景照片5398张，录入各类社会资源信息54700余条，录入率达99.4%。

9月9日，在港口区委七楼会议室召开2015年新兵入伍誓师大会

郑兴科供稿

**【治安整治】** 年内，共立刑事案件118起、破获34起；受理治安案件299起，查处治安案件225起，办结率93%；抓获违法犯罪嫌疑人355人，其中刑拘45人，逮捕29人，行政拘留110人，罚款135人，收戒36人。年内查破“黄赌毒”案件132起，缴获各类毒品2.6公斤，治安处罚135人、罚款4.2万元。沙龙所连续破获两起特大非法持有毒品案，抓获犯罪嫌疑人4名，缴获冰毒501克、海洛因2053.1克。同时，该所还破获涉枪案件2起，抓获犯罪嫌疑人2人，缴获自制非法枪支5支，子弹104发。

**【爱民固边】** 以开展爱民固边战略十周年成果汇报活动为契机，以深化和谐警民关系为目标，全面开展“大走访”活动，广泛征求各界意见建议147条，召开各类座谈12场次，组织官兵深入辖区走访群众9000余户36976人、渔船636艘船民3065人、孤寡老人15户22人、困难儿童20人，为群众做好事办实事130件，帮助10名困难儿童纳入政府低保、救助车祸受伤人员23人、遇险群众240余人。同时，推行“多元调解”和“阳光调解”机制，对190起矛盾纠纷实现100%调处，协调民政部门解决60名困难群众低保问题，辖区群众满意度达96%。企沙所兴企警务室以“三个零”工作方法服务辖区群众，为群众办事提供方便。（肖基明）

## 港口公安消防大队

**【概况】** 防城港市港口公安消防大队（以下简称消防大队）。现有官兵75人，其中现役干部16人，现役士兵59人，主要负责公车、企沙、光坡3个镇和白沙沥、渔洲坪2个街道共25个行政村、14个社区的消防工作，辖区面积409.82平方公里，常住人口16万多人。

2015年，消防大队认真贯彻落实年初全市消防工作会议精神，带领全体官兵凝心聚力，奋勇争先，努力拼搏，圆满完成以防火、灭火和抢险救援为中心的各项工作任务，确保部队管理和火灾形势的双稳定。

**【加强班子规范化建设】** 认真学习中共十八届四中、五中全会，以及中共中央总书记习近平系列重要讲话和全军、公安现役部队政治工作会议精神，年内消防大队党委集体学习12次，消防大队军政主官撰写理论文章和调研文章4篇。坚持党委统一领导下的民主集中制，大力发扬民主作风，在士官选取、士兵考学、工程建设、重大决策、大项经费开支、大宗物资采购以及重大执法监督上做到平等议事、民主决策，始终贯彻少数服从多数的原则，不搞“一言堂”，不搞“一锤定音”。全年，消防大队召开党委会35次，研究议题65项，没有议而不决、决而不行和违规议事、决策失误的问题。消防大队党委坚持以务实高效班子为根本，坚持以人为本，切实为中队解决实际困难。升级改造中队食堂，建设数码影院、电子图书阅览室，置有棋牌室和台球桌，丰富官兵的业余文化生活。

**【队伍建设】**

*狠抓队伍建设，确保队伍正规化* 消防大队始终坚持深化两级班子规范化成果，始终坚持党委会、行政例会以及消防监督集体议案等多种制度，保障消防大队各项工作的有序开展。以创建“三个经常性工作”达标活动为抓手，严格落实条例条令，抓细节，抓具体，抓经常，抓反复，抓出习惯，抓出成效。年内组织拍摄官兵执勤训练、灭火救援、娱乐生活等视频17个，收集主题教育的教案、课件、授课视频各120个，书法摄影作品10个。积极开展“五无”创建活动；全年大中队召开队伍管理教育暨安全形势分析会24次，组织安全教育、警示教育等16次，参加支队会操2次，开展谈心活动280余次，实现队伍督察工作的常态化和干部日常管理监督的正规化，全年无违法违纪事件发生，确保队伍高度稳定。2015年，团支部被支队评为2014—2015年度五四红旗团支部。

*开展主题教育活动* 以学习全军和公安现役部队政治工作会议精神及“三严三实”专题教育整顿暨“学习践行强军目标，做新一代革命军人”主题教育活动为契机，深入学习“最美消防员”谭忠能、农本豪“桥兄弟”，学习救火英雄杨科璋及“十万大山顶上的一棵松”李有嗣的先进事迹。组织官兵积极参加支队的“迎新春、庆佳节”及庆祝建军88周年文体活动以及各类警营文化活动，引导广大官兵树立正确的世界观、人生观、价值观，增强广大官兵献身消防事业的光荣感、责任感和使命感。

*严格纪律整顿，确保队伍风清气正* 深入开展专项教育整

12月4日，港口消防大队开展查处发生在群众身边的“四风”和腐败问题专项工作部署会　　港口消防大队供稿

顿、清理整治领导干部工作生活待遇等活动，消防大队军政主官率先垂范，采取腾大挪小的方法，军政主官合并到参谋办公室合署办公，办公面积人均为7.21平方米；中队干部办公面积人均10.56平方米；严格落实中央八项规定“三个绝不”及“五个禁止”，严格行政车辆管理，严格车辆派遣手续；2015年“三公”经费平均下降25%。

5月6日，港口消防大队官兵在营区开展实战化演练

港口消防大队供稿

**【开展实战化训练，提升部队核心战斗力】** 按照《广西公安消防部队全勤指挥部和整建制中队实战化训练与考核工作方案》的要求，树立“练为战”的指导思想，开展攻坚组专业技能、班组合成、中队合成战术和各类灾害事故处置模拟训练；组织官兵开展装备器材的熟悉与操作训练，锻炼官兵之间的协同作战能力，使官兵在复杂环境下能够准确、迅速、熟练地运用器材装备进行救援，做到人与装备器材的完美结合，极大提高部队战斗力。全年开展拉动演练120次，联合相关部门开展危化品实战演练3次、高层建筑实战演练12次，全年接警出动65起，出动车辆153辆次，出动消防官兵757人次，抢救被困人员11人，疏散人员175人，抢救财产价值1018.2万元；同比，接警起数下降58.6%，抢救财产价值上升72.93%。圆满完成“海上龙舟节”“魅力东盟走进中国”等重大活动消防安全保卫工作。

9月21日，组织小学生到港口消防大队开展消防站开放培训工作

港口消防大队供稿

**【消防火灾防控与隐患排查】** 2015年港口区火灾起数、直接财产损失数，同比分别下降58%、13%，全年未发生特大火灾事故。

深化消防知识宣传教育　积极开展消防监督人员每周半天消防宣传活动、暑期消防安全宣传教育等大型消防安全知识宣传活动。同时在主要交通要道、重要地段等显著部位设立消防宣传广告牌幅，公益挂图100余幅，设置消防公益广告303块。斥资2万余元利用港口区步行街和北部湾大道灯箱广告牌，设立消防科普知识宣传一条街。在人员密集场所发放《消防安全常识二十条》宣传挂图312张，张贴消防宣传漫画、消防警示标语；在公众聚集场所安装室内消防漫画500幅。深入各镇（街道）、社区、企业、家庭开展消防“七进”活动，下发宣传单6000多份。成立“少年消防警校”，并开设“消防安全示范小课堂”，把消防知识带进学校、社区。全年域外媒上稿共计185篇，其中中央电

12月25日，市消防支队支队长梁雄松（左二）到港口区检查社会单位火灾消防安全工作　　港口消防大队供稿

视台1篇，中央级报刊1篇，省级报刊网站131篇，广西电视台5篇、市级媒体47篇。

深化构筑“防火墙”工程　通过大网格、中网格和小网格“三级联动”，深入推进镇（街道）“网格化”管理，加强对消防安全重点单位进行消防安全“户籍化”管理系统和四个能力”建设培训。落实基层消防工作责任，打牢城乡火灾防控基础，强化对农村地区火灾形势的有效管控，促进农村消防工作，改善农村消防安全条件，预防和减少火灾事故发生，部署开展“一村一警”消防警务工作建设，建成港口区东湾物流工业园消防警务工作示范点。

深入开展专项整治行动，多管齐下消除火灾隐患　通过开展劳动密集型企业、人员密集场所楼体户外广告牌、易燃易爆危险品及夏季消防安全大检查等一系列消防安全检查活动，共检查单位812家，发现火灾隐患833处，下发《责令改正通知书》399份，下发行政处罚决定书26份，临时查封单位11家，责令“三停”单位8家，拘留2人，提请区政府挂牌督办海珍市场重大火灾隐患。年内，因消防产品质量问题办理验收备案抽查不合格单位2家，查处产品违法案件10起。通过提请防城港市公安局港口分局出台落实公安派出所职责和监督范围的文件，将其纳入绩效考核，开展考核评比。指导辖区派出所共检查单位310家，发现火灾隐患57处，督促整改火灾隐患200处，下发责令改正通知书85份。

【消防战勤保障和警营文化建设】消防保障经费持续增长。2015年年初，预算为186.5万元，最后落实消防业务经费为359.65万元，为强化保障打下了坚实的基础。灭火救援装备持续改善。消防大队树立向装备要战斗力的思想，坚持经费投入，2015年投入900万元购置各类灭火救援装备，进一步优化车辆器材装备结构，全面提升北部湾石化产业灭火救援能力。基础设施明显改善。2015年，消防大队基础建设落到实处，渔万岛消防站建设完成已进驻执勤备战。消防大队党委坚持“以人为本”，落实“从优待警”的具体举措，利用国家保障房建设资金，投入212万元建成官兵公寓楼，从根本上解决部队官兵住房难的问题。

【党风廉政建设】　坚决贯彻党风

6月9日，消防官兵到防城港市看守所开展廉政教育

港口消防大队供稿

廉政建设工作总体部署，以建设一支廉洁高效的党员队伍为目标，严格落实党风廉政建设各项规定，组织官兵认真学习《廉政准则》和各项廉洁自律规定，切实增强广大党员干部遵纪守法的自觉性，牢固构筑拒腐防变的思想道德防线，进一步从思想上提高廉洁自律的自觉性。利用廉政文化长廊和廉政文化设施潜移默化的教育作用，积极开展各类警示教育，全年组织收看警示教育片4次，参观各类廉政教育基地3次，到监狱邀请服刑人员现身说法教育2次，节假日开展廉政提示9次，开展消防执法腐败问题集中整治，督促执法干部对照查摆，作出廉政承诺。邀请社会各界代表90人对消防大队执法进行测评，同时深入企业、事业单位150多家，走访群众300余人次；开设举报投诉专栏，畅通信访监督举报渠道，真诚地接受警地各界的监督。

（万绍忠）

## 人民防空

【概况】 港口区人民防空办公室（简称区人防办）为港口区住建局挂牌机构，承担区国防动员委员会人民防空的日常工作，2015年有编制2名，实有工作人员2人。

【人防宣传】 加强对机关、社区及学校的人防宣传教育，不断增强国防意识和人防意识；拓宽对市民的宣传面，在宣传的广度和深度上下功夫，定期宣传防空防灾知识和人防信息；举办大型宣传活动，发放人防宣传材料、防空防灾课本、居民防灾手册，制作宣传展板，张贴人防宣传标语。2015年订阅人防知识宣传材料3000多份，加大《中华人民共和国人民防空法》和《广西壮族自治区实施〈人民防空法〉办法》的宣传力度，努力营造人防建设的良好氛围，国防观念和人防意识进一步提高。

【基层人防工作】 进一步健全基层人防工作，完善基层机构，人防专业队整组全部到位。加强对防空警报器的检修和维护工作，辖区范围防空警报器8台，实现辖区防空警报全覆盖。9月18日全广西防空统一试鸣，辖区内防空警报器鸣响率100%。同时，在公车镇冲孔村举行防空应急演练，组织150多名志愿者参加演练，取得良好效果。

【人防工程建设和管理】 加强人防工程管理，对人防工程结建、审批、检查、验收作出明确规定，将人防工程纳入依法管理的轨道。认真配合市人防办定期对全区人防工程进行全面检查。严格标准，在主动服务的同时，积极配合市人防办做好人防工程的审批和易地建设费的收取工作。2015年全区受理人防建设项目25宗，收取人防易地建设费121万元，全额缴入市财政专户。

【准军事化建设管理】 坚持以人为本，实行“准军事化”建设管理，把提高人防队伍的整体素质作为提高机关建设水平的重要工作来抓，通过培训、学习等多种形式组织人防部门干部职工学政治、学军事、学文化、学业务、学法律，提高人防队伍的整体素质，努力打造一个“政治坚定、业务精湛、纪律严明、廉洁高效”的人防“准军事化”队伍。内强素质，外树形象，队伍建设整体水平得到全面提升。

## 海防管理

【概况】 港口区海防委员会办公室（简称区海防办）是港口区海防管理工作的议事协调机构，由港口区海防委员会和港口区人民政府双重领导，为副科级单位。2015年，编制2名，实有2人。下设港口区海防管理监控中心，事业编制3名，实有3人。

【海防管控】

*拥军爱民，增强海防管控凝聚力* 结合建党节和建军节，扎实开展双拥工作。7月1日，港口区海防办走访慰问光坡镇潭油村困难党员；7月29日至31日，港口区海防办先后走访慰问企沙海防营、驻防城区边防某部及港口区边防大队等3家共建及业务往来密切的军警单位。通过慰问活动，增进军政民的鱼水情谊，营造出爱国拥军、拥政爱民的浓烈氛围，进一步巩固和发展“同呼吸、共命运、心连心”的军政军民关系，进一步巩固辖区海防管控的向心力与凝聚力。

深入辖区沿海农村搜集民间流传的日军侵华信息。为纪念中国人民抗日战争胜利暨世界反法西斯战争胜利70周年以及

7月1日，港口区海防办走访慰问光坡镇潭油村困难党员

陈畅生供稿

“九一八”事变84周年，港口区海防办到光坡镇和企沙镇的沿海村屯，搜集民间流传的日军侵华信息。结合近现代海防屈辱史料，既加深广大民众对辖区海防史的认识，也增强广大民众对海防安全防范的意识。

**全面深化警民反恐维稳和安全宣传工作**　根据防城港市公安局港口分局工作部署，协同港口区公安边防大队与沿海渔船民进行《海上反恐协议书》签订工作。不断完善海上防控体系，进一步密切渔民关系，全面深化警民反恐维稳工作。引导渔民文明守法作业，掌握海上作业安全生产知识，积极配合边防治安管理工作。5月下旬以来，港口区海防办联合港口区公安边防大队和企沙边防派出所组织人员在企沙渔港码头开展休渔期宣传活动，发放宣传材料1000份，确保休渔期渔船民管理工作安全有序，同时加强对码头停泊点的船舶进行检查，认真做好船舶证件审核和证件办理工作，不断提高渔船民管理服务水平。

**通力合作，确保辖区海防安全**　港口区水路毗邻越南临海港最近只有32海里，与越南地缘相近、人缘相亲、商缘相通，走私偷渡等违法犯罪分子潜入潜出时有发生；浅海滩涂围海霸海行为比较突出，用海利益纠纷时有发生。港口区海防办建立综合信息管控会议制度，根据区情、海情进行形势研判，组织辖区海防委员会成员单位参加每季度海防管控分析会。会上，各成员单位互通信息、研判形势、解决问题、交流经验、部署工作。

为迎接国家边海防委员会的评估检查，副区长韦更望分别于6月5日和7月14日主持召开海防管控形势交流研判会。会议全面分析港口区海防管控工作形势，明确5个方面的检查评估内容：①学习贯彻中共中央总书记习近平重要讲话和第五次全国边海防工作会议精神情况。②边海防综合防卫管控情况。③边海防体系建设情况。④边海防对外交往合作情况。⑤边海防委员会建设和履行职责情况。各成员单位明确分解责任，通力合作，协调辖区各镇（街道）及相关职能部门开展海防安全隐患排查，认真履行海防管控职责，确保一方海防安全。配合打击冻品走私专项行动，检查渔船220余艘船民430余人。查获涉私冻品12吨、香烟29件；查获非法出入境嫌疑人24批152人。

6月5日，港口区海防委员会在区政府第一会议室召开2015年上半年海防管控形势交流研判会

陈畅生供稿

通过专项行动，渔民的海防意识得到进一步提高，军警民联防联控机制得到加强，沿海及海上治安态势平稳可控，为迎检工作做好充分准备。

创新培训模式，增强培训实效　由于港口区海防委员会各成员单位条块分割，海防信息联络员的思想认识较难统一，信息互通交流机制不畅，沟通协调有一定障碍，信息采集质量不高，难于形成管控合力。为扭转这一被动的工作局面，港口区海防办除了派出人员参加上级边海防办的学习培训外，还邀请专家授课举办信息员业务培训班，从而打破内部传统的培训模式。通过专家们对“海防观念”的阐述和“海防信息写作技巧”等指导，为统一信息员对海防管控工作的思想认识以及进一步提高信息员协调开展海防信息的理论水平与操作技能有极大帮助。2015 年，港口区海防办获 2015 年度广西边海防信息工作先进单位三等奖，信息员陈畅生获该项先进个人奖。

【海防建设】 2015 年，港口区海防基础设施建设总投资 391 万元。海防执勤道路工程列入“十二五”规划项目，总投资 149.30 万元。对辖区乡镇需要维护的海防执勤道路进行维护。5 月 25 日通过自治区边海防办边海防基础设施建设维护的检查；6 月 14 日通过广州军区组织的对港口区已竣工的 2014 年海防执勤道路的复核验收，工程质量评定优良；12 月底，一条执勤道路工程通过自治区边海防办的验收，工程质量评定合格。

（陈畅生）

11 月 20 日，港口区海防办邀请区内外专家在港口区财政局七楼会议室举办 2015 年港口区海防办信息员业务培训班　陈畅生供稿

6 月 14 日，广州军区组织对港口区已竣工的 2014 年海防执勤道路进行复核验收　吴善鉴供稿

7 月 9 日，港口区海防办巡检海防路建设情况　吴善鉴供稿

# 经　济

## 招商促进

【概况】 港口区招商促进局为港口区人民政府直属正科级事业单位，设综合股、投资服务股（挂区投资投诉中心牌子）、投资项目代办督办股（企业服务代办中心）共3个内设机构；事业编制7名，在岗工作人员8名，其中在职在编7名、柔性人才1名，人员经费财政全额拨款；驻港口区渔洲坪东湾大道水利大楼四楼办公。

【投资环境建设】

整合资源，招引客商投资兴业　运用营销思想建设投资环境，想方设法满足投资商的需求，根据形势变化和发展需要，制定和出台方便客商投资办企业的政策措施，优化投资环境。整理修订《广西防城港市港口区投资优惠政策摘要》，编制《广西防城港市港口区重点推介招商引资项目册》。

互联互通，共创良好投资环境　为适应经济发展新常态，确保项目的顺利落户，港口区招商促进局始终保持与发改、住建、国土、政务等有关部门和重点园区的沟通协作，提高行政审批工作效率，齐心协力、各尽其能共创良好投资环境。对外来投资者实行咨询、洽谈、立项、选址、征地、办证等全程跟踪服务，着力协调解决项目建设过程中存在的困难和问题，为招商项目前期建设、投产运营等各个环节提供“保姆式”服务。

【招商引资工作】

指标完成情况　2015年，区外境内到位资金148.54亿元（含续建项目），完成市下达任务142亿元的104.60%，同比增长9%，超额完成2015年目标任务；实际利用外资2000万美元（含续建项目），完成市下达任务的100%，同比下降84.60%，完成2015年目标任务。

新签约项目情况　新签项目合同9个，计划总投资38.31亿元，投资商主要来自广东、福建、青海、北京、广西等地，行业涉及物流、石化、体育、旅游、化工、粮油、建材等领域。

接洽考察情况　2015年，累计接洽客商来访、考察、洽谈项目63批210多人次，主要来自江苏、浙江、安徽、福建、湖北、广东等地，洽谈投资领域主要有装备制造、新能源、仓储、物流、粮油加工、高新科技、旅游开发等。

9月19日，港口区参加第十二届中国－东盟博览会　黄　秋供稿

外出考察招商情况 坚持走出去、请进来的招商方式。5月22日至26日,组队参加西安“第十九届中国东西部合作与投资贸易洽谈会暨丝绸之路国际博览会”;6月16日至19日,派员参加青海省西宁市“2015中国·青海绿色发展投资贸易洽谈会”;9月18日至21日,组队参加第十二届中国－东盟博览会。其间累计发出《投资指南》《项目册》《优惠政策》等资料1100多份,宣传推介港口区投资环境。

【引进项目服务】

加快项目提速落户,实行全方位“保姆式”服务 成立投资服务股(挂区投资投诉中心牌子),负责为外来投资者提供办理外来投资项目涉及有关的法律、法规、政策和办事程序等咨询和指导服务。负责协调政府有关职能部门为外来投资企业提供相关的服务,帮助外来企业协调解决生产经营、日常生活等方面的实际问题;协助投资者办理立项、审核、批复、工商注册、税务登记等各项审批手续,协助代办投资项目从立项到开工全过程各项行政审批办证手续;负责区本级重大投资项目的跟踪、协调、服务和督办工作;负责其他区域间城市和地区之间的经济合作工作。贯彻落实国家和自治区对外开放方针、政策、法规,依法维护投资者合法权益;受理、协调和处理外商投诉事项;对外来投资者投诉的受理,处理工作实施检查、指导、协调、监督,向受诉单位交办、转办投诉事项并进行跟踪督办;对区委、区人民政府批转交办的重大外商投诉事项进行调查、协商、处理,及时报告办理情况;根据区人民政府授权,在办理投诉工作中行使调查权,转办督查权,协商权和行使处分协议权。2015年,走访调研项目12个,协调解决问题9个。

加强项目跟踪协调,突出代办、督办服务 成立投资项目代办督办股(企业服务代办中心),负责为客商提供投资代办咨询;根据代办要求做好联合审批会议的筹备和会务工作,落实联合审批会议的精神,落实代办服务过程中的领导指示,协调相关部门为投资者代办各项行政审批手续,制订“一个项目一名领导一个项目服务小组”工作方案,并对重大项目建设进行跟踪协调服务,专项督办项目审批代办制实施情况,督办投资项目联合审批全过程相关服务工作;收集整理投资者的投资代办信息和投资客商的投诉,定期以信息、简报等形式向区委、区政府上报项目审批代办工作情况。2015年,为5个项目进行代办服务。 (伍金明)

# 财政·税务

## 财 政

【概况】 港口区财政局内设机构14个,分别为办公室、预算股、综合股、经济建设股、社会保障股、农业农财股、企业股、会计管理股、法规税政股、监督检查股、教科文股、行政政法股、国库股、国有资产管理股;其他工作机构7个,分别为港口区财政资金管理支付中心、港口区民族经济发展资金管理所、港口区财政稽查分局、港口区财政信息管理办公室、港口区财政投资评审中心、港口区政府采购管理办公室、港口区非税收入管理中心;下辖财政所4个,分别为渔万财政所、公车财政所、光坡镇财政所、企沙镇财政所。行政及事业编制数87名(含局内设机构及二层机构编制数)。

2015年,港口区财政总收入165235万元,财政总支出154954万元,收入和支出相抵,年终滚存结余10281万元,扣除结转下年继续使用的专款7440万元,当年财政收大于支2841万元。

【财政收入】 全区财政总收入的构成为:公共财政预算收入59616万元,完成年初预算的105.00%,增长4.65%;上级补助收入59460万元。其中,返还收入2917万元,一般性转移支付收入21017万元,专项转移支付收入35526万元;自治区代理发行并转贷港口区的债券收入12662万元;2014年结转到2015年继续使用的各项专款和结余收入11431万元。

2015年,全区组织的财政收入完成118997万元,完成预算的107.50%,比上年增长8.60%。其中,公共财政预算收入59616万元,上划中央收入39514万元,上划自治区收入19867万元。在全区公共财政预算收入中,税收收入完成44931万元,增长6.93%。其中,增值税5759万元,增长1.28%;营业税8509万元,下降25.04%;企业所得税4460万元,增长5.34%;个人所得税1064万元,增长18.35%;城市维护建设税2558万元,下降3.22%;土地增值税2151万元,下降43.90%；契税3345万元，下降16.87%；耕地占用税12633万元，增长116.36%；其他税收收入4452万元，增长26.80%。

非税收入完成14685万元，下降1.76%。其中，专项收入3843万元，增长220.25%；行政事业性收费收入1119万元，下降36.31%；罚没收入5818万元，增长38.52%；国有资源(资产)有偿使用收入3612万元，下降53.32%；其他收入293万元，增长442.59%。

**【财政支出】** 2015年，全区财政总支出1654954万元。全区公共财政预算支出144258万元，完成预算的94.80%，增长40.40%。其中，一般公共服务17749万元，完成预算的98.97%，下降12.41%；公共安全6209万元，完成预算的98.38%，增长18.63%；教育15258万元，完成预算的93.16%，增长53.83%；科学技术1351万元，完成预算的93.37%，增长17.17%；文化体育与传媒664万元，完成预算的81.47%，增长6.75%；社会保障和就业17589万元，完成预算的96.67%，下降9.64%；医疗卫生9728万元，完成预算的95.94%，增长42.64%；节能环保1525万元，完成预算的76.79%，增长219.04%；城乡社区事务30312万元，完成预算的98.29%，增长85.59%；农林水事务15345万元，完成预算的84.31%，增长161.82%；交通运输2252万元，完成预算的86.98%，增长86.12%；资源勘探电力信息等事务1498万元，完成预算的95.47%，增长76.03%；商业服务业等事务497万元，完成预算的93.77%，增长446.15%；国土资源气象等事务3049万元，完成预算的100%，增长175.93%；住房保障支出19731万元，完成预算的97.24%，增长115.00%；粮油物资储备事务457万元，完成预算的99.56%，增长189.24%；国债还本付息支出206万元，完成预算的100%，增长112.37%；其他支出511万元，完成预算的60.12%，下降85.31%。

**【政府性基金收支】** 2015年全区政府性基金总收入20549万元，基金预算总支出19828万元。收支相抵后，年终滚存结余721万元。

政府性基金预算总收入中：(1)当年政府性基金收入179万元(主要是地方教育附加、育林基金、森林植被恢复费、水利建设基金等10项基金收支已转列公共财政预算)，完成预算的380.85%。其中，政府住房基金收入144万元；水土保持补偿费收入35万元。(2)上级补助收入7408万元，主要是国有土地使用出让金收入大幅减少。(3)上年结转收入12962万元。

政府性基金预算总支出中：(1)当年政府性基金支出-1300万元(根据区五届人大三十一次会议通过的预算调整方案，规范土地出让金支出冲减历年支出15580万元，实际支出14281万元)。其中，社会保障和就业支出5万元；城乡社区事务支出-1976万元(实际支出13604万元，土地出让金整改15580万元)；资源勘探信息等支出2万元；彩票公益金支出669万元。(2)调出资金21128万元。

**【服务经济建设】** 配合市财政局做好扩大内需项目资金月报表上报工作，认真贯彻落实中央、自治区及全市的各项扩大内需新增投资建设项目工作的决策部署。做好油价补贴资金拨付工作，共发放补贴金额700.10万元，其中2013年公交车补157台145.29万元，客渡船6艘3.80万元；2014年公交车补153台515.57万元，客渡船6艘13.03万元，农村道路客运9台22.41万元。做好地方储备粮轮换工作，保持粮食市场稳定。积极配合区储备粮管理中心做好地方储备粮轮换工作，及时拨付轮换费用和提供轮换资金，确保轮换工作的顺利进行。全年储备粮轮换价差亏损补贴为56.10万元，发生轮换费用补贴4.25万元。加强投资评审，严把资金拨付。“事前”“事中”做好招标工程上限控制价的控制、资金来源渠道的预控及项目招标工作的监督，“事后”做好检查监督工作。全年完成评审并上报区政府审定的项目135个，其中工程预算评审项目110个，前期经费评审项目25个，送审金额约36936.08万元，审定金额约33722.74万元，审减金额约3213.34万元，核减率为8.70%。以提意见形式回复区政府的建设项目11个。做好“惠企贷”工作，扶持企业健康发展。设立中小企业信贷引导资金，由合作银行开展“惠企贷”业务，加大对中小企业信贷融资的支持，全年有5个中小企业获得“惠企贷”贷款共10650万元。

**【民生投入】** 2015年，港口区教育、科学技术、文化体育与传媒、社会保障与就业、医疗卫生、节能环保、城乡社区事务、农林水事务、交通运输、住房保障等民生项目支出115521万元,同比增长59.57%,占总支出的81.85%,民生事业持续改善。

【服务“三农”】 2015年财政支农支出总数为14329.46万元,其中,农业支出6714.82万元,林业支出1535.47万元,水利支出4521.17万元,扶贫支出619.67万元,农业综合开发支出80万元,农村综合改革支出615.19万元,其他农林水事务支出243.14万元。

做好农资综合补贴兑付准备工作 2015年种粮农民农资综合直补资金按拟定的农资综合直补方案发放,发放金额282万元,资金来源为中央资金,补贴资金兑付通过农资综合直补渠道,采取一折通形式直接兑付。补贴标准为每亩132.93元,种粮亩数为21213.50亩,受益农民25424人。补贴资金已于6月完成发放。

抓好特色优势产品基地的生产 抓好“万元增收工程”,大力发展“合作社(公司)+基地(场)+农户”的养殖生产模式,进一步打造“观光旅游+海产品营销”用海模式。“万元增收工程”从2月中旬开始陆续实施,完成1100万元的投资改造对虾池塘1000多亩、新建海水养殖网箱1500多个。海水养殖面积达7.48万亩,同比增长1.84%。其中,海水网箱养殖增长31.08%,仅红沙湾海域就新增网箱1500个。

抓好农村土地承包经营权确权登记颁证工作 上半年区本级安排农村土地承包经营权确权登记工作经费200万元,同时争取自治区财政农村土地承包经营权确权登记工作经费41.85万元,保证确权登记颁证工作的开展,全年完成光坡镇1866.67万平方米(2.8万亩)土地确权工作。

开展村级公益事业建设“一事一议”财政奖补工作 自治区财政厅下达2015年村级公益事业建设“一事一议”财政奖补经费664万元。截至12月31日已完成村级公益事业建设“一事一议”财政奖补项目16个,共实施村屯道路硬化12.9公里,解决898户3738名农民群众出行难的问题。

做好政策性农业保险工作 以维护农民利益为核心,维护副食品价格稳定为重点,通过部门专题业务会议、政策性农业保险动员会,传达政策性农业保险,下村到户进行摸底核查情况,积极对养殖、造林大户及养殖、造林公司开展政策宣传,填报登记,通过和农户交谈,发放相关宣传资料800多份进行宣传此项政策性保险,完成能繁母猪336头、育肥猪6000头、牡蛎500亩投保工作,按照政策性农业保险投保险种及险种保费比例财政补贴资金共35.66万元。

做好美丽家园·生态乡村工作,打造生态乡村示范点 2015年着重打造沙螺寮村榄埠美丽家园·生态乡村示范点、山新村美丽家园·生态乡村示范点建设,已完成沙螺寮村榄埠示范点项目:大门入口牌坊工程投入51.6万元,停车场项目52.21万元,牌坊门前道路改建工程80.21万元。11月底开工建设投资199万元榄埠观海长廊和亲水池项目,榄埠示范点焕然一新。在抓好沙螺寮示范点的同时,继续打造企沙镇山新村、光坡镇新兴村生态乡村示范点项目,2015年安排建设资金250万元用于打造山新村示范点,安排104万元用于打造新兴村示范点。

按时发放各项财政支农资金 截至12月31日,共发放退耕还林补贴资金384.07万元、农机购置补贴资金50.27万元,农作物良种补贴资金36.43万元,渔业生产用油补贴资金1633.66万元。各种农业补贴资金在审批后5个工作日内下达各镇财政所,及时将补贴资金通过“农民补贴一折通”兑付到补贴对象手中。

【财政监督】

协助对2014年城镇保障性安居工作进行跟踪审计 2014年度财政筹集保障性安居工程资金5470.95万元,其中上级下达的城镇保障性安居工程资金4989.97万元,本级配套340.49万元,廉租住房租金收入140.49万元;支出为6522.09万元,其中4590.25万元棚户区改造资金作权责发生制处理;结余为2017.64万元。

开展港口区2015年民生政策资金落实情况监督检查 通过对港口区水利局和港口区水产畜牧兽医局的民生政策资金落实情况进行重点检查,两局民生政策资金能按规定进行管理、按程序审核、审批和使用,资金管理和核算较为规范,使用基本符合规定。但仍存在一些问题,主要是补助资金未能及时发放,工程项目建设进度缓慢,造成专项资金结转结余较多,对该项工作提出整改。

开展涉农资金专项整治自查自纠工作 按照涉农资金专项整治行动工作部署,全面开展自查自纠工作,摸清资金底数。认真梳理本地区、本部门2013—2014年度分配、安排、管理和使用的各类涉农资金和项目,摸清所有涉农资金的底数和拨付情况，积极配合市涉农资金专项整治领导小组做好重点涉农资金检查工作。经统计，港口区2013—2014年度涉农资金41934.51万元，已拨付34510.60万元，结余结转7423.91万元。同时，累计办理各类涉农投诉件15件，已办结全部投诉件。

开展2015年港口区财政内部监督检查　通过对下辖4个财政所的财务管理、资产管理及会计信息质量等情况检查，了解预算编制、执行、决算管理情况和财政专项资金收入、管理、使用及执行国家有关政策情况，促进财政局内部财务管理和会计核算水平不断提高。

开展2015年度全区政府采购代理机构监督检查工作　按照市政府采购管理办公室统一安排，港口区共现场检查3家代理机构，检查采购项目15个，查出问题41个，主要体现在招标文件、信息发布、评标、保证金的退付、采购合同的签订、档案管理等6个环节中。

【财政改革】

加强企业财务管理，协助企业改革　积极参与国有企业改革、重组方案的论证审核，做好改革费用的测算审核工作；加强国有企业改革资金管理，及时拨付补助资金，确保国有企业改革顺利实施。规范资产评估收费行为，及时办理资产评估的核准和备案工作，防止国有资产流失。建立与企业的联系机制，继续做好企业的帮扶工作。指导和监督企业按新企业准则和新财务制度建账，为企业解决专项资金的扶持问题。

做好党政机关公务用车改革摸底工作　通过汇总党政机关涉及车改人员情况、司勤人员情况、车辆运行费用情况，认真做好公务用车改革方案数据测算工作。

推行国库集中支付改革，做好预算动态监控各项工作　已纳入国库集中支付管理的单位有100个，截至12月31日，通过国库集中支付系统拨付资金51856笔，金额129229.35万元。为保证财政资金使用的安全性、规范性和有效性，拟定港口区预算动态监控工作方案，明确今后预算执行动态监控改革工作的方向。至12月31日止共通过动态监控预警拦截违规操作635条，金额158.60万元。

深化政府采购制度改革　严把采购资金拨付关，实行源头控制，通过委托采购代理机构进行集中采购，公开政府采购工作流程，港口区政府采购监督管理办公室对日常采购活动实施全程跟踪监督。2015年，全区共完成政府采购507次，完成采购的预算金额为6115万元，实际采购金额为5405万元，节约财政资金710万元，节约率为11.61%。

做好全区干部职工工资调整工作　筹措资金2000万元，按国务院的文件和工作要求，顺利推进港口区机关事业单位基本工资标准调整工作，加强与机关事业单位养老保险制度改革工作的衔接，按时调整和补发全区干部职工工资。

配合港口区地税局做好预算单位上金税三期系统改革工作　根据港口区地税局新上线金税三期应用系统推行的需要，港口区财政局支付中心不再代缴各单位个人所得税，改为单位自行申报缴纳，根据港口区实际情况商定金税三期改革后港口区各预算单位今后税款的申报与扣缴流程，协助区地税局做好单位改革的各项对接工作，保证金税三期上线后个税扣缴业务顺利移交到单位。

完善预算绩效管理，提高财政资金使用效益　积极开展绩效运行监控，选取12个部门16个项目进行绩效运行监控试点，随时掌握绩效目标的实现程度和预期状况，及时发现项目预算执行过程中存在的问题，督促单位采取有效措施予以纠正。2015年，共开展预算绩效管理项目143个，同比增加92个；涉及全区一级预算单位73个，同比增加28个；计划评价资金规模26500万元，同比增长16.74%，评价范围涉及教育、社保、卫生、农林水、交通等公众关注度高的各热点领域。

（莫丰蔓）

## 国　税

【概况】 2015年，港口区国家税务局（简称港口区国税局）有内设机构13个，下设1个企沙税务所，在职干部职工46人。港口区国税局在册纳税户10699户，全年完成税收收入10.09亿元，比上年同期增长6.2%；组织港口区政府计划口径税收收入4.66亿元，比上年同期增长26.66%；组织国内增值税、消费税“两税”收入5.90亿元，比上年同期下降0.7%；企业所得税入库1.2亿元，比上年同期增长6.93%。

【国税征管】 2015年，港口区国

税局扎实做好税源管理各项工作，努力提高征管质量和效率，科学合理运用多种资源和手段，强化税源管理各环节的统筹与协调。深入摸底调查，开展税收调研，强化纳税评估，做好税源动态分析，及时掌握税源变化情况。9月1日，港口区国税局金税三期优化系统如期上线运行(金税工程是经国务院批准的国家级电子政务工程，是国家电子政务"十二金"工程之一，是税收管理信息系统工程的总称。自1994年开始，历经金税一期、金税二期、金税三期工程建设)。金税三期系统更科学、合理地设置业务岗位和业务流程，规范税务部门的执法行为，提升税收管理的信息现代化管理水平，建立更为科学的税收业务数据口径，为更广泛的数据运用和共享奠定基础，有利于推动税收征管水平的提高。金税三期工程上线运行，推动简政放权、"三证合一"、国地税合作、征管规范的有效落实，降低办税成本，使纳税人办税更加便利。

【国税纳税服务】 2015年，港口区国税局深入落实"便民办税春风行动"，通过优化纳税申报资料报送，简化纳税申报流程，前置发票审批实现窗口办结，推行"免填单"系统服务、自助办税服务及重大项目跟踪服务等特色服务，进一步精简办税资料和办税环节，创新办税服务模式，提高办税透明度和监督力度，切实减轻纳税人办税负担，全面提升纳税服务的标准化、专业化、信息化和集约化水平。同时，严格贯彻纳税服务规范，落实首问负责制，办税大厅工作人员的规范服务得到进一步加强。通过开展"联户进企""下税户，先锋行，服务小微企业"等主题实践活动，加强税收政策及优惠政策的宣传辅导。2015年，港口区国税局累计为企业办理出口退税206笔，共计2695万元；其他退税27笔，共计836万元。

【税收优惠政策落实】 2015年，港口区国税局积极落实小微企业所得税、促进残疾人就业等方面税收优惠政策及结构性减免税政策，切实减轻企业税收负担。认真落实税收执法权力清单制度，加大税收执法督察力度，深入落实税收执法责任制，严格规范税收执法行为，促进严格、公正、文明执法。依法依规加强税收征管，依托现代信息技术深化数据分析，准确查找征管薄弱环节和税收风险点，有针对性地采取管理措施，促进堵漏增收，实现税收收入稳步增长。2015年，港口区国税局为小型微利企业减免税额共计约68万元，做到所有小微企业所得税优惠政策"应享尽享"。

(江薇薇)

## 地　　税

【概况】 2015年，港口区地税局有6个内设机构，下设1个税务分局、2个税务所。在职干部职工44人。辖区纳税户9774户，其中企业3300户、个体6474户。全年组织各项税收收入(税收+罚没+教育费附加)54405万元，完成自治区口径任务的118.5%，同比增收11047万元，增长25.5%。

【地方税优惠政策落实】 2015年，港口区地税局认真落实小微企业税收优惠政策。港口区共有企业所得税小型微利企业696户，其中赢利户21户，减免企业所得税款13.70万元，赢利户占小微企业的3.02%，受益面100%；共有营业税小型微利企业1027户，其中享受营业税减免小型微利企业69户，减免税款43.23万元，享受优惠政策纳税人免征营业税税额占营业税纳税人中企业和非企业性单位应纳税额的0.34%。

【地方纳税服务】 2015年，港口区地税局不断提高纳税服务水平，一方面结合"便民办税春风行动"，开展税法进企业、进社区、进学校等三进活动，让纳税人了解地税、知晓税收政策；另一方面全面推行"三证合一、一照一码"工作，全年共受理并办结的政务事项包括新设立税务登记1948件，按时办结率连续保持100%。为进一步深化国、地税合作方案，在防城港市国税局、防城港市地税局的共同努力下，12月25日，全区第一家国、地税联合24小时自助办税厅在港口区地税局一楼揭牌并正式投入使用，自助办税厅的功能由单一的办税机拓展到政策查询、网上报税、学习培训等。

【社会综合治税】 2015年，港口区地税局认真做好工会经费、残疾人就业保障基金征收工作，主动与港口区残联沟通信息，不定期地与港口区总工会召开代收工会经费联席会议，讨论如何加强工会经费代收工作。截至11月30日，共收缴工会经费168万元，同比增收36万元，增长27%；代收残疾人保障金80万元。顺利完成工会经费、残疾人保障金的代收工作。

【依法治税】 2015年，港口区地税局以开展“规范执法年”为契机，不断提高税务机关的执法水平。加强税收执法建设，建立领导干部学法用法制度，加强税收执法队伍建设，组织学习法律法规2次，参加国家税务总局和市地税局法律知识培训班3期，组织5名干部参加2015年度执法资额考试并全部通过。完善制度建设，加强对税收规范性文件的整理，探索完善各项管理制度。规范税收行政行为，完善税收执法程序，规范税务行政裁量权，完善对税收执法权的全程制约，不断改进税收执法形式，协调国土、房管等部门对土地、二手房交易实行“先税后证”。强化监督，加强对执法行为的过程监督，对“两权”的实时监督，切实解决人民群众通过信访举报反映的问题。

【税收征管】 2015年，港口区地税局加强对存量房交易和土地交易征收管理，定期对辖区内的土地、房屋价格进行重新测算，及时调整房地产交易计税基准价格，实行价格核定集体讨论制度，堵塞税收征管漏洞和“人情税”的发生。2015年，共受理二手房519件，交易额13164.12万元，入库税款878.3万元，减免税款484.2万元；受理土地转让44件，交易额6267.85万元，入库税款434.25万元；受理土地出让15件，交易额7066.82万元，入库税款373.04万元。开展营业税专项清理，成立营业税专项清理领导小组，分工负责，责任明确，共清理企业591户，清理应补营业税2023.61万元，其他应补税费1347.22万元，入库营业税70.80万元，入库其他税费37.42万元。组织2014年度企业所得税汇算清缴工作，积极与市地税局联系安装企业所得税汇算清缴申报系统，对一线管理人员进行业务指导，共完成680户企业所得税汇算申报工作，其中盈利企业34户，已缴企业所得税273.30万元。开展土地增值税清算工作，引进中介机构参与，加大清算范围，保证清算工作的客观性、真实性、合理性，截至12月31日，共查补出土地增值税310.4万元(已入库135.4万元)，营业税及附加59.3万元(已入库37.6万元)，核实应退土地增值税72万元，完成全年6户(项)清算任务。完成金税三期上线各项工作，金税三期工程上线工作组织有序，按时保质完成各项上线保障工作，同时完成上线后4个月的税收征管工作。 (邱燕燕)

# 经济管理与监督

## 宏观经济管理

【概况】 港口区发展和改革局(简称港口区发改局)是港口区人民政府组成部门，由原计划和统计局分设组建而成，下设二层机构3个：区物价局、区粮食局和区医改卫生体制改革办公室。2015年编制数10名。

【规划编制与实施】 完成港口区2014年国民经济社会发展执行情况与2015年国民经济和社会发展计划草案的报告，经区人大审议通过。落实2015年国民经济和社会发展责任目标分解，代拟港口区稳增长“26条”。坚持每月每季度经济运行监测分析，编制《港口区每月经济动态》，供区委、区政府领导参阅，全年全区地区生产总值(GDP)实现346.35亿元，增长14%。

组织开展“十三五”规划编制　按照上级总体部署，印发《港口区“十三五”规划前期工作方案》，代拟《港口区“十三五”规划编制工作方案》，成立工作机构，落实保障措施。积极上报申请纳入国家和自治区“十三五”规划3项重大事项、4项重大政策和107项重大工程，努力争取国家、自治区政策和项目建设资金支持。拟订经济发展、开放合作、城市建设、社会民生、生态文明等5大领域的9个规划重大专题，成立港口区“十三五”规划编制撰写小组，科学编制、修缮“十三五”规划纲要。

【重大项目建设】 2015年，全区固定资产投资完成253.83亿元，增长8.43%；全面推进“十百千”项目101项，完成投资72.96亿元，完成年度投资计划的111.3%；晟宇通物流二期、大龙港安路、博古东海岸、棚户区改造等47个项目开工建设；公车片区路网工程、海岸保护整治、广丰粮油、中海油LNG储运、科元新材料、海森特海工装备、中电二期、金川线缆铜材深加工、盛隆技改二期等重大项目加快建设；钢铁冷轧、核电一期、富味乡油脂食品、盛弘钢构一期、东盟商贸中心一期等项目竣工使用;东兴大道改造、企沙城北路网、光坡路网等项目前期工作扎实推进。

**【社会民生事业】** 以“五项重点改革”为主要任务,稳步推进全区医改工作,城镇职工医保、城镇居民医保、新农合等指标均完成市下达全年任务指标。进一步健全基层医疗卫生服务体系建设,港口区人民医院、光坡镇中心卫生院住院楼、渔洲坪、白沙沥2个社区服务中心,23个行政村卫生室均已投入使用。防治艾滋病攻坚工程、母婴健康“一免二补”幸福工程、地中海贫血防治计划和重大公共卫生妇幼为民办实事项目顺利实施。 (陈艳宁)

## 物价管理

**【概况】** 港口区物价局属港口区发改局内设局,有工作人员2人,内设港口区价格监督检查分局(参照公务员管理事业单位)和港口区价格认证中心,两块牌子一套人马。2015年,价格监督检查分局有事业编制4名,在编在岗4人,价格认证中心未开展具体业务工作。

2015年,港口区价格管理部门主要开展市场价格监管、行政事业性收费管理和价格监督检查等相关工作,着力加强价格调控监管,保障和改善民生,制止乱收费行为。

**【收费管理】**

取消收费许可证制度,加强事中事后监管 根据《广西壮族自治区物价局 财政厅转发国家发展改革委 财政部关于取消收费许可证制度加强事中事后监管的通知》(桂价费〔2015〕69号)文件规定,取消《收费许可证》管理制度,经营服务性收费许可证制度也同步取消,停止《收费许可证》年度审验工作。经港口区政府同意,12月撤销在政务服务中心窗口办理行政审批(核发收费许可证)事项。

开展清费治乱工作 2015年取消公安、交通等部门一批地方性行政事业性收费项目,停征或免征国土、人力资源、农业等部门一批行政事业性收费项目,进一步减轻企业负担,确保国家和自治区清费、治乱、减负政策落实到位。

**【价格管理】**

加大民生价格监管 重点对人民群众息息相关的商品和服务价格的监督检查,主要开展对药品、农副产品、农民生活消费品、农村生产资料等价格监管,专项整治不正当价格行为,严厉打击哄抬价格、价格欺诈、扰乱市场等价格违法行为。

加强对重大节日和重要会议期间的市场价格监管 完善有关应急监管机制,重点对辖区内的粮油、肉、禽、蛋、菜、燃气等生活必需品的生产、流通、销售、库存等情况进行调查和市场检查,加大价格宣传力度,杜绝乘机乱涨价、哄抬价格、串通涨价、垄断价格等价格违法违纪行为发生,防范价格异常波动。

加强药品和医疗服务价格监管。严格执行自治区物价局有关药品和医疗服务价格政策文件,贯彻落实药品价格改革政策,逐步建立以市场为主导的药品价格形成机制,坚持放管结合,确保药品和医疗服务价格政策执行到位。

开展液化气价格监管 4月,会同市市政局、市物价局联合召集全市7家燃气经营企业,召开价格提醒告诫会,加强价格自律。会议要求燃气经营企业对瓶装燃气价格由125元/瓶降为115元/瓶,每周一、周四开展日常巡查工作,稳定瓶装液化气市场价格。

完善价格(收费)备案制度 组织对相关单位或经营者的价格行为进行监督检查,落实明码标价、制度上墙,确保价格(收费)公开、合法、有效。2015年,价格备案37宗,其中民办幼儿园31宗,药店6宗。

**【价格监督检查】**

开展教育收费专项检查 2015年春季、秋季学期,联合教育、财政、药监等部门开展教育收费专项检查工作,重点检查学校住宿、食堂等收费行为,监督落实学校伙食补助以及贫困生学习生活补助等政策落实情况。

开展对供水供电价格以及养老机构优惠政策落实专项检查 联合市物价部门,共同对防城港市区内供水、供电价格以及养老机构优惠政策落实情况进行检查,确保国家和自治区相关价格政策落实到位。

开展涉企和涉农收费检查 结合自治区财政厅、物价局有关清费、减免政策,为确保价格和收费政策落到实处,组织力量对土地、交通、公安、农业、水利、环保等有关部门的收费进行监督检查，督促做好收费公示制度的落实。

开展旅游景区景点价格检查　春节、元旦、“五一”、“十一”期间，对辖区旅游景点有关服务行业价格进行检查，重点对餐饮、旅馆、停车场等收费进行检查。提醒告诫经营者落实明码价规定、完善服务体系，合理收费。

开展价格宣传活动　正确引导经营者依法经营，提高经营者法律意识，在“3·15”消费者权益日、“5·18”“9·12”价格宣传日期间，联合市物价部门开展价格宣传活动，解答价格问题、化解价格矛盾。

开展价格信用等级评选活动　根据《广西壮族自治区物价局关于开展价格信用等级评定活动的通知》(桂价查〔2015〕55号)精神，8月，联合市物价局开展价格信用等级评定宣传活动，在港口城区和各乡镇范围内发放相关宣传文件，倡议经营者积极参与评选活动，提高经营者价格诚信意识。

【价格举报受理】 开通24小时价格举报电话，重大节假日和重要会议期间实行24小时值班制度，全天候受理群众投诉举报。2015年共接到价格举报件2件，咨询件5件。从2015年的举报情况来看，重点突出的价格(收费)问题主要以下几方面：①小区物业收费和市场、商店等停车收费问题；②驾校收费问题；③液化气价格问题；④乡村保洁费收费问题。

(陈晓鸿)

## 工商管理

【概况】 2015年，广西工商行政管理垂直管理体制改革，调整为政府分级管理，防城港市工商系统随即划归当地。3月25日，防城港市人民政府办公室下发“三定”方案，原“防城港市港口区工商行政管理局”名称撤销。

(一)设立防城港市工商行政管理局港口区分局，为防城港市工商行政管理局派出机构，机构级别为正科级。内设综合股、法制与行政执法督察股、反不正当竞争执法与商标广告监督管理股、消费者权益保护股、市场与合同规范管理股、企业与个体私营经济监督管理股。

(二)设立防城港市工商行政管理局港口区分局经济检查大队、防城港市工商行政管理局港口区分局12315消费者投诉举报中心，为防城港市工商行政管理局港口区分局直属机构，机构级别为副科级。

港口区工商分局办公地点仍在港口区东兴大道旧火车站旁。

(三)设立防城港市工商行政管理局港口区分局港口工商行政管理所、车辽工商行政管理所、企沙工商行政管理所、光坡工商行政管理所、公车工商行政管理所、渔洲坪工商行政管理所，为防城港市工商行政管理局港口区分局的派出机构，机构级别为副科级。

港口区工商分局机关及下属机构行政编制共52名：①分局机关行政编制11名，机关后勤服务聘用人员控制数2名。其中，局长1名，副局长3名。②防城港市工商行政管理局港口区分局经济检查大队行政编制1名，大队长1名。③防城港市工商行政管理局港口区分局12315消费者投诉举报中心行政编制1名，主任1名。④港口区基层工商行政管理所行政编制37名(港口工商行政管理所行政编制9名、车辽工商行政管理理所行政编制9名、企沙工商行政管理所行政编制9名、光坡工商行

5月25日，港口区工商分局党总支在局四楼会议室召开扩大会议，研究队伍教育工作　庞家和供稿

1 月 20 日，港口区工商、公安、质监、税务等部门领导与首批获得"三证合一"营业执照的商户合影　　杨家梅供稿

政管理所行政编制 4 名、渔洲坪工商行政管理所行政编制 4 名、公车工商行政管理所行政编制 2 名），其中各工商行政管理所核定副科级领导职数 1 名。年末，港口区工商系统公务员 44 人，工勤人员 4 人。2015 年，港口区工商分局按要求顺利完成工商体制划转所有工作。

【队伍建设】 严格执行各项规章制度，制定机构改革"三定"方案，及时办理组织机构代码证、刻制各股、所新印章及银行账户备案，完成机构、人事、财务、车辆调整，完成全局固定资产盘查，登记造册等工作。加强教育培训，提高队伍整体素质。全年共组织干部参加各类培训 438 人次，人均培训累计超过 6 天。强化年轻干部培训锻炼，干部任免程序规范，手续完备；按考核权限和程序做好干部的年度考核工作。深入基层调研，帮助基层解决实际困难，建立基层联系点，年内慰问先进、离退休、困难干部职工 8 人，慰问社区 2 个、道德模范 1 人，会同港口区政府办、民政局等部门开展军民共建活动 3 次。开展创先争优活动，在每个基层工商所、政务大厅设立党员标兵岗、服务标兵、学雷锋消费维权岗位。政务服务窗口和工作人员被港口区政务服务管理办公室评为 1 次"优秀服务窗口"和 3 人次"服务之星"。

【企业、个体工商户登记管理】

推进商事制度改革　服务地方经济发展，认真落实前置改后置审批事项。根据国务院关于前置审批事项改后置审批工作决定，进一步简化市场主体住所登记手续，扎实推进工商注册制度便利化，全力推动地方产业转型升级，激发市场活力。实行注册资本认缴登记制度，取消注册资本最低限制，激发民间投资创业热情。据统计，2015 年推行企业登记制度改革后，港口区新增企业减少开业登记成本约 290 万元，带动大学生、城镇待业青年及被征地拆迁户等 190 人自主创业，促进大众创业万众创新。全面落实"三证合一、一照一码"改革。港口区工商分局作为推进"三证合一、一照一码"改革的牵头单位，制定出港口区关于企业准入"三证合一、一照一码"的实施方案，并按平台搭建的标准配备人员设备，在全市率先全面启动和完成"三证合一、一照一码"登记制度改革，企业注册时间已从改革前的平均 15 天缩短到 6 天。放宽企业住所（经营场所）登记的条件。实行"一址多照"和"一照多址"，减少企业登记材料，解决企业用房难的问题，节省企业申请人的创业费用和时间成本。全年新办理 80 多户的"一址多照"企业，为企业节省场地租赁成本费用约 240 万元。

开展"联百帮千扶万"工作　推进农民专业合作社、家庭农场等农民新型合作社组织发展。年内完成农民专业合作社、家庭农场等农民新型合作社组织发展比上年同期增长 10% 以上的任务。促进小型微型企业发展，已发展微型企业 20 家，完成年内目标任务数。

企业年报工作　按时完成自治区下达的企业年报指标任务，2015 年要完成上 2 年的年册工作，截至 6 月 30 日，2014 年度企业年报率达 81%，个体工商户年报率达 72%，农民专业合作社年报率达 97%；2013 年度企业年报率达 80.2%，个体工商户年报率达 73%，完成上级制定的任务指标。

无照经营的监管　无照经营行为共立案 55 起，罚没款 3.71 万元。

处罚违法经营企业　港口工商分局于 2014 年 11 月 19 日接到

重庆延锋博奥汽车零部件有限公司投诉防城港市天天阳光贸易有限公司（以下简称当事人）的信函《关于追回货款和违约金的申述》后，即对当事人进行核查，发现当事人涉嫌提交虚假材料，取得公司登记并实施诈骗行为。分局经检大队于2014年12月10日立案进行调查，经调查终结后，于2015年6月12日作出吊销营业执照的行政处罚。

9月1日，港口区工商分局经检大队长张芳在光坡镇检查化肥商店
廖尉丞供稿

**【市场监管】**

红盾护农　按照自治区工商局和市工商局部署组织开展红盾护农工作，严把农资经营主体资格关，实施农资经营“两票一档”制度，实现农资商品可追溯监管。重点开展化肥农药质量监测工作，全年共组织执法人员56人次，深入辖区检查农资经营户32户，发放各类宣传资料360份，抽检农资商品17个批次，立案查处农资案件4起，案值3.46万元，罚没入库3.46万元。

网络商品交易市场监管　8月和10月在港口区工商系统举办网络技术能力及法律法规知识培训班，建立一支既熟悉网络技术和电子商务知识，又能运用工商监管知识实施有效监管的网络商品交易监管队伍，全年开展网络交易市场检查4次，检查网站、网店18个次，实地检查网站经营者6户次，查办网络案件2个，罚没款900元，责令整改网站宣传2起。

“美丽家园·生态乡村·整治市场”　全年开展4次农贸市场检查，根据检查发现的问题，有针对性地提出相应的整改措施，发放整改意见书60份次，并上报港口区“美丽广西·生态乡村”创建活动领导小组办公室，指导市场开办单位在市场悬挂宣传横幅、标语10条。

**【反不正当竞争执法】**

充实打击传销队伍　区委组织部、区政府办、旅游局、镇（街道）、交通局、交警大队、工信局等部门纳入“打传”成员单位，充实打传队伍，港口区工商分局积极与公检法机关研究“打传”过程中遇到的执法难点，研究解决刑拘或行政拘留传销人员、查封涉传出租屋、扣押涉传财物等方面涉及的难点，清除执法障碍，确保成效。

强化宣传力度　在港口城区传销活动较为聚集的桃花湾广场及市政中心区附近一带楼盘、小区悬挂反传销宣传横幅105条，在阳光海岸、碧海紫金城、西湾上城、金石雅筑等重点小区制作12

9月14日，港口区打击传销队工作人员在张贴《防城港市港口区人民政府关于查禁传销的通告》
陈运平供稿

块反传销中型宣传牌以及在高铁站广场旁设置1块反传销大型宣传牌，用2台宣传车进行广播巡回宣传，随车向群众散发针对“1040工程传销”的《揭秘传销谎言，认清传销本质》宣传单18000份。8月份制作《港口区人民政府查禁传销的通告》和《揭秘传销谎言，认清传销本质》公益广告各600份，发动小区物业公司协同，在城区35个住宅小区张贴。通过港口区电影公司进行反传销、反洗脑宣传，经统计，已在各个社区播放宣传片16场次；9月28日，市电视台综合频道播放港口区打击传销的报道，以后每天循环播出反传销公益广告、广播、流动字幕等，直到11月底结束。通过以上多渠道、多途径的办法，全方位全覆盖地做好反传销宣传工作。

做好摸底排查　5月14日，召开港口区加强出租屋及流动人口管理打击传销工作会议。通过充分发挥物业公司的功能作用，确定物业公司的打传联络员身份和职责，对所辖楼盘小区进行逐户调查摸底，汇总掌握房屋租赁、流动人口等信息，努力排查传销人员，做打传前期工作；通过对港口城区主要的35个小区实地排查，结合传销当事人、受害人家属、知情人举报等情况，摸清港口区出租屋约2800户，涉嫌传销人员租住的约700户，涉嫌传销人员约2800人；主要分布在阳光海岸、碧海紫金城、西湾上城、桂海东盟新城、金石雅筑、台湾城、荣兴亚太国际、瑞海尚都等26个小区。

加大打击力度　6月3日，在港口区委政法委组织指挥下，以工商行政管理、公安为主的各部门组成联合执法队伍对阳光海岸、双湾国际小区进行突击检查，共出动执法人员233人，执法车辆46辆分13个组进行。7月批捕张××和朱××2人；9月16日刑拘李××、孙××、王××、刘××、王×5人；10月22日批捕李××、孙××2人，取保候审王××、刘××、王×3人；10月9日刑拘姜××、陈××、梁××、于×、周××5人，另取保候审申××和汪×2人，网上追逃4人（田××、刘××、徐××、金××）。

全年共接到传销举报投诉72起，开展联合行动59次，检查涉嫌传销出租屋134套，端掉传销窝点82个，遣散179人，立案查办传销案件30起，其中已办结18起，未结案12起，罚款6000多元、没收笔记本电脑一批，收缴涉嫌传销书籍200多本；配合公安部门查处并立案7起，刑拘传销头目15人，工商行政管理部门对传销者胡叶军立案作出行政处罚1200元。

规范直销市场行为　按照自治区工商局和市工商局部署的初审任务要求，共有全美世界（浙江）药业有限公司等公司需进行直销初审，经查，近五年来没有发现需初审的公司有传销违法、违规直销以及其他重大违法经营行为。

反不正当竞争执法　2015年，在辖区内开展打击“傍名牌”不正当竞争行为专项整治行动，整治行动共出动执法人员82人次，出动执法车辆34辆次，检查经营主体146户，查处反不竞争案件1例，责令当事人停止违法行为，消除影响，处以人民币15000元罚款上缴国库。

其他类执法行动　是年根据《防城港市工商局办公室关于引导规范“防城港一日游看房团”活动工作方案的通知》要求，开展相关的工作部署，并在人流密集处悬挂横幅10条。深入开展查处假烟行动，全年共立案查处烟草案件56起，案值26.5万元，罚没款2.6万元。重点查堵政治性非法出版物和有害信息，以及集中整治淫秽色情出版物专项行动，辖区内

6月3日，在港口区委政法委指挥下，工商、公安、城管等部门联合行动，打击传销。图为执法人员在西湾广场市公安局原办公楼前集合待发

陈运平供稿

未发现淫秽色情等非法出版物。

【商标管理】

开展商标强市活动　组织和推荐企业参加广西壮族自治区著名商标认定活动，港口区有防城港市红树林农牧海产品有限公司的“红树林海鸭蛋”、防城港港务集团的“Fangcheng Port”防城港务集团商标、广西桂海实业集团有限公司“桂海”文字商标以及广西盛隆有限公司“桂万钢”图形和文字商标共5个商标申请广西著名商标，其中获广西著名商标4个。

开展“所标挂钩”工程　通过基层工商所做好辖区经济合作社的商标帮扶活动，引导企业及个人申请商标注册。走访企业、农民合作社、个体工商户36户，提供商标咨询服务26次，帮助申请商标4件。全年港口区申请商标注册量100多件，比2014年增长20%。印发《港口区工商系统打击注册商标专用权整治行动方案》的通知，在辖区内开展商标专用权保护工作。共查处商标案件3起，结案3起，罚没款0.4万元，案值5.3万元。

【合同监管】

开展“诚信履约、守法经营”构建社会信用体系建设　指导“守合同重信用”企业公示及“诚信市场”创建活动，指导企业建立健全各项管理规范制度，引导企业发挥信用自律的主导作用；指导企业建立合同履约、经营情况电子档案，营造诚信受益、失信受损的经营氛围。年内，共支持引导5家企业获得2014年度“广西守合同重信用”企业公示，辖区的辉龙农贸市场获得2015年度广西“诚信市场”称号，港口区工商分局获评2015年度广西诚信市场创建突出单位。

开展合同格式条款专项整治行动　全年共出动执法人员48人次，检查各类市场主体56户次，约谈各行业经营者31人次，发出提醒、建议、告诫等行政指导文书31份，立案查处合同案件8起，罚没款0.7万元。

5月25日，港口区工商分局经检大队工作人员在光坡镇检查建材店　廖尉丞供稿

规范合同管理和动产抵押登记、拍卖　全年共办理企业动产抵押登记14起，抵押物价值20.52亿元，主债权金额9.19亿元；受理拍卖备案74起，拍卖标的物价值4099万元，成交金额3741万元。

农村经纪人培训　制订和实施《防城港市港口区工商局2015年开展农村党员经纪人培训工作实施方案》，9月24日，10月21日、23日，分局市场合同股和12315中心联合，分别在公车镇、光坡镇和企沙镇举办3期农村党员经纪人、村“两委”干部培训班，共投入经费6400元，180人参加培训班学习，发放《真假农资辨别方法》和其他培训教材等宣传资料360份。在经纪人市场监管方面，立案查处2起经纪人违法案件，罚没款1000元。

【广告管理】5月印发《关于港口区工商系统2015年广告市场专项整治行动方案的通知》，采用分片行动的形式，对重点类别广告和重点媒介进行整治，重点打击虚假违法广告，特别是网络广告。7月3日，组织辖区广告经营者60人到市工商局参加第三期“法制大讲堂”，学习新《中华人民共和国广告法》的有关知识。全年，查处立案一般违法广告6起，结案6起，罚没款0.26万元，其中一起为网络广告案。

【消费维权】组织干部深入光坡镇中间坪小学开展“消费维权进校园”活动，联合烟草、食药监、银行保险、工商企业、超市商场等部门在拥军路辉龙市场地段开展假冒伪劣商品展示和消费咨询宣传活动，现场接受咨询221人次，受理投诉4起，设置板报3块，辉龙市场112户个体经营户签订“诚信经营、从我做起”的承诺。全年举办工商公务执法人员学习培训班1次；举办村支书、消委会成员单位、“五进”点学习培训班1次；餐饮旅馆业业主培训班1次；组织消保干部分别到金湾小学、武钢北港小学、企沙镇牛路村、光坡镇中间坪小学进行消费者权益保护相关知识授课。推进“五进”（进学校、商场、超市、景区、企业）、“一会两站”［区、镇（街道）两级消费者协会和分会、村社区12315联络站和消费者投诉站］建设，举办十期“五进”点、“一会两站”人员培训班；设立“一会两站”和“五进”点“学雷锋消费维权岗”；开展学雷锋走进消费维权服务站活动；全年“五进”设点25个。

全面推行12315文明窗口规范化建设，全面整理港口区工商系统12315窗口规范化建设标准，在12315消费者申诉举报中心及企沙、光坡工商所设立“12315消费者申诉举报站”，按标准配备相关办公设备。指导北京华联（珍珠路店）、百家惠（滨海店）建立“无理由退换货”示范点，各项制度和标志上墙上桌，两示范点全年顾客投诉处理记录、退换货记录共500多笔。

开展不合格商品专项整治活动，大力查处销售不合格商品的行为，全年查办案件21个结案14个，案值1.75万元，罚没款1.96万元。（韦铁志）

## 审 计

【概况】 港口区审计局内设秘书股、综合股、经济责任审计股，下设港口区政府投资审计中心。2015年，人员编制7名，其中行政编制4名，事业编制3名；实有工作人员16人，其中编制5人（行政编制3人，事业编制2人），借调人员1人，柔性人才8人，聘用2人。

【财政审计】 2015年，完成区本级财政预算执行情况审计项目1个，共查出管理不规范问题10个，主要问题金额45978万元。其中：查出违规金额441万元，管理不规范金额45537万元。对公共资金、国有资产、国有资源实行审计全覆盖，以预算执行为主线，重点关注国库集中支付管理、财政存量资金、“三公”经费情况等方面，加强对财政资金分配、使用和管理情况的监督。

【专项资金审计（调查）】 2015年，完成专项调查审计4个，审计查出主要问题金额2341.48万元。完成审计署统一组织续审项目，港口区2014年城镇保障性安居工程跟踪审计；完成自治区审计厅统一安排的2015年“生态乡村”财政专项资金审计以及配合市局完成港口区2012—2014年县域义务教育均衡发展专项资金审计；完成港口区西湾海域环境整治工程现场指挥部资金审计。审计反映专项资金的基本使用情况，揭示专项资金使用存在的问题，提出审计意见，推动审计整改，确保专项资金使用的规范性、科学性。

【固定资产投资审计】 2015年，审结政投项目71个，送审金额16708.48万元，审计金额15120.6万元，核减工程款1587.88万元，平均核减率10.5%。审计表明，政府投资项目在承发包、投资控制等环节存在一些问题，如工程结算资料审核不够严格，工程造价把握不当；部分工程现场签证资料管理不足；项目实施过程中的监管力度不够等。针对存在问题，港口区审计局利用信息化管理开展审计，政投审计项目的审批、管理、规范项目资金拨付程序、提高资金使用效益等方面不断规范化、科学化，为政府及建设单位堵塞

1月15日，港口区政府投资审计中心到鱼峰路延长段路灯改造工程现场勘查　　陈姿求供稿

漏洞、节约建设资金。

【经济责任审计】 2015年，共审计单位7个。审计查出主要问题42个，主要问题金额13494.15万元，其中违规金额238.12万元，管理不规范金额13256.03万元。审计重点关注领导干部任职期间执行上级经济法规和政策、资金使用管理、单位内控管理、自然资源资产监管、遵守各项廉洁规定等情况。对审计发现的问题，对被审计领导干部应承担的责任作出界定和评价，分别向被审计单位提出加强现金支出管理、严控三公经费支出规模、规范财务原始凭证等审计建议，进一步促进领导权力规范运行，清廉作为。

【审计成果】 2015年，港口区审计局完成审计项目83个，查出主要问题金额63401.51万元，其中违规问题金额679.12万元，管理不规范金额58793.03万元，核减工程投资额1587.88万元，专项问题资金2341.48万元。审计后挽回（避免）损失金额12804.88万元，其中已上缴财政3618万元，已减少财政拨款1587.88万元，已归还原渠道资金59万元，已调账处理金额7540万元。向区政府和有关部门提交审计报告和审计调查报告83篇，被区政府领导批示83篇。提出审计建议并被采纳217条，上报审计信息83篇。12月，荣获自治区人社厅、自治区审计厅授予记集体二等功，是17个市、县（区）审计单位获此殊荣之一，同期，港口区林业局局长任期经责审计项目被评为2015年全区表彰审计项目。

【队伍建设】 积极推进审计队伍建设，对每个项目实施审计前，审计组组长组织参审人员反复学习有关法律、法规和文件，使每个审计人员明确审计的内容、重点、分工、审计方法以及有关要求。重视加强审计人员后续教育，进一步提高审计人员分析、鉴别、判断、协调等综合业务能力。加强审计队伍的思想作风建设，把廉政勤政规章制度，贯穿于审计工作当中保证审计工作客观公正地开展。开展清明节祭先烈活动，发扬革命先辈执政为民的优良传统。

（陈姿求）

4月3日，港口区审计局干部职工到“三光企革命武装起义纪念碑”开展清明节祭先烈活动　　陈姿求供稿

## 统　计

【概况】 港口区统计局成立于1993年，为港口区人民政府主管统计与国民经济核算的行政机关，内设办公室、综合产业股、抽样调查股等，下设港口区普查中心，属参照公务员管理事业单位。全局有行政编制2名，事业编制10名。2015年，有工作人员20人，其中在职在编11人，柔性人才1人，借调2人，聘用6人。2015年，港口区统计局围绕区委、区政府的中心工作，贯彻落实自治区人民政府《关于进一步加强统计工作的决定》，全面完成各专业年报和各项常规统计调查，完成全国1%人口抽样调查，推进城乡住户调查一体化改革，做好第三次全国经济普查资料的开发应用，完善基本单位名录库，提升统计信息化水平，推进统计规范化建设。

【城乡住户调查一体化】 城乡住户调查采取城乡住户记账和一次性访问调查相结合的方法采集基础数据。其中，反映居民现金收支和实物收支的情况主要通过住户记账取得资料，其他有关居民家庭基本情况、人口基本情况等采用年底一次性访问调查的方式取得资料。港口区城乡住户调查涉及企沙镇的虾箩、牛路等2个行政村，每个村抽取10户记账户。

住户调查定报　统计部门加大对乡镇统计员、村级辅助调查员的业务培训力度，宣传统计

10 月 15 日，港口区统计局在市委党校举行 2015 年港口区 1% 人口抽样调查业务培训会　　唐　昕供稿

法律法规，引导记账户正确解读记账说明，结合当月记账发现的问题，对现金实物收支日记账、编码及其他统计指标的含义等内容及填表要求进行详细讲解，对记账注意事项进行分析提醒，并现场回答乡镇统计员与村级辅助调查员的提问，加强对统计基层报表的审核，重点对居民收入等重要统计数据进行审核、评估和监管，确保调查数据的准确性。12 月，完成住户调查定期年报上报工作。

*住户调查改革*　城乡住户调查一体化改革是统计调查部门深入贯彻落实科学发展观的重大举措，是“十二五”时期全国统计发展和改革规划纲要确定的重大改革事项。2015 年是城乡住户调查一体化改革以来第一次小样本轮换，区统计局严格按照样本轮换方案，周密部署，精心组织，扎实推进全区国家点小样本轮换，6 月，在独立完成牛路村分市点调查样本轮换工作的基础上，配合防城港调查队完成桃花湾社区分省点调查样本轮换工作。区统计部门按照市统计局、防城港调查队对住户调查改革和分县住户调查工作的要求，将原来的“城镇居民人均可支配收入”和“农村居民人均纯收入”两个指标，统一为“居民人均可支配收入”，从而更加真实、客观地反映城乡居民收入水平。从 2015 年 12 月 1 日起，各分省点、分市点记账户的记账数据将成为统计 2016 年第一季度“居民人均可支配收入”的依据。

**【全国 1% 人口抽样调查】**港口区精心计划，统筹部署，多措并举，真抓落实，有效发挥区直有关部门、各镇（街）统计工作人员的作用，充分调动其积极性，形成全社会共同参与的良好氛围，公安、卫计、民政、人社等部门各司其职，为调查提供户籍、人口出生死亡、就业、社保等信息，形成全区 1% 人口抽样调查的强大合力，推进全区 1% 人口抽样调查顺利进行。2015 年，港口区 1% 人口抽样调查抽中 5 个镇（街）19 个调查小区，共调查 2059 户，登记人口 6922 人。

*健全机构，落实物资*　港口区 1% 人口抽样调查于 2014 年 12 月启动，成立 1% 人口抽样调查领导小组，常务副区长担任组长，领导小组办公室设在港口区统计局，具体负责相关工作，将 1% 人

10 月 28 日，港口区住调办调查员到虾箩村开展住户调查工作　　龚伟明供稿

口抽样调查列入2015年统计工作的重要工作议程。各镇、街道相应成立辖区领导小组。1%人口抽样调查历时3年，港口区将1%人口抽样调查所需经费逐年列入相应年度的财政预算，并按时拨付。及时落实PDA、专用电脑和一批培训、调查所需的设备、手册、方案等物资材料，为顺利开展调查工作提供物质保障。

甄选"两员"，狠抓培训　坚持选调既懂业务、懂政策，又有较高政治文化素质、能吃苦耐劳、责任心强且熟悉当地情况的人员担任调查指导员和村(社区)调查员，确保"两员"的质量。区统计局20名干部职工全部担任指导员，各镇、街选调出指导员12名、村(社区)调查员38名。根据《港口区1%人口抽样调查PDA操作培训工作方案》，于10月15日—16日对全区"两员"进行为期2天的入户登记和PDA业务培训。邀请市统计局有关专家领导进行培训指导，及时答疑解惑，并进行现场练兵考核，确保培训质量。

宣传引导　通过多种渠道，掀起宣传高潮。10—11月，在辖区内交通要道口，利用LED屏幕滚动宣传标语，展示宣传图片等；在主要街道(路段)、人流频繁地段和被抽中调查小区附近悬挂宣传横幅38条；制作宣传板报1个；宣传车深入抽中小区进行流动宣传3天，发放《致调查户的一封信》5000份。在入户登记期间，统一佩戴调查员和调查指导员工作证上门，扩大影响力，做到家喻户晓，深入人心，使全区被调查对象了解人口调查、支持人口调查、配合人口调查，为调查登记营造良好的社会氛围。

绘制调查小区地图和摸底造册　在正式启动调查前，统计部门工作人员和各镇(街道)专业统计员提前介入，进行地理区域划分和调查样本抽取培训，开展村一级边界划分及小区分布图绘制，共绘制小区地图19张。根据人口状况和特点，走街串巷熟悉各自辖区边界与小区，基本掌握每一楼盘、每一区域的人居情况，完成摸底造册。截至正式入户之前，全区摸底总户数1722户，登记人数6662人，出生人口数83人，死亡人口数5人。

正式调查登记　2015年，全国1%人口抽样调查采用住户通过互联网自主填报与调查员手持PDA入户登记相结合的全新形式，分区包片，责任到人，严格按照方案的要求步骤上门入户，逐人询问，按登记流程把数据逐项录入。及时掌握各小区的工作动态和质量情况，及时发现调查小区存在的困难与问题，重点指导，加以解决。做到被抽查小区"区不漏房，房不漏户，户不漏人"，确保调查数据的准确度与真实性。

严把数据质量　实行组长负责制，责任包片包干到底，严格按工作流程和工作规范，精心组织数据录入工作。各调查小组亲临调查一线对调查表的专项编码和数据录入进行指导，按时完成数据的审核、录入和汇总，并对汇总数据进行数据评估，特别对死亡表进行集中审核，对审核中发现的问题再次入户调查核实，并及时处理，把好数据质量的最后一关。

【统计信息化建设】信息网络建设　与上级统计机构联通统计信息网，每个专业都能与市统计局实现业务对接，实行内外网分开，保障网络安全。按要求整改计算机房，明确网络信息安全管理员，专职管理各客户终端，安装专用杀毒软件、更新防火墙等，保障统计网络工作安全有序。组织开展计算机及网络技术知识、"三上"企业统计员联网直报培训等，提

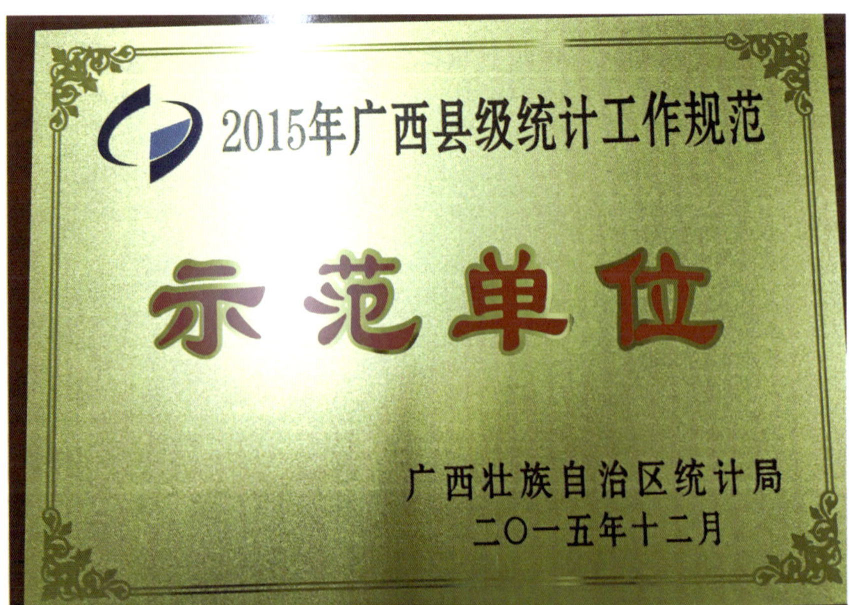


12月，港口区统计局荣获自治区统计局颁发的"2015年广西县级统计工作规范示范单位"牌匾　唐　昕供稿

高各镇(街)、企业统计人员的业务技能。

信息安全管理　针对当前网络病毒泛滥、黑客入侵、信息失控等复杂环境，制定相应的防御措施，保护办公室信息和统计信息系统不被未经授权的访问、使用、泄露、中断、修改和破坏，为统计信息系统提供保密性、完整性、真实性服务。制定上网设备管理规则，约束机关工作人员行为，办公室电脑只能用于开展日常工作，不能随意浏览与工作无关的网页，统一管理报数专用电脑，不经许可不能私自使用。

**【统计法制建设】** 牢固树立依法统计理念，切实提高法律素养和学法、懂法、守法、执法的自觉性，坚持依法管理统计工作，不断提高依法决策的能力和水平，强化服务大局意识，使统计法治工作融入全区统计工作中。加强与组织、纪检、司法等部门的联系，为统计法治提供有力的外部支持。通过统计业务会议、培训班、法制讲座、送法到基层等有效形式宣传讲解统计法律法规，利用三轮车张贴统计法制宣传标语、宣传画、海报等走街串巷，调动宣传车深入各村屯、社区巡回播放统计知识，在闹市、重要路段挂出大横幅标语、墙体标语等，利用电子大屏幕、手机报等媒体进行全覆盖宣传，提高广大公众对统计法律、法规的认识，不断增强调查对象的法制意识。加大统计执法检查力度，坚决打击弄虚作假行为，依法维护全区统计工作秩序，确保统计数据客观、公正、真实，集中执法、专项执法、联合执法工作收到良好效果。行使统计法制监督职能，克服困难，敢于执法，善于执法。深入企业加强调查研究和业务指导，督促统计调查对象特别是“四上”企业要按照统计法律、法规，依法设置原始记录和统计台账，建立统计资料的审核、签署、交接、归档制度，依法配备具有从业资格的统计人员，依法规范数据上报流程、指标填报，严格报表审核，确保企业上报数据真实准确，预防统计违法违纪行为的发生。

**【规范化建设】** 统计基层基础工作是做好统计工作的前提条件，对提高统计数据质量和提高统计为决策服务的水平起着至关重要的作用。统计部门积极采取一系列行之有效的措施，认真贯彻落实《自治区统计局办公室关于印发广西县级统计局工作规范建设实施细则（试行）的通知》（桂统办字〔2013〕34 号）精神，以“统计机构网络化，统计人员专业化，统计调查法制化，统计服务多样化，统计信息自动化，统计管理规范化”为目标，进一步加大统计基层基础工作建设力度，不断提高统计工作规范化水平。12 月，港口区统计局被自治区统计局评为“2015 年广西县级统计工作规范示范单位”。（唐　昕）

## 食品药品监督管理

**【概况】** 港口区食品药品监督管理局(以下简称港口区食药监局)内设综合协调股、食品生产流通监管股、食品餐饮监管股、药械保化监管股，主要负责组织实施全区食品、药品、保健食品、化妆品和医疗器械监督管理，组织查处食品药品违法行为。2015 年，机关行政编制 8 名，后勤服务事业编制 1 名。下设事业单位港口区食品药品稽查执法大队(港口区食品药品监督管理所、食品药品安全投诉举报中心)，事业编制 10 名。同时还设立港口区企沙食品

3 月 31 日，港口区食药监局在渔洲坪工业园举行违法食品药品集中销毁活动　港口区食药监局供稿

药品监督管理所、港口区光坡食品药品监督管理所、港口区公车食品药品监督管理所、港口区白沙沥食品药品监督管理所、港口区渔洲坪食品药品监督管理所，为港口区食品药品稽查执法大队的派出机构，每所暂核定事业编制3名。年内完善基层食品安全综合协调机制，各镇（街道）相应成立镇（街道）食品安全委员会及其办公室，明确工作职责，制定相关工作制度。

2015年，食品药品违法案件共立案49起，结案49起，罚没款15.78万元；受理并办结食品药品投诉举报件51件，全年无一起因投诉举报引起的行政复议或诉讼。办理《食品流通许可证》328份、《餐饮服务许可证》305份，办结率100%；根据新修订《中华人民共和国食品安全法》规定及自治区食药监局《关于启动〈食品经营许可证〉有关事项的通知》精神，自2015年12月1日起，实行《食品流通许可证》和《餐饮服务许可证》"两证合一"为《食品经营许可证》，共发放79份。举办食品药品安全知识培训16期，开展集中宣传6场，新设不锈钢宣传专栏30块，宣传横幅15条，发放新修订《中华人民共和国食品安全法》10000册，发放宣传资料4000多份。年内港口区未发生重大及以上食品药品安全事故。

【餐饮食品监管】

餐饮环节食品安全监督抽检　2015年共组织餐饮环节食品监督抽检47批次，其中合格42批次、不合格5批次，对抽检不合格批次产品全部进行立案查处；开展食品快速检测416批次，合格率100%。

餐饮服务单位量化分级管理　2015年，港口区食药监局继续大力推行餐饮服务单位量化分级管理，截至12月31日，港口区实有持证餐饮服务单位546家（不含市局直管餐饮单位），其中2015年新增60家。应评定年度食品安全等级餐饮服务单位486家，已评定470家，评定率96.7%。其中，评定为优秀等级15家、良好等级61家、一般等级394家；未评定等级16家。

推进餐饮服务单位"明厨亮灶"工作　积极结合量化分级管理宣传发动、大力推进餐饮服务单位"明厨亮灶"工作，年内，港口区共有60家餐饮服务单位完成"明厨亮灶"。

2月13日，区委书记梁宗勇（左四）率队开展春节前食品安全联合执法检查　　港口区食药监局供稿

强化重大活动餐饮食品安全保障　严格按照《重大活动餐饮服务食品安全监督管理规范》，对重大活动重要接待餐饮保障任务，实行执法人员24小时驻点制，先后完成港口区"两会"、防城港市首届台湾美食嘉年华活动、自治区加强千里边海防线基层工会组织建设经验交流会、海上龙舟赛、中考等重大活动食品安全保障任务，其间还开展蔬菜农药残留、二氧化硫、"瘦肉精"、甲醛、食用油酸价和过氧化值、食品中心温度、餐用具物表洁净度等现场快速检测，保障活动期间无食品安全事故发生。

开展春、秋季学校食堂及其周边食品经营环境专项治理　要求各学校、幼儿园食堂从食品采购关、食品进货验收关、食品贮存制售关、食品留样关、餐厨垃圾管理关等五个方面严格把关，杜绝不符合食品安全的食品流入食堂。共检查学校（含幼儿园、托儿所等，下同）食堂219家（次）；检查学校周边食品经营摊点50家（次），发放责令改正通知书31份。

【食品流通监管】

开展流通环节食品安全监督抽检　2015年，流通环节食品安全监督抽检食品30批次，其中合格27批次，不合格3批次。对抽检不合格批次产品全部进行立案查处。

开展农村食品市场专项整治行动　在巩固2014年度农村食品市场"四打击四规范"专项整治行动的基础上，充分发挥镇（街道）食品药品监管所的作用，加强农村食品安全日常监管，规范农村食品生产经营行为。年内，检查食品经营户 130 户次；检查批发市场、集贸市场等各类市场 23 个次。

落实食品经营者和市场开办者主体责任　指导辖区 3 家市场开办方、3 家大型超市建立食品安全自检实验室，每天定期对入场的蔬菜进行抽样检测，对快速检测的信息以电子信息屏、固定公示牌等方式予以公示，督促大型食品超市依法履行食品安全主体责任，监督企业建立健全各项食品安全管理制度，加大监督检查力度，确保管理制度有效执行到位。

6 月 15 日，港口区食药监局与区卫计局联合召开港口区 2015 年药品、医疗器械和化妆品不良反应暨日常监管工作会议

港口区食药监局供稿

【食品生产监管】

开展生产环节食品安全监督抽检　2015 年生产环节食品安全监督抽检食品 65 批次，不合格 3 批次，合格率 95%，对抽检不合格批次产品全部进行立案查处。

开展白酒生产经营专项整治　本辖区获证的白酒生产企业有 1 家，小作坊 1 家。对其开展专项整治，共抽检 4 批次，在整治过程中发现一家获证生产企业超出许可范围擅自从事果酒生产，已对该企业进行立案查处。

开展食用植物油专项整治　本辖区获证食用油生产企业 7 家，小油坊 3 家，共监督抽检 27 批次，对经抽检不合格的 3 家小油坊进行立案查处。共销毁不合格花生油 135 公斤、原料花生 600 公斤，罚没款项 9000 元。

【药品、医疗器械、保健食品和化妆品监管】

开展药品、保健食品、化妆品质量监督抽检　2015 年药品监督抽验 21 批次，其中合格 15 批次，不合格 6 批次。保健食品监督抽检 12 批次，其中合格 10 批次，不合格 2 批次。化妆品监督抽检 18 批次。其中合格 17 批次，不合格 1 批次。对不合格批次的产品全部立案查处。

加强药品、医疗器械、化妆品不良反应／事件监测工作　将港口区人民医院建设为港口区化妆品不良反应监测哨点。2015 年，监测药品不良反应任务 130 例，完成 168 例，其中新的、严重的药品不良反应监测报告数占总数比例达 50%，排名全市第二；医疗器械不良反应任务 58 例，完成 107 例，占任务 184.5%，排名全市第一；化妆品不良反应任务 15 例，完成 30 例，占任务 200%，排名全市第二。

开展医疗机构医疗器械专项检查　重点检查是否从非法渠道购进、使用未经注册医疗器械等，从严查处重复使用一次性医疗器械的行为等。共检查体外诊断试剂使用单位 6 个，对检查中发现个别医院的医疗器械注册证收集不全等问题已经责令其改正。

开展宾馆酒店化妆品专项监督检查　共出动执法人员 62 人次，督促指导酒店 12 家，责令整改 3 家。有效地提升宾馆酒店化妆品质量管理水平，规范化妆品经营使用行为。（李　燮）

## 安全生产监督管理

【概况】　港口区安全生产监督管理局（以下简称港口区安监局）内设办公室、安全生产监督管理股、烟花爆竹监督管理股。人员编制 4 名；下设港口区安全生产执法监察大队，事业编制 3 名，实有工作人员 16 人。

【安全生产检查和安全生产“打非治违”专项行动】　2015 年，港口区安监局印发安全生产大检查方案和“打非治违”专项行动实施方案，强化宣传发动，引导社会积极参与，不断加强督促指导协调，确保安全生产大检查以及“打非治违”专项行动工作到位。年内，组织联合执法检查组共出动52车次、332人次检查非煤矿山企业10家、石油天然气管道间企业1家、危化运输企业6家、危货运输车辆126辆、在建工程项目14项、客运站1家、渡口3个渡船30多艘以及粉尘企业11家，“三合一”“多合一”场所30家，发现安全隐患226项，下发安全隐患整改通知书59份，责令停产整顿企业12家，查处非法运输车辆违章经营行为25起。印发《2015年全区安全隐患大检查大整治活动工作方案》，要求各镇政府、街道办事处对辖区内生产企业开展安全隐患大检查大整治，督促所有生产企业都要制定具体行动方案，开展自查自纠并全面进行整改；检查各类企业130多家，发现隐患160多项，下达整改通知书60多份。元旦、春节、“两会”“三月三”、清明节、“五一”节、端午节、高温汛期、东盟博览会、中秋国庆前，安监部门及相关单位组织开展安全大检查，重点加强对非煤矿山、危险化学品、烟花爆竹、职业健康防治、建筑施工、工矿商贸、道路交通、水上交通、公众聚集场所消防、校园校车等行业和领域进行隐患排查和治理，下达整改通知书56份，其中停产整改通知书9份。春节后，安监部门组织对全区高危行业企业复产前设备检修、上岗前培训等情况进行专项检查，检查危化生产企业12家，建筑工地13个，发现安全隐患18项，已督促进行整改。

【安全生产标准化建设】 2015年，港口区安监局继续推进工矿商贸行业企业安全生产标准化工作，新增3家危化生产企业、5家工矿企业、8家加油站达标取得三级标准。

【安全生产宣传教育】 积极组织开展“安全生产月”活动。港口区安委会制定印发总体活动方案并层层分解任务，督促各镇(街道)、各部门、各企业按要求制定具体实施方案并组织实施。6月16日，港口区安委会组织20家单位在兴港大道举行安全生产咨询日活动；6月26日，组织2014年下半年以来辖区发生安全生产伤亡事故的6个企业召开安全生产集体约见警示会议，增进企业责任主体的安全意识；6月25日，在防城港盛农磷化有限公司开展一次危险化学品道路运输事故应急救援综合演练活动，通过组织综合演练，检验本区应急救援队伍的实战能力。

6月25日，在防城港盛农磷化有限公司开展港口区2015年危险化学品道路运输事故应急救援综合演练　骆振华供稿

【“五级”安全隐患排查与整改】 2015年度“五级”隐患36项，均按规定落实整改责任单位、做好整改方案并逐步开展整改；至12月底完成隐患整改36项，完成整改率100%。

【重点行业和领域专项整治】 根据自治区和市的要求，港口区安监部门组织制定细化2015年度非煤矿山、危险化学品、烟花爆竹、道路交通、水上交通、公众聚集场所消防、建筑施工、农机等各重点行业专项整治工作方案并印发实施，1—11月检查各类企业250多家，发现隐患360多项，下达整改通知书80多份，停产通知书12份。

【事故调查与事故处理协调】 2015年港口区辖区内发生工矿商贸生产安全事故2起：“5·11”宇恒公司装修触电死亡1人事故，“6·6”阳光海岸二期装修工人坠落死亡1人事故。区有关部门及时赶到现场组织应急救援和善后处理，并组织有关部门及时依法开展调查，2起事故已完成调查报告上报政府批复，相关部门已立案依法追究事故责任人的责任。

4月1日，清明节前港口区安监局检查人员对辖区内烟花爆竹零售点进行检查　　港口区安监局供稿

【安全生产事故】 2015年度，全区发生各类事故70起，死亡4人，受伤52人，直接经济损失133.3万元。与上年同比呈"两降两升"态势：死亡人数和直接经济损失分别下降60%和50.94%，事故起数上升11.11%、受伤人数上升23.81%。全区安全生产事故死亡人数占市下达控制指标7人的57.1%，控制在进度目标范围内。其中，全区工矿商贸事故死亡2人，占全年控制指标4人的50.0%，比进度控制指标少2人。生产经营性道路交通事故死亡2人，占全年控制指标3人的66.7%，比进度控制指标少1人。其他行业未发生死亡事故。全区连续多年未发生较大以上生产安全事故。（林弋善）

## 口岸管理与服务

【概况】 2015年，港口区边境贸易进出口额跌至23152.8万元人民币，同比下降83.89%。吞吐量38.18万吨，出入船次410次，关税2953万元。

【口岸开放管理】 企沙口岸大力发展边境进出口贸易，是当地主要的经济增长点。但长期以来，企沙港内完全对外开放的码头仅有5个，其他多个具备开放条件的码头未得批准开放通关，浪费口岸资源，限制边贸发展。如云约江码头、中电码头、金川码头作为海关等联检部门特许的临时监管点，实行"一船一批"查验过货，未正式列入开放范围；潭油码头基础设施已具备开放条件，但未验收批准开放通关。

【口岸基础设施建设】 2015年，企沙口岸已对外开放的卫东码头、海通码头、德城码头、康成码头和大万码头共5个码头，建有泊位37个，其中2000吨级泊位6个、1000吨级泊位19个、1000吨以下的泊位12个；码头岸线总长约2580米，建设围墙约3200米，水泥道路约2500米；地磅5个。已经投入使用的码头内有仓库27000平方米，堆场66200平方米。有一般货物的5吨装吊设备3套，煤炭装卸设备15套，基本满足口岸业务量发展需要。全面推进口岸进出口通关业务的联合办公制度，实施8小时工作制以外的提前预约接受申报制度。逐步加强办公自动化、口岸查验中心现场、口岸闭路电视监控系统建设，切实改善口岸通关环境，提高口岸服务效率和质量。企沙港有5个私营码头对外开放（码头土地使用权和地上建筑物均属各个码头业主自有），码头基础设施建设均由各个业主自行出资建设，由于涉及个人经济利益，码头建设呈现出小、散、发展落后的局面，难以形成码头发展集约化、现代化。

【电子口岸建设】 企沙口岸联检工作还缺少统一的信息申报录入备检系统，也缺少联检部门统一的公共信息平台，无法做到如防城港口岸通关系统、信息平台一样，让企业对依法须报检报关的货物，在企业端一次性录入关检申报数据，该企业端再自动将录入数据拆分成报关、报检表单，分别发送至海关、检验检疫业务监管系统，由海关、检验检疫一次检验后将放行信息经公共信息平台发送到口岸经营单位，在卡口对货物实施一次放行，电子口岸建设有待进一步推动。

（韦绍安）

# 产　业

## 农　业

### 农业综述

2015年，港口区农业局内设秘书股、农业股、农村经济体制和经营管理股、农产品质量安全监管股等4个股，二层机构有港口区农业技术推广站、农村合作经济经营管理站、种子管理站、农业行政综合执法大队等，对外挂牌机构有港口区扶贫开发管理办1个，归口管理扶贫开发工作。其中，港口区农业局核定编制10名，实有编制人员10名；港口区农业技术推广站核定编制6名，实有编制人员6名；港口区农村合作经济经营管理站核定编制6名，实有编制人员5名；港口区种子管理站核定编制3名，实有编制人员3名；港口区农业行政综合执法大队核定编制3名，实有编制人员3名。

2015年，港口区紧密结合大工业落户、城镇化加速推进等区情实际，通过“调结构、抓示范、惠民生、促增收”，大力发展“特、优、精”农业，全区农业经济继续呈现良性发展。截至2015年年底，全年农作物播种总面积72.8平方公里，比上年增长2.6%。全区农林牧渔业总产值24.96亿元，比上年增长6.13%。其中，种植业产值1.34亿元，比上年增长8.87%；林业产值0.39亿元，比上年增长10.98%；畜牧业产值0.81亿元，比上年增长7.9%；渔业产值22.04亿元，比上年增长5.78%；农林牧渔服务业产值0.38亿元，比上年增长8%。全区农民人均纯收入11069元，比上年增长10%。

（许建林）

### 种植业

**【粮食作物】** 2015年，全区粮食播种面积44.71平方公里，比上年增长0.4%；粮食总产量18546吨，比上年增长-0.31%。其中，谷物播种面积33.67平方公里，比上年增-0.09%；谷物产量16088吨，比上年增长-0.37%。玉米播种面积9.37平方公里，比上年增长-0.21%；玉米产量4335吨，比上年增长-0.25%。豆类播种面积1.46平方公里，比上年增长2.1%；豆类产量189吨，比上年增长0.53%。薯类播种面积9.58平方公里，与上年持平；薯类产量2269吨，与上年持平。

**【经济作物】** 2015年，全区经济作物种植面积9.69平方公里，比上年增长6%；经济作物产量5370吨，比上年增长13.2%。其中，花生种植面积7.27平方公里，比上年增长6.4%；花生产量1429吨，比上年增长6.4%。甘蔗播种面积0.71平方公里，比上年增长1.4%；甘蔗产量2493吨，比上年增长3.6%。木薯播种面积1.71平方公里，比上年增长6.2%；木薯产量1448吨，比上年增长6.4%。

**【蔬菜生产】** 2015年，全区蔬菜种植面积18.4平方公里，比上年增长5.2%；蔬菜产量19586吨，比上年增长6.7%。

**【水果生产】** 2015年，全区水果果园面积6.36平方公里，比上年增长5.2%。主要品种及产量：香蕉458吨，柚子11吨，柑橘85吨，菠萝21吨，龙眼163吨，荔枝423吨，芒果154吨，桃3吨，其他水果139吨。

（许建林）

### 农业科技

**【良种良法推广】** 重点推广优质

杂交稻、超级稻、光坡红香薯、红衣花生、“小八黑”黑色系列、水果及各类蔬菜等优新良种一批，全区“红＋黑”新品种系列推广面积达2万亩以上，占农作物播种面积20%以上。截至2015年年底，辖区建有光坡栏冲蔬菜种植基地、光坡满福蔬菜种植基地、光坡绿色天成蔬菜种植基地、公车红砖垌蔬菜基地、光坡红莲雾、光坡中间坪“小八黑”、中间坪杨武水果园、光坡荣港火龙果种植基地等一批特色种植示范基地。其中，光坡栏冲、公车红砖垌“菜篮子”基地列为农业部蔬菜标准园创建项目。全区推广超级稻面积1.8万亩，占水稻种植面积50.6%；推广测土配方施肥面积5万亩，占粮食种植面积92%。科技对农业生产贡献率达97%，与上年同比提高0.5个百分点。

**【农民培训及转移就业】** 重点对农民的科学种养、农产品加工以及汽车驾驶和维修、计算机操作等转产转业技术培训，引导农民工有序外出务工和就地就近转移就业。2015年，全区新增农村劳动力转移就业3726人，累计实现全区农村劳动力转移0.42万人，农民新增劳务收入3500万元以上，实现全区农民人均增收1000元以上。（许建林）

## 农村经济和经营管理

**【农业产业化经营】** 2015年，全区累计建成“万元片区”面积3.1万亩，完成“万元村屯”110个，10万元以上“示范农户”85户。2015年新发展农民专业合作社12家、家庭农场9家，推进全区农业产业化经营步伐。

**【土地确权】** 2015年，在企沙镇牛路村和山新村开展农村土地承包经营权确权登记颁证试点工作，共GPS实测55个村民小组二轮承包土地面积2.43平方公里；完成农户承包关系调查773户，占比100%；核发土地承包经营权确权证书745本，占比96.4%。

（许建林）

## 农业机械化

**【概况】** 2015年，港口区农业机械化管理局（简称农机局）内设机构有秘书股、农机管理股，下设港口区农业机械安全监理站。局人员编制5名，实有5人，站人员编制5名，实有4人，办公地址港口区渔洲坪建政路。2015年，农机总动力133565千瓦，比上年减少2.43%；各类拖拉机拥有量961台，比上年减少26.70%。其中，大中型拖拉机10台，小型多功能拖拉机412台，小型拖拉机320台，耕整机219台；农用排灌机械1050台，比上年增长16.28%；插秧机4台，与上年持平；联合收割机4台，比上年增长33.33%。

**【农机购置补贴】** 2015年，港口区共争取农机购置补贴资金50.5万元，其中国补资金50万元，省（区）补资金0.5万元。农机购置补贴严格按照《广西农业机械购置补贴专项资金使用管理办法》和《港口区农业机械购置补贴实施方案》的要求执行。在个人申请、网上申报、财政核实、农机公示的基础上，共完成753台（套）农机具购置补贴，其中果蔬烘干机5台、喷杆喷雾机22台、微耕机5台、增氧机718台、自走履带式谷物联合收割机（全喂入）1台、旋耕机1台、手扶拖拉机1台。实现了农机具购置补贴工作“三个百分之百”，即：补贴资金100%，资金结算率100%，完成补贴任务100%，满足了广大农民、农机户和农业生产者的需要。

10月14日，港口区农机监管站工作人员核实农机购置补贴机具

钟恒涯供稿

【农业机械化作业】 2015年完成机耕面积52.33平方公里，比上年下降2.93%；机播面积1.42平方公里，比上年增长23.48%；机收面积16.27平方公里，比上年增长24.58%；全区耕种收综合机械化水平达到34.63%，其中水稻耕种收综合机械化水平达到60.38%。

【农机安全监理】 2015年，按照市农机局、港口区安委会的统一部署，港口区农机局成立农机安全生产领导小组，制定并下发农机安全生产隐患排查实施方案，签订农机安全生产责任书，明确具体目标和任务。在分片包干、责任到人的基础上，组织局干部职工和站监理人员，在全区范围内定期和不定期地进行农机安全生产隐患大排查，着力消除事故隐患，预防和减少农机事故发生。共年检车辆35台次，新车落户2台，核发驾驶证6本。全年共“田查路检”30多天，检查拖拉机38台次，查处违章16台次，并督促及时整改修复，全面完成上级下达的各项指标，全年无一农机事故发生。

（郑振国）

## 林　业

【概况】 2015年，港口区林业局下设营林站、林政站、森林防火办公室，森林有害生物防治站。全年完成造林任务8000亩，其中荒山造林5000亩（防护林工程），迹地更新3000亩；义务植树45万株，完成中幼林抚育1万亩，均占任务的100%。全区林业产业产值目标任务4亿元，完成4.11亿元，占任务的102.75%。林业固定资产投资任务2亿元，完成2.08亿元，占任务的104%。

【森林覆盖率及活立木蓄积量】 2015年，全区森林覆盖率工作目标任务为33%，活立木蓄积量目标任务36万立方米，全区实有森林覆盖率为33%，2014年为34.12%，同比下降3.28%；活立木蓄积量为36.19万立方米，同比增加3.08%。

12月11日，市农机局科长银小平（右一）在公车镇白沙村督查核实农机具　　钟恒涯供稿

【依法行政，规范林业执法】 按照自治区、防城港市及港口区推行权力清单的统一部署，突出抓好“清权、减权、优权、确权、制权、晒权”6个关键环节，根据法律法规规章和港口区林业局“三定”规定，对权力事项进行全面梳理，积极编制部门权力清单的责任清单，着力构造与权力清单相配套的部门职责体系，切实做到“法无授权不可为、法定职责必须为”。认真抓好非法侵占林地清理排查专项行动。加强林地保护和管理，抓好山林权属纠纷调处，全力维护林区社会稳定。成立非法侵占林地清理排查行动工作组，通过现场调查与林地信访案件相结合的形式对辖区的林地现状改变情况进行摸底调查，对正在改变林地性质和已经改变林地性质的土地进行摸底登记，并把近年来的征占用林地项目进行核查，以排查的方式核实非法侵占林地情况。经核查，已排查出非法使用林地3宗，非法占用林地面积15.3亩，处罚结案1宗非法占用林地面积4.05亩的案件，对违法使用林地业主行政罚款27180元，有2宗正在处理。

【生态建设】

抓好“美丽广西·生态乡村”村屯绿化专项行动，争取造林绿化工作的主动权　以开展“兴水利、种好树、优生态、惠民生”活动为主题，全面贯彻落实自治区林业厅开展“百村增绿”行动的要求，积极开展全民义务植树活动，掀起“美丽广西·生态乡村”建设活动新高潮。早部署、早落实、早行动，认真抓好规划设计、抓典型，积极开展屯村绿化建设工作，积极完成屯村绿化各项工作任务。分工明确，责任到人，提高造林质量。为保证造林质量问题，在造林前，制定造林实施方案和造林作业设计，与镇、村、农户签订林地造林合同。造林时，各级领导实行造林分区负责，落实包种、包活、包管责任；林业技术人员负责到造林现场去进行技术指导，严把技术“三关”。造林结束后，加强抚育工作，定期检查，发现缺苗及时补植，确保造林一片，成林一片。

抓好重大生态修复工程　积极实施“绿满八桂”工程造林、沿海防护林等重大生态修复工程，大力培育生态效益和经济效益兼优的森林资源，带动林业产业发展，改善林区民生。

抓好村屯绿化　2015年，完成自治区示范村屯绿化任务92个（其中示范村18个，一般村屯74个），开工率、竣工率均为100%。

**【发展林业生态经济】**

大力发展林下经济　按照“改革、稳定、规范、服务、发展”的要求，采取“公司+基地+农户+市场”的模式大力发展岗松种植，大力扶持防城港市宝兴工艺品有限公司的岗松改良种植，2015年，宝兴公司申报广西林下经济资金扶持项目面积2000亩，自治区已下达扶持资金25万元，年内已全部顺利完成。通过“合作社+基地+农户+市场”的模式，以打造本土“光坡鸡”生态养殖为主，林下养猪、养鸭及林下养蛇为辅的林下养殖模式；以“公司+基地+农户”模式发展岗松工艺品编织产业，不断增加农民收入。

加快发展森林旅游　利用丰富的生态文化旅游资源及良好的区位优势、便捷的交通条件，紧紧依托独特的旅游资源，积极发展森林休闲旅游及“住海岛、钓海鱼、观海鸟、逛海街”的海上休闲旅游，集旅游、度假、避暑、体验为一体的生态旅游模式。通过发展生态休闲旅游及城郊林家乐，以此带动相关产业的发展。以企沙镇簕山古渔村、光坡镇红沙湾生态旅游及红沙村城郊“林家乐”白鹭园项目，作为港口区的生态旅游示范点。

**【森林资源管理】** 开展森林资源连续清查第九次复查和2015年森林资源变更调查，完成全区“十三五”采伐限额编制工作。严格执行林木采伐管理制度。2015年，全区共核发商品材采伐许可证219份，采伐面积2.97平方公里，采伐蓄积12443.1立方米。加强伐区伐前、伐中、伐后的监督管理工作，严厉杜绝超范围采伐的违法现象发生。加强林地保护利用。积极做好县级林地保护利用规划批准实施和调整修编工作、建立健全县级林地保护利用工作机制和规章制度，积极按照上级部门的部署，做好林地保护利用规划工作，做好占用征收林地的档案管理工作，加强管理监督，对已依法批准的占用征收林地使用情况及时进行跟踪检查，监督林地使用和林木采伐情况，林地保护管理工作开展初见成效。严格按照占用征收林地审核（批）法律法规和定额审核进行审批，多措并举，做好征占用林地工作，2015年全区已上报占用征收林地项目22个，面积1.09平方公里，已取得许可项18个，面积0.74平方公里；全区占用征收林地项目征收的森林恢复费690.42万元。

**【森林防火】** 认真贯彻“预防为主，积极消灭”的森林防火方针。加强制度建设和应急预案演练，建立健全森林防火领导机构，层层签订森林防火责任书，增强各级领导干部责任感和防火意识。坚持24小时防火值班制度，保持信息畅通。强化野外火源管理，严格生产用火审批手续。加强对森林防火专业队员的业务培训学习，积极开展森林防火演练活动，努力提高扑火能力。2015年，共发生一般森林火灾7起，火场总面积为109.5亩，受害面积为15.15亩，森林受害率为0.098‰，全区无重大森林火灾、无人员伤亡和重大经济损失。

**【林业有害生物疫情防控】** 积极开展春秋两季林业有害生物普查工作，开展第三次全国林业有害生物普查，加强松材线虫病和薇甘菊等重大林业有害生物监测防控。按照区委、区政府部署及上级林业部门的指导，通过联合海洋、环保等部门，多措并举，共出动678人次，船只51艘，高压抽水机57台，新安装频振式杀虫灯65盏，防治面积达4125亩，完成辖区红树林害虫—柚木驼蛾的防治工作，积极保护森林生态资源。　（林培霖）

## 畜牧业

**【概况】** 港口区畜牧业以生猪、肉鸡（光坡鸡）、肉鸭（海鸭蛋）的生

港口区名优特产——林下光坡鸡　　　　禤德和供稿

产经营为主，兼顾耕牛及其他家禽的防疫，其中光坡鸡、红树林海蛋鸭是港口区名优特产品。经过多年发展，已经形成畜牧业两大重点发展区（基地）：一是以光坡镇为中心光坡鸡林下养殖发展重点区，年出栏光坡鸡约12.6万羽；二是以光企半岛沿海滩涂、渔洲坪红树林为海鸭蛋生产发展重点区，养殖蛋鸭3000羽以上规模养殖大户3户，海鸭放养突破1万羽，年产海鸭蛋120多吨。

**【畜牧业产业机构】** 港口区水产畜牧兽医局作为港口区畜牧业生产的主管部门，负责畜牧业生产的二层机构有：港口区动物卫生监督所、港口区动物疫病预防控制中心、公车镇水产畜牧兽医站、光坡镇水产畜牧兽医站、企沙镇水产畜牧兽医站；有畜牧兽医师及技术人员14人。

**【畜牧业生产】** 2015年，港口区畜牧业产值完成8148万元，同比增长7.9%。其中，生猪出栏1.04万头，存栏1.68万头，同比分别增长0.95%、0.06%；鸡出栏43.22万羽，存栏38.46万羽，同比分别增长9.91%、0.22%；牛出栏0.19万头，存栏0.46万头，同比分别增长10.33%、1.15%。

**【动物防疫】** 港口区重大动物疫病防控经费全年投入约35万元，全年累计免疫家禽15.31万羽，家禽应免密度达100%；累计免疫猪口蹄疫、猪蓝耳病2.46万头，应免密度达100%；累计免疫牛口蹄疫0.51万头，免疫密度100%。牛、猪等大牲畜免疫抗体合格率平均达到90%以上，禽类免疫抗体合格率达到80%以上。

**【动物检疫】** 港口区3个镇和港口城区均设立动物检疫申报点，动物防疫检疫工作正常开展。全区3个生猪定点屠宰场、5个交易市场的动物检疫监督工作高效运转，定点屠宰检疫率100%。同时，组织力量开展辖区内“瘦肉精”等违禁药物、投入品的排查监管工作，在多次组织的专项检查中没有发现生产、经营、使用违禁投入品的现象。

**【兽医管理】** 着力提升畜牧兽医管理水平，推行依法治理，确保动物卫生和产品质量安全，维护广大农牧民合法权益，推进港口区畜牧业生产健康有序发展。港口区水产畜牧兽医局从法制建设出发，加强综合执法，确保畜产品安全。完善综合执法机制，加强执法队伍建设，规范综合执法程序，严厉查处使用“瘦肉精”等违禁添加物的违法案件。认真开展医政药政监管工作，在全区范围内，加强执业兽医、乡村兽医从业监管；在动物诊疗机构全面实施执业兽医制度，对各类兽药企业所生产的药品进行整理备案；深入开展兽药专项整治行动，全面提升兽药GMP和兽药GSP的执行力。抓好动物卫生监管，强化动物产地检疫、屠宰检疫监管、动物移动监管和病死动物无害化处理监管，严禁病害动物及动物产品流入市场。加强疫苗冷链物流建设，做好重大动物疫病防控。开展流行病学调查，做好布病、结核病、炭疽等人畜共患病防控，提高边境疫情测报和风险监测能力。开展畜牧兽医队伍人员业务培训，全方位提升全区畜牧工作队伍的素质。　（罗稽一）

## 渔　业

**【概况】** 港口区作为防城港市渔业生产的主要产区，也是广西重要的海洋渔业生产基地，海洋渔业资源丰富。全区水域滩涂总面积17.2万亩，拥有广西第二大渔港——企沙渔港，盛产多种鱼类、贝类以及甲壳类等海产品。全区从事海洋渔业生产及相关行业的渔业人口约2.5万人，其中海洋渔业劳动力达6000多人。港口区海洋渔业产业以海水养殖和海洋捕捞为主。全区各镇(街)均开发了大面积的海水围塘养殖及浅海滩涂养殖，围塘养殖以养殖南美白对虾及虾鱼混养的模式为主，蟹鱼贝同塘立体养殖模式为次；浅海滩涂养殖以近江牡蛎(大蚝)、文蛤等贝类养殖为主。全区重点水产养殖基地有：红沙湾万亩大蚝养殖基地、红沙湾网箱养殖基地、防城港市鑫润养殖有限公司养殖基地、沙螺寮文蛤养殖基地、牛路文蛤养殖基地等。海洋捕捞也是港口区渔业生产的主要方式之一，主要是近海捕捞作业，共有渔船及排筏约1330艘(含41艘养殖渔船)。

【渔业产业机构】 港口区水产畜牧兽医局作为港口区渔业生产的主管部门，负责渔业生产的二层机构有：渔业技术推广站、公车水产畜牧兽医站、光坡镇水产畜牧兽医站、企沙镇水产畜牧兽医站、渔政大队；有渔业技术人员7人。全区有34家水产养殖合作社，其中企沙镇簕山古渔村心喜旅游农业专业合作社被评为2014年广西休闲渔业示范基地(自治区水产畜牧兽医局评选，2015年颁发证书)。

【渔业生产】 2015年，全区渔业总产量达20.24万吨，同比增长2.4%；产值约22.04亿元，同比增长5.78%。其中，海水养殖产量13.98万吨，同比增长3.23%；海洋捕捞产量5.86万吨，继续保持零增长。

【特色水产养殖】 通过政策引导、项目扶持等形式，大力发展特色养殖业，培育本地品牌产业发展，并积极倡导健康、清洁养殖发展模式。如红沙湾海水养殖基地已发展形成了大蚝、网箱两大特色养殖产业，其中红沙大蚝养殖基地被定为自治区级牡蛎(大蚝)无公害养殖示范基地。海水网箱养殖是红沙湾海水养殖又一特色养殖，发展势头强劲，金鲳鱼养殖有50多户3000多个网箱，网箱面积120多亩；其他网箱养殖如鲈鱼、金鼓鱼、青石斑鱼等名优海水经济鱼类也不断扩大规模。由于特色养殖的迅速发展，港口区光坡镇红沙村已经形成“一村多品”经济发展格局，大蚝、网箱养鱼等成为当地的支柱产业，是港口区水产养殖产业的一大亮点。

【渔业安全生产】 认真贯彻执行上级关于渔业安全生产的有关规定和文件精神，按照自治区、市主管部门和港口区政府统一部署，紧紧围绕“渔业增产、渔民增收、渔民稳定”这个中心，狠抓渔业安全生产责任制的落实，坚持“安全第一、预防为主”，认真开展渔业安全生产大检查，针对当前渔业安全生产存在的薄弱环节，重点落实整改措施，规范渔业安全生产行为，杜绝渔业事故发生。

【渔政执法】 积极开展清理禁用渔具工作。将清理禁用渔具工作作为打击非法捕捞行为的常用手段来抓，落实农业部、自治区清理禁用渔具工作部署及海洋捕捞垂具最小网目尺寸制度。2015年，共张贴有关通告20余张，发放宣传材料300份。积极开展打击电炸毒鱼和清理“三无”船舶专项行动。集中编印全广西2014年涉渔入刑案例，教育渔民守法生产。从4月份开始，区渔政部门联合市渔政支队、海警支队多次在港内外

港口区重点水产养殖基地——红沙万亩蚝排　　苏祥秀供稿

开展打击电炸毒鱼以及清理“三无”船舶专项行动。累计开展联合专项行动5次，共查获使用电拖等禁用渔具的渔船(排)8艘，拆除收缴电力捕捞工具10套，当场集中销毁禁用渔具(网)15张，其中立案查处3起，行政处罚1.6万元。加强伏季休渔执法监管。5—7月休渔期间，对集中进入企沙渔港整休的近300艘渔船，贯彻落实船回港、网封存、人上岸的要求，并坚持推行“七不准”管理措施。同时，加强执法执勤联管机制建设，先后与海警二支队、企沙海事处、边防港口大队联合开展海上执法勤务联动，有力震慑休渔期间非法捕捞行为。休渔期间，独立或联合开展日常海上渔政执法检查25次，出动执法人员250人次，出动执法船艇52艘次，检查渔船850艘次，制止违规出海作业渔船12艘次，处置移交案件2起，移送法院3起6人次追究刑事责任。

（罗稽一）

## 工　业

【概况】2015年，港口区工业和信息化局内设办公室、工业管理股和信息化股3个部门。二层机构：港口区节能监察中心。局机关行政编制3名。

港口区坚持工业强区，转型升级，临港重大产业加快集聚。强化龙头企业带动，培育千百亿元产业，打造千亿元产业园区，推动现代临港产业在做大做强中转型升级。钢铁、有色金属、能源、食品、化工、装备制造等六大支柱产业加速发展。

10月25日，防城港核电1号机组并网发电　　港口区工信局供稿

2015年，港口区规模以上工业实现总产值929.48亿元，同比增长17.57%，规模以上工业增加值占港口区GDP比重超六成，占全市规模以上工业总产值超70%。港口工业对经济增长的贡献率超80%。

【工业园区建设】

大西南临港工业园　2015年新上规模的防城港澳加粮油工业有限公司、广西渝桂化工有限公司、防城港富味乡油脂食品有限公司、防城港捷康生物科技有限公司4家企业，均位于大西南临港工业园。年内，园区53家规上企业实现产值730亿元，同比增长13.08%，园区产值约占港口区规上产值的80%。其中，广西盛隆冶金有限公司所占比重最大，占比超过四分之一。

园区产值超亿元以上企业44家，其中超百亿元企业为盛隆冶金，2015年，产值突破250亿元；百亿元以下11亿元以上规模企业10家，10亿元以下亿元以上规模企业33家。

企沙工业区　4家规上企业均为亿元以上企业，年内实现产值170.75亿元，是上年的1.5倍。产值占港口区规上产值比重由去年的15.4%提高至19.1%。园区内的金川是最大增长动力来源，金川年产值达160亿元。

【工业重大项目建设】防城港红沙核电站、金川有色加工产业园、武钢防城港钢铁基地、海工装备制造、澳加粮油等一批重大项目陆续开工建设或建成投产。

2015年，港口区已拥有广西磷化工工程技术研究中心、广西盛隆新材料研究中心2家自治区级工程技术研究中心，广西盛隆冶金有限公司1家自治区级研发中心。广西华欣建材有限公司技术中心成为自治区新认定企业技术中心。广西华欣建材有限公司被认定为自治区产学研用一体化企业。广西盛隆冶金有限公司被评为自治区级技术创新示范企业。一大批新产品新技术通过自治区认定，港口区企业新产品新技术研发水平不断提高。

【信息化和工业化(简称“两化”)深度融合标杆企业】

树立“两化”深度融合标杆 中电广西防城港电力有限公司、防城港澳加粮油工业有限公司、大海粮油工业防城港有限公司先后获得“自治区级信息化和工业化深度融合标杆企业”称号,优先获得自治区“两化”融合项目资金扶持。

启动“两化”融合贯标试点 2015年,大海粮油被工信部评定为全国600家两化融合管理体系贯标试点企业(广西壮族自治区共9家)。盛隆冶金、大海粮油、嘉里粮油、中电防城港被评为“广西企业100强”。盛隆冶金、大海粮油、嘉里粮油位列“广西制造50强”,被评为“广西优秀企业”。盛隆冶金主营业务收入率先突破200亿元,成为广西最大的民营企业。

(白利朝)

## 交通运输业

【概况】 港口区交通系统设港口区交通运输局、交通战备办公室、道路运输管理所、县乡公路管理所、航务管理所等5个行政、事业单位,干部职工总人数46人。2015年,港口区交通运输局以实施“双二十”工程、民生工程、文化旅游工程为契机,积极与上级有关部门沟通联系,争取项目,争取资金,完成总投资约195万元。建设项目有:沙港村东风组道路改建工程、核电二级公路至旧洋屯道路改建工程、栏冲村委会门口道路硬化工程、沙港小学道路改建工程、沙企一级公路至潭油路路面修复工程、核电公路平交口改建工程、红沙村白云屯公路改建工程等一批村屯级道路硬化改建,保障群众日常出行便捷。投资约9万元完成光坡至山新道路300米波形钢护栏,投资约9.6万元在辖区道路建制村干线安装标志标牌。2015年,因遭受两次台风袭击,所管辖道路路面、路树遭受不同程度损失,其中造成道路中断达27条,给群众出行带来极大影响,灾情发生后立即组织人员到现场对中断道路进行疏通,先后投资约12万元,对部分道路增设标志标牌、砍伐吹倒树木等。

【公路养护】 2015年,县乡公路管理所坚持以公路日常养护为重点,以强化养护目标责任为手段,狠抓全面养护,使路容、路况有了新的改观。辖区农村公路有165.79公里,在养县道27.40公里,乡道73.72公里,村道64.68公里。根据公路养护体制改革的方案,区人民政府本级安排的县道养护经费每年每公里7000元,乡道养护经费每年每公里2500元,每年村道养护经费每公里2000元;另预算6万元作为安保设施(标志、标牌、警示桩等)增设和更新;自治区转移支付中央车购税切块资金54万元作为公路大中修使用。参照养护活动年方案的要求:县道7000元/年,乡道5000元/年,村道2500元/年,公路养护经费缺口大,但得益于港口区大部分县乡村公路都是“十一五”和近2年硬化改建,路面结构较好,公路养护工作量不大。养护的大部分工作侧重在路面保洁,路容路貌整治,道路边沟、路肩的标准化治理,增砌易塌方和路基流失透底路段的挡土墙、防护墙。

绿化建设 全年抓住梅雨期的有利时机,港口区交通运输局联合港口区林业局,贯彻“因地制宜、因路制宜、适地适树”的公路绿化方针,科学规划,合理选择绿化植物品种开展公路绿化植树活动,活动以补种公路空白路段为主,对光坡至潭油道路约3公里进

2015年,辖区公路冬修场面　　符理德供稿

行绿化，投资约70万元。

在辖区内对县乡道进行清理：对山新路、中间坪路、环岛公路、红沙公路、沙螺寮公路、潭油公路等主干线道路清除路肩杂草、水沟杂草、水沟垃圾、路面无主堆积物、建筑材料、边沟塌方等。农村公路绿化及靓化工程投入资金20万元；农村公路路肩边坡治理美化工程投入资金30万元；规范道路标识投入资金67万元。

实施路面大中修工程白沙至王府公路700米砼路面修复；光坡至山新公路200米砼路面修复；光坡至潭油公路800米沥青路面修复；光坡至红沙公路200米砼路面修复；总投资约48万元。6月至9月，投入3万多元对企沙一级路至潭油连接线进行维修。

修复公路标准化路肩水沟　投入约22万元修复光坡至中间坪公路、光坡至红沙公路、光坡至山新公路、光坡至高滩公路等标准化路肩水沟。

8月15日，港口区道路运输管理所联合市运管处在港口汽车站出站口开展执法检查　刘艺桦供稿

**【路政管理】** 2015年，港口区交通运输局加强路政管理，对公路两侧控制区实施监控管理，发现问题及时处理，确保公路附属设施完整无损。全年共出动200车次开展路政管理工作，除开展日常巡查、治超等管理工作外，还参与联合执法8次，发放各类宣传资料850份，拆除违章建筑48平方米。开展治理车辆超限超载活动，整治超限超载车辆166辆。

9月20日，港口区航务管理所工作人员到明宏公司开展安全工作检查　黄子国供稿

**【水路运输】**

水运行业生产　2015年，辖区港口货物总吞吐量为357万吨，为上年同期的56%；下降了44%；货运量126万吨，货运周转量48669.6万吨公里；客运量2.76万人次，客运周转量4.76万人公里。

行业核查　按照上级部门的文件精神，4月份认真开展水路运行业核查工作，共核查水运企业1家、货运船舶23艘、营运渡船4艘，核查率为100%。

**【道路运输管理】** 道路运输能力不断增强，运输经济稳步增长，新增各类营运车辆273辆，新增货运（物流）企业181家，新增维修企业6家；培训并已毕业小型汽车驾驶员3597人；拥有客车47辆、货车3204辆，完成道路客运量97.80万人、道路客运周转量11272.70万人公里；道路货运量1593.90万吨，货运周转量216814万吨公里。加大运输市场的管理力度，认真开展运输市场的监管工作。派出3名执法人员配合上级主管部门开展道路运

港口区交通运输局主要指标

| 指标名称 | 2015 年 |
|---|---|
| 公路管养里程(公里) | 165.79 |
| 营运载货汽车(辆) | 3204 |
| 营运载客汽车(辆) | 47 |
| 公路货运量(万吨) | 1593.90 |
| 公路客运量(万人) | 97.80 |
| 水路货运量(万吨) | 124.60 |
| 水路客运量(万人) | 1.23 |

输车辆违规违章集中整治,重点治理城区内道路运输不规范经营的行为;截至11月共处理道路运输违法违章案件89起,整顿警告处理21起。联合交警、安监等部门开展辖区货物运输飘、扬、撒和打非治违专项整治行动,对非法营运的面包车、微型车、货车等各种车辆进行集中整治打击,共出动车辆346次,人员1038人次,查处违章行为89起,打击非法经营行为,维护道路运输市场经营秩序。

【党风廉政和精神文明建设】 港口区交通运输局加强党风廉政建设工作,进一步落实廉洁自律各项制度,与区纪委签订党风廉政建设责任状,局党支部书记、局长与班子成员、班子成员与分管单位第一责任人分别签订党风廉政建设责任状,把党风廉政建设纳入领导班子和干部工作目标管理,纳入绩效考评工作。严格按照规定对工程项目进行招投标工作,开展治理公路"三乱"活动,开展慰问党员、特困户活动,认真做好人大、政协建议提案办理工作。

(颜 玲)

# 商贸物流业

## 商 贸 业

【概况】 2015年港口区全部社会消费品零售总额完成20.10亿元人民币,增速10.6%。其中,零售业完成17.06亿元人民币,增速12.57%;住宿业完成0.64亿元人民币,增速20.3%;餐饮业完成2.49亿元人民币,增速25.6%。全年港口区外贸进出口总值完成45.66亿美元,同比增长10.12%。其中,进口完成43.56亿美元,出口完成2.10亿美元,完成年度绩效指标任务。外贸进出口总值占防城港市的53.09%

【市场建设】 2015年,港口区建成并投入运营的专业市场2个、大型超市1个,分别是德城商贸中心农贸市场、金海湾农贸市场和北京华联超市中心区店,该三大商业点预计年营业额可达8500万元以上,年缴纳税500万元以上,解决就业人口800人以上,缓解行政中心区居民买菜难、买菜贵的问题,覆盖和满足周边3公里商业圈内居民的日常生活需要,带动和繁荣中心区经济发展。已形成桂海东盟商汇、世界风情商业步行街、中心区商贸圈等多个城市商贸圈。在建未投入运营的专业市场有11个,其中玉葵岭专业市场、越秀国贸新城已经完成主体工程和装修工作,桂海东盟商贸中心年底完工并交付业主使用,西湾集贸市场、渔洲坪市场、金海湾农贸市场2期、德城商贸中心2号和3号楼、企沙海港市场危房改造项目等5家市场正在建设当中,大龙安置区市场、北港安置区综合市场、沙潭江汽车贸易园规划前期工作有序推进。

【市场监管】

落实流通领域食品安全监管工作,确保人民群众生产生活安全 认真开展商务领域执法工作,积极组织开展打击酒类流通违法和生猪私屠滥宰行动,在元旦、春节、清明、"五一"、"十一"等节假日对市场集中整治。其中组织流通领域食品安全检查12次,出动执法人员32人次;酒类备案管理检查14次,出动执法人员58人次;累计办理酒类备案登记71户,其中新增企业9户;酒类流通随附单的批发使用率达到100%,零售索取率达到98%以上。全年辖区内没有发生重大酒、肉类商品消费安全事故。

强化信息监测和预警工作,掌握市场动态信息 安排专人定期到定点监测的市场采集蔬菜、瓜豆类、菌类、肉、鱼、蛋等鲜活农产品和食用油近20种零售价格;安排春节、"五一"等黄金周节日市场运行专人值班,时刻做好信息预警工作,做到对重点商场、重点商品节假日无休监测,急事特报。年内港口区商品流通市场供求平衡,价格指数总体稳定,没有发生群众抢购或商户囤积行为。根据商务部生活必需品市场监测系统和重点流通企业监测系统显示,在重点监测的11大类商品中,粮、油、蛋类、食盐和奶制品的价格基本平稳,猪肉、水产品、水果、蔬菜和食糖的价格受季节天气和节假日的影响,稍有波动,但仍在正常范围内。

落实制度,有效提升市场运行保障水平　开展生猪活体储备制度,落实港口区猪肉市场应急供应保障工作。2015年,完成三轮共计900头生猪储备工作,已向代储企业支付代储费27000元。坚持落实成品油销售情况的周报、月报和年报制度,及时掌握成品油流通情况。2015年,成品油市场共计销售259389.90吨,其中汽油销售105300.40吨,柴油销售154089.50吨。

开展商务领域专项整治行动,严格监督企业安全生产　按时启动单用途商业预付卡管理工作。2015年,组织开展2次单用途商业预付卡专项执法检查行动,出动执法人员12人次,未发现不符合管理规定的情况出现。辖区符合条件、应在市级商务主管部门备案发卡的2家企业,均已完成备案。组织开展辖区加油站、大型超市等商贸企业(场所)进行安全生产专项大检查,组织并参与成品油销售管理执法7次,出动执法人员39人次,多次联合相关部门开展统一执法行动,散装油销售管理逐步完善。共开展商务行政执法31次,出动执法人员134人次。全年商务系统没有一起食品安全和安全生产事故发生。（韦绍安）

## 物资流通业

【概况】 港口区物流产业主要以辖区的防城港和企沙港为依托,其中防城港是国家一类港口,发展物流产业的区位优势和资源优势突出,充分利用港口区的区位和资源优势,大力培育、引导和鼓励物流业的发展,以矿产、煤炭、建材、粮食等为主的大宗物流形成规模,物流业支撑与助推经济、社会发展的作用日益突显。2015年,港口区重点物流企业271家,累计纳税额9391万元,占港口区重点纳税企业纳税总额的7.89%。防城港益嘉物流有限公司、防城港钢联船务代理有限公司、防城港金桥国际物流有限公司、广西晟宇通物流有限公司、明利仓储等16家物流公司纳税过百万。

【物流加工园区建设】 东湾物流园区作为广西唯一一家上报参选国家级示范物流园区,于8月18日在北京召开专家评审会,征求国家有关部委意见。港口区两大物流园区之一的东湾物流加工园区总规划面积21.05平方公里,入驻企业达76家。2015年全年实现营业收入约345亿元,利税约4亿元。其中,物流业营业收入约55亿元,税收约1.92亿元。位于园区的渔万港区2015年完成港口货物吞吐量7401.44万吨,其中集装箱36.24万标箱,同比增长14.48%。园区正逐步发展成为集港口吞吐、口岸通关、港航服务、保税物流、海铁公多式联运、区域分级配送、大宗商品交易等多功能为一体的现代港口区综合物流园。大西南公车物流园区建设也在稳步推进及招商引资工作中。（韦绍安）

## 粮　　业

【概况】 2015年,港口区粮食局核定行政编制1名,机关后勤服务聘用人员控制数1名,实有工作人员6名。内设秘书股,下设港口区储备粮管理中心。

【粮食购销】 积极应对粮食市场新形势,引导和规范各类粮食经营者和加工企业的购销行为,港口区粮食流通继续保持健康快速发展的良好态势,全年实现社会粮食购销总量12.45万吨(贸易粮,下同),其中购进5.81万吨,销售6.64万吨,港口区粮食供需平衡和市场稳定。

【粮食安全工程建设】 加大仓储设施建设力度,多渠道多方面筹措资金建设港口区直属粮库。9月,港口区直属粮库项目3#、4#粮仓开工建设,年底完成投资329.66万元,占项目总投资72.2%。继续打造放心粮油工程,年内投入资金3.75万元建成2家放心粮油加盟店。至2015年年底,港口区已建成放心粮油配送中心1家，经销店12家。

【粮食流通安全检查】 加强粮食宏观调控，依法履行部门职责，通过开展各项专项检查，营造港口区良好的粮食流通秩序。2015年，共组织开展粮食库存检查、粮食质量检查、粮食收购资格核查、粮食流通统计制度执行情况检查等辖区内例行检查10次，出动检查人员30人次，检查粮食经营单位12个。 （曾 妍）

## 旅游业

【概况】 港口区旅游局成立于2002年，为港口区人民政府办公室挂牌机构。2015年，港口区旅游局升格为区人民政府工作部门，编制3名，实有人员7人（其中在职在编3人，军人家属安置1人，聘用3人）。

【旅游景点建设】

簕山古渔村 住房城乡建设部、国家旅游局公布第三批全国特色景观旅游名镇名村示范单位名单。其中，企沙镇簕山古渔村被列入第三批全国特色景观旅游名镇名村示范单位名单内，并入选广西第一批传统古村落。以申报创建广西特色旅游名村为契机，2015年实施项目10个，总投资464万元，建设项目包括：簕山进村广场改造工程、簕山旅游咨询服务中心、旅游指示牌、簕山村旅游服务中心室内装修工程、簕山村景观大道海堤景观台工程、簕山旅游主干道提升及人行道铺装工程、排水排污及环境整治工程、簕山村古屋修缮工程、景区配套设施修复工程、簕山村路灯工程。

榄埠屯 推进榄埠项目建设，完成榄埠停车场建设、停车场绿化及榄埠屯内部分道路拓宽等工程，进一步完善榄埠屯基础设施。以榄埠开发建设作为试点，带动红沙—山新沿海岸线渔村开发，推进特色渔村旅游休闲带建设。

12月16日，自治区特色名镇名村第三验收组对企沙镇簕山古渔村创建广西特色旅游名村工作进行实地验收 许光媛供稿

山心沙岛 港口区与防城港市荣盛投资有限公司签订港口区山心沙岛旅游项目投资开发协议书。该项目选址企沙镇山新村，总投资2.50亿元，以海水浴场、海上游乐、沙滩运动、海岛酒店、海鲜餐饮为功能定位，将山新海滩开发建设为滨海度假、运动游乐为主题的休闲度假景区。

中国－东盟（防城港）边海国际体育运动综合集训基地 港口区与广西业嘉投资集团有限公司签订《中国－东盟（防城港）边海国际体育运动综合集训基地项目开发协议》，该项目选址企沙镇山新村，投资方已投入资金开展征地工作。

【旅游接待量及收入情况】 2015年，港口区接待国内旅游人数144.71万人次，同比增长8.28%；国内旅游收入11.70亿元，同比增长22.9%；入境旅游人数3.27万人次，同比增长3.8%；国际旅游收入1001.30万美元，同比增长5.79%。

【旅游行业管理】 2015年港口区有星级酒店8家：国际迎宾馆、恒泰酒店、金湾宾馆、深澳酒店、世纪利源酒店、德城宾馆、天之龙酒店、金海岸艺术酒店均为三星级酒店。旅行社11家，分别为：防城港市海鸥旅行社、防城港市东方国际旅行社、防城港市畅游国际旅行社、防城港市国际旅行社、防城港市北部湾国际旅行社、康辉旅行社防城港分社、中国旅行社防城港分社、超大旅行社、防城港市港口区旅游百事通有限公司、防城港市心仪旅行社、防城港市中广国际旅行社。其中,防城港市港口区旅游百事通有限公司、防城港市心仪旅行社、防城港市中广国际旅行社为2015年新增旅行社;2015年减少2家旅行社分别为:防城港市海之旅旅行社、越之旅旅行社。广西二星级农家乐10家,分别为:簕山古村渔府、揽月居海鲜大排档、品海阁酒楼、红沙蚝排、红沙渔猎人部落、醉月堂海鲜大排档、海角七号度假小旅馆、红沙海逸蚝庭、凤英客栈、相思客栈。

严格落实安全生产"一岗双责,党政同责"责任制,认真履行安全生产工作职责。结合辖区内各旅游企业的实际情况,每逢国家法定节假日,制定节前旅游安全专项检查方案,联合工商行政管理、交通、物价、消防、国土、交警、食品药品监督等部门,开展旅游安全生产联合大检查,2015年共开展旅游安全联合检查、专项检查6次,出动检查38人次。全区无重大旅游安全事故发生,无重大旅游投诉。

**【旅游宣传推介】** 组织辖区旅行社参加市旅发委组织的"5.19中国旅游日""河池凤山旅游扶贫交流活动""高铁开通广州旅游推介会"等旅游宣传促销活动。安排人员参加2015年广东(国际)旅游产业博览会、2015年桂林国际旅游博览会,发放旅游宣传资料,宣传推介港口区的景区(点)及旅游资源。

(许光媛)

## 房地产业

**【房地产市场监管】** 2015年,房产窗口收件692宗,其中初始登记52宗;二手房转移登记53宗;商品房转移登记19宗;房屋抵押权登记124宗;在建工程抵押37宗;预购商品房抵押302宗;其他登记105宗,办证提速率90%以上。 (刘明阳)

# 资源·建设·环保

## 国土资源

### 国土资源管理

【概况】 防城港市国土资源局港口区分局(简称国土分局)位于港口区渔洲坪建政路58号,是防城港市国土资源局的派出机构,加挂防城港市港口区不动产登记局牌子。内设办公室、财务室、耕地保护与规划利用股、地籍与测绘股、矿产股5个股室;港口区国土资源执法监察大队、港口区土地市场管理所、港口区土地整理中心、港口区不动产登记中心4个二层机构,共有干部职工46名。

其主要职责:贯彻执行国家、自治区有关国土资源的法律法规和方针、政策;负责辖区范围内的土地、矿产、测绘等专项规划编制和审查工作;协助辖区范围内的土地征用、拆迁工作;负责辖区内各类农用地转用、土地征用、建设用地、采矿权、探矿权报批材料的组织和初审工作;负责辖区内耕地保护工作;查处违法用地、采矿案件;负责辖区内土地、矿产资源调查,地籍、矿权、地质灾害调查,土地、矿产统计工作,负责有关矿产规费征收工作;负责土地资源调查(含变更调查)工作;承担辖区不动产统一登记工作;负责辖区土地权属调处工作。

【土地利用】

做好项目用地报批工作　2015年,国土分局主动对接用地企业,积极做好用地服务工作,共落实用地指标285万平方米(4275亩),其中完成1069亩棚户区项目专项新增建设用地计划指标的组卷报批工作,保障冲孔安置住宅区、豪丫市场配套安置住宅区、旧公车安置住宅区、企沙片区棚户区、公车物流园区棚户区改造项目等5个棚户区项目的用地;完成1262亩预支指标的组卷报批工作,并按时间节点上报市国土局审查,保障泰源印刷、新飞泰、顺守轻钢、和信环保、祥辉钢铁、福林贸易、公车镇公车小学扩建项目、光坡中学扩建项目、光坡公立幼儿园等项目的用地;落实2015年度低丘缓坡试点规模指标1944亩,已全部组卷上报自治区国土厅办理农转用和征收审批工作。

做好建设用地供地　严格执行国有土地招拍挂政策,按照国家的土地政策供应建设用地,全年共挂牌成交国有建设用地23宗,面积2043.04亩,成交价格2.50亿元;划拨供地17宗,面积2014.56亩;协议出让5宗,面积29.73亩,收取土地出让金17.32万元。通过及时供地,有力保障港口区基础设施、民生工程、园区工业项目等一批项目依法开工建设。

抓好土地转让审批工作　共完成二级土地市场转让审批42宗,面积2337亩,其中19宗为防城港市企沙盐场作价入股到防城港市港工港务有限责任公司,面积2328亩。

抓好被征地农民安置用地办证工作　按照《防城港市港口区搬迁安置户办理〈建设用地规划许可证〉和〈国有土地使用证〉暂行办法》的要求,主动联系对接征地指挥部、征地工作组和征地乡镇政府,定期召开安置用地办证工作协调会议,研究讨论安置用地办证工作中遇到的问题。完成大龙、和平、沙港等集中安置点的建设用地保障工作,办理拆迁安置用户土地证224户,第三批共178户拆迁安置用户申请材料已上报市国土局待审核。

【国土资源规划】 修改完善企沙、光坡、公车3镇的土地利用总体规划(2015年调整)和港口区基本农田划定，完成年度土地变更调查、低丘缓坡荒滩等未利用地开发利用试点年度评估、工业园区土地利用情况调查评估工作，启动耕地质量等别年度更新评价工作。

【耕地保护】 做好新一轮耕地质量等别年度更新调查评价工作，2014年度耕地质量等别年度更新与监测评价成果已完成，2015年度耕地质量等别年度更新与监测评价工作正在实施。根据自治区国土厅《关于进一步做好永久基本农田调整划定工作的通知》（桂国土资发〔2015〕4号）文件要求，委托自治区国土资源规划院开展港口区的永久基本农田划定工作。经各部门论证举证，划定方案已完成，港口区划定基本农田保护面积为1036公顷，已获自治区国土厅核准备案。

【土地整理】 共完成对公车镇白沙村三角井组；光坡镇新兴村茅坪组、老赖坝组、龙眼坪组、塘尾组、新明组、东风组、新风组、中间冲组等村屯道路硬化10.49公里，有效地改善项目区群众生产生活环境。组织技术力量对辖区的未利用地进行潜力调查，在“旱改水”工作方面，选定光坡镇沙螺寮村20.49公顷旱地作为“旱改水”提升耕地质量的耕地改造试点项目区。该项目已完成项目设计，并通过评审和市国土局批复，目前已进入工程招投标环节。探索“小块并大块”耕地整治新模式。在光坡镇光坡村的松柏山屯连片开发200亩耕地，作为大棚蔬菜种植基地，收到良好的经济效益和社会效益。10月15日港口区增减挂钩试点项目通过市本级验收，项目的完成为港口区直接增加建设用地指标32.08公顷，解决港口区急需投资开发建设的重大项目用地指标问题，项目区已申请为自治区“推进现代特色农业（核心）示范区”和全市现代特色生态农业旅游观光基地。

【地籍管理】 2015年，共办理地籍初始登记和变更登记109宗，抵押登记83宗，注销抵押登记58宗，查封登记34次，解封登记4次。利用宣传手册、板报和下乡宣传等多种形式大力宣传农村宅基地的审批管理政策，着力规范农村宅基地的审批和管理要求，营造良好的农村建房审批秩序。在农村宅基地登记发证方面，已全部完成农村宅基地登记发证的档案整理和数据库建库工作，对公车镇冲孔村界排组（岛）等部分漏测的村组正加强后续查漏补缺工作。

【国土资源信息化建设】 加强信息化建设和应用，OA信息办公系统、地籍管理系统、建设用地审查报批系统和土地供应系统正常运行。通过信息化系统的建设，大力推进土地和矿产资源网上交易出让，做到放管结合，加强事中、事后监管，优化服务、提升效率，着力打造“公开、透明、高效、廉洁”的服务型国土。

【深化国土资源管理改革】

做好不动产统一登记前期工作 3月1日，《不动产登记暂行条例》正式施行，按照有关文件要求；6月份完成《港口区不动产统一登记实施工作方案》的起草上报审定下发工作；10月份市编办下发文件成立港口区不动产登记局和港口区不动产登记中心。11月25日，港口区编委下发《关于防城港市港口区不动产登记管理机构编制有关事项的通知》，明确港口区不动产登记局和登记中心职责、编制人员等三定方案。年内，国土分局协同区编办、林业、海洋等部门做好职能整合对接和人员划转工作，为正式开展不动产登记工作做好相关准备工作。

继续推进低丘缓坡试点工作 积极协调港口区征地办、市大西南工管委等相关部门做好试点项目区、土地平整、调查评价、变更调查、用地审查报批实施以及政策技术指导等工作，积极探索试点工作的开展。港口区2015年度低丘缓坡试点规模指标1.3平方公里，已开展上报农转用和征收审批工作。

推进“四所合一”改革工作 按照自治区国土厅和市、区有关机构改革文件要求，原来由国土分局管理的光坡、企沙、公车三镇国土资源管理所参加乡镇“四所合一”改革，组成国土建规交通环卫安监站，人财物交由乡镇政府管理。年内“四所合一”三定方案已下发。

【土地执法监察】

抓好日常执法监察动态巡查 按照“早发现，早制止，早处置”的工作原则，严格执行国土资源动态巡查工作制度，利用手机移动执法监察平台，切实加强巡查工作力度，及时发现、制止各类国土资源违法违规行为。2015年，巡查发现违法违规用地5宗，面积15.41万平方米（231.15亩）。其中，立案查处2宗，制止于萌芽状态3宗。

加强联合执法　严格执行国土资源执法联合监管工作机制，通过联合供电、供水及区综合执法大队等部门，联合打击土地违法违规行为。2015年，联合港口区综合执法大队强制拆除违法建筑物309处，面积67733.89平方米，联合供电、供水部门关停2家违法违规企业的生产用水和生产用电。

土地矿产卫片执法监督检查工作　2015年，港口区卫片图斑涉及土地358.56万平方米(5378.47亩)，其中耕地61.22万平方米(918.26亩)。针对图斑用地问题，认真进行整改：完善7宗农业生产设施用地和16宗项目临时用地审批手续；完善农村群众建房一户一宅审批手续；与港口区综合执法大队联合牵头组织拆除4个图斑所涉7440平方米的违法建筑。经整改后，根据填报系统自动生成的数据，港口区2015年度违法占用耕地的比例为1.59%。

闲置土地清理　开展闲置土地清理工作，派出多名执法人员参加全市闲置土地清理工作。调查处理防城港市景和工艺品制作有限公司、防城港务集团有限公司等6宗闲置土地，面积27.30万平方米(409.5亩)。

国土资源信访　严格按照《信访条例》的有关规定处理各种国土信访案件。2015年，共处理群众来信来访11件。通过积极化解各类信访问题，维护辖区的社会稳定。

**【矿产资源管理】** 2015年，上报的中间坪页岩矿区、公车镇第二建材厂页岩矿区、公车镇第一砖厂页岩矿区、公车水尾宏达砖厂页岩矿区等四个页岩矿区的年度采矿权设置方案已获批准，并完成出让方案上报。通过对页岩矿区的管理，全面规范采矿权审批管理、矿产资源有偿使用制度、矿山生态环境恢复补偿制度、矿产资源开采准入管理、矿产资源开发监管责任机制，建立正常的矿产资源开发秩序，加强和规范矿产资源开发管理。

**【地质灾害防治】** 组织人员对全区地质灾害隐患点进行排查工作，完善各隐患点的警示牌、监测人联系电话等内容的更新，开展全区村、镇管理干部及各隐患点监测人员参加的地质灾害防治知识培训。通过培训，提高广大干部群众的防灾、避灾意识。开展港口区第一小学边坡安全隐患项目整治。6月12日，监测并排除公车镇公车村云插组发生的山体滑坡险情。年内，全区没有发生地质灾害伤亡事故。　（朱权武）

## 征地拆迁

**【概况】** 港口区征地拆迁办公室原隶属防城港市国土资源局港口区分局，2009年10月列入参照公务员管理事业单位，2010年3月正式挂牌成立，是主管港口区征地拆迁工作的政府职能部门，主要负责本级土地征地搬迁安置相关工作，依法对征用土地的合理建筑进行拆迁。内设综合股、财会股、法规套价股、建规安置股、技术股、征地拆迁股6个部门。核定编制40名，2015年全体干部职工47人，其中在职在编干部26人，柔性人才3人，聘用人员18人。

**【征地进展】** 2015年，按照区委、区政府的部署和要求，继续深入贯彻“文明征地，和谐搬迁，幸福安置”理念，全年完成签订土地征收协议711万平方米(10665亩)，签订房屋拆迁补偿安置协议614户，搬迁拆除房屋652户，迁移坟山1973座，交地411.67万平方米(6175亩)。完成核电500 kV输出线路工程、钢铁220 kV生产用电线路、防城港市天然气专供管道工程、公车物流园项目、北港安置区四期工程等一批自治区及市重点督查项目征地搬迁及交地工作。盛隆公司二期涉及的虾箩等5个生产组自1993年以来的征地遗留问题，以及界排、李桃山、东湾大道黄屋组集体留用地问题等一批历史遗留问题得到解决。完成钢铁新增用地、核电主厂区、科元项目一期、公车路网2号路、3号路、东湾大道等多个项目的收尾工作，认真贯彻落实“一带一路”边海经济带建设和千方百计做好稳增长工作等重大决策，确保市、区项目建设顺利推进。

**【搬迁安置】** 2015年，完成钢铁配套区、配套路网、潭油AB线和钢铁配套上下游连接线等项目搬迁群众的宅基地及公寓房分配工作。金川敏感区、污水处理厂、钢铁第二进厂大道、钢铁护厂河加征用地等项目搬迁群众的临时板房安置工作基本完成。基本完成渔洲坪林屋、罗屋、麦屋、吴屋、下四、红星、白鸡笼等7个居民组第三期就业安置补助金发放工作，在第一、二期就业安置补助金审批发放的2994人的基础上，组织发放了2970人第三期就业安置补助金。

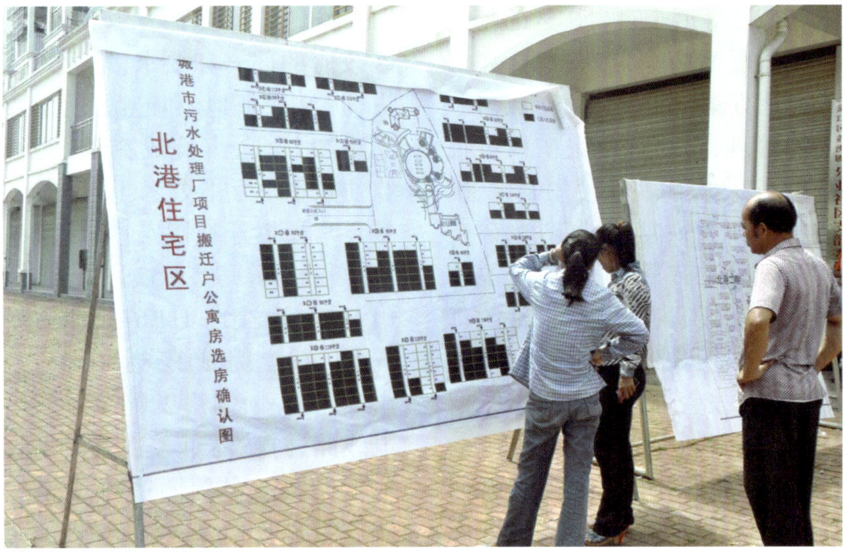


4 月 28 日，企沙北港小区分房（北港住宅区防城港市污水处理厂项目搬迁户公寓房选房）现场　　港口区征地办供稿

**【具体措施】**

突出重点难点　对盛隆扩征项目、棚户区改造项目等重点推进的项目制定精细化管理方案，以这些项目的时间节点为目标，以领导挂钩联系重点项目的办法，整合和优化力量资源，按要求、按策略、有计划地全力抓好落实。

加强沟通协作　各现场指挥部、区总指挥部、各业务组与征地工作组主动沟通，各业务组围绕征地工作组全力配合开展工作，征地工作组、村基层组织围绕纠纷调处工作配合开展工作，加强与上级指挥部及施工方的沟通协调，确保项目建设施工顺利进行。

落实政策保障　加快临时和永久安置点建设，已完成工程及时对接做好验收交付使用。进一步落实征地拆迁安置社会保障政策措施，及时兑现各种补偿款。加快安置区及其配套设施的建设与完善，确保按时分配公寓楼及宅基地。

实施百日攻坚　开展秋冬季征地拆迁百日攻坚大会战，以“破瓶颈、保交地、促开工”为目标，集中全区精干力量，积极创新建立考评奖惩制度，采取“思想工作为主、强制措施为辅”的工作方法，全力加快推进市、区两级项目的征地搬迁工作。

（黎大荣　劳芸萍）

## 海洋管理

**【概况】** 防城港市海洋局港口区分局（简称港口区海洋分局）是防城港市海洋局的派出机构，分局的领导干部实行双重管理体制，以市海洋局党组管理为主，港口区委协助管理。2015 年有内设机构 3 个：办公室、海域和海岛管理股、海洋环境保护和海洋预报减灾股。下设二层机构有：中国海监防城港市港口区大队（副科级），内设有综合中队、执法维权中队、装备管理中队；港口区国家海域动态监管中心。港口区海洋分局主要职责：贯彻执行国家、自治区和市人民政府有关海洋资源的方针、政策和法规；负责辖区各类海域使用报批材料的组织和初审工作；负责辖区海洋资源保护工作，协助查处违法案件等。

**【海域规划利用】**

海域使用权属管理　按照《广西壮族自治区海域使用管理办法》的规定，港口区海洋分局积极组织养殖用海的审批工作，并确保审批工作的延续性。2015 年，共确权发证 51 宗，总面积为 532.2 亩，共计收取海域使用金约 5 万元，所有续期审批，全部符合养殖功能区划，其中 2 宗为初始登记。结合农村金融改革，港口区海洋分局将养殖用海使用期限由 1 年延长至 3 年。

海域使用金减免　港口区海洋分局认真落实海域有偿使用制度，严格按程序开展海域使用金减免审查，有效配置海域资源，实现海域资源性资产保值增值。受 2014 年第 9 号台风“威马逊”的影响，港口区海产养殖业遭受巨大损失。为维护广大养殖户的切身利益，根据《关于同意对港口区养殖用海依法减免海域使用金的批复》（港区政府〔2014〕330 号），港口区政府同意减免海域使用金，减免管辖海域范围内在海洋功能区划中确定为养殖用海功能的用海，减免时间为自海域使用权发证之日的 3 年内，办理期限为 2014 年 7 月 1 日至 2015 年 6 月 30 日。2015 年，依据规定减免海域使用金约 2 万元，面积为 104.55 亩，其中网箱养殖占 10.05 亩，减免海域使用金 5443.3 元；筏式养殖占 94.5 亩，减免海域使用金约 1.45 万元。

项目用海　2015年，根据《防城港市海洋局关于簕山古渔村海岸综合治理与生态景观修复试点工程使用海域的批复》（防海函〔2015〕138号），使用港口区企沙镇东部簕山村沿岸海域约12亩，作为建设簕山古渔村海岸综合治理与生态景观修复试点工程项目用海。项目用海类型为旅游娱乐用海，用海方式为透水构筑物用海，用海性质为公益性用海，用海年限为20年。年内，该项目的海域使用权证已办理完成。

2015年，港口区海洋分局承接防城港市山心沙岛生态岛礁建设工程项目、钦州湾西岸山新岸线整治修复项目，2个项目均为申请国家及自治区海域使用金返还项目，2项目预计总投资约2.52亿元。委托国家海洋局第三海洋所进行前期工作，双方已签订技术咨询合同，项目申报书及初步实施方案已完成。

海域宣传　根据《国家海洋局关于开展2015年“世界海洋日暨全国海洋宣传日”活动的通知》精神及防城港市海洋局相关要求，结合防城港市“学习宪法遵法守法”主题活动要求，为进一步弘扬海洋精神，传播海洋文化，在全社会形成全民关心海洋、爱护海洋、认识海洋、经略海洋的良好社会氛围，为海洋强国建设实现新跨越作出新的更大的贡献，港口区海洋分局于6月8日前后在企沙镇、光坡镇、公车镇、红沙码头及暗埠江码头等地区开展“依法建设生态文明海洋”主题系列宣传活动。活动采取“海洋宣传车”巡回宣传、设立咨询点、发放海洋宣传资料等方式进行。通过详细的宣传，让市民近距离了解海洋的开发利用，增强群众对海洋事业的了解和支持。

【海洋环境保护】

美丽海洋·清洁海滩　为贯彻落实港口区区委、区人民政府关于开展“美丽家园·生态乡村”的工作部署，切实做好港口区海域及周边环境的清洁，保持港口区海域环境的整洁，港口区海洋分局于2015年下半年以包干的形式聘请保洁人员对辖区海域开展全面的卫生清理整治工作，并加强对辖区海洋环境的监督检查。在红沙片区、沙螺寮、簕山古渔村等地设立宣传栏，宣传保护海洋知识。11月初，自治区生态乡村督察组对港口区卫生工作进行全面检查，发现红沙码头片区破旧船体乱堆乱放现象严重，港口区海洋分局对此现象进行整改。通过光坡镇政府进行沟通协商，由镇政府下发关于清理旧船的通知到红沙村委，再由港口区海洋分局协助其对破旧的船只进行处理。12月初，清理旧船工作已完成。

海洋防灾减灾　港口区海洋分局认真贯彻《中华人民共和国海洋环境保护法》、国家海洋局《风暴潮、海浪、海啸和海冰灾害应急预案》《广西壮族自治区风暴潮、海浪、海啸灾害应急预案》《防城港市突发公共事件总体应急预案》及《防城港市风暴潮海浪海啸灾害应急预案》等海洋灾害预案，做好海洋防灾减灾工作。通过网络等媒体向公众提供海洋预报的公益服务，向沿海涉海部门、涉海产业提供海洋信息服务。特别是热带风暴、强热带风暴、台风影响港口区沿海期间，及时发布风暴潮、大浪预警预报，为确保沿海地区涉海部门和产业的海上安全提供安全保障。2015年，为了做好“茉莉”和“鲸鱼”等台风、风暴潮、海浪灾害的防御工作，及时启动应急预案，指导海上作业人员开展防御工作，有效减少海洋灾害的损失。

红树林虫害防治　9月，港口区海域红树林突发虫害，受害树

11月13日，港口区海洋分局联合各有关部门在企沙镇康成码头开展联合执法行动
廖小玲　张英海供稿

3月23日，港口区海洋分局会同防城港市海监支队在大山佬岛东南侧查处围填海行为，大型钩机正进行执法作业　　陈政权供稿

种为白骨壤，红树林受虫害面积约为3820亩，为全面做好虫害防治工作，确保红树林生态系统健康发展，港口区海洋分局对辖区红树林进行排查，及时做好该虫害的监测，掌握虫害发生区域、面积和危害程度，并联合港口区林业局组织近百名工作人员进行海上和陆上人工摘除以及海上高压水枪喷水除虫等多种除虫措施，将虫害程度降至最低。

【海洋行政执法】

整治填海、围霸海及非法养殖联合清理拆除行动　10月13日，港口区海洋分局联合中国海监防城港市支队及该区城建土地综合执法大队等部门开展联合执法行动，对企沙镇康成码头对面存在违法填海建筑进行依法强制拆除，共拆除6133平方米。此次行动出动执法车辆20辆，大型钩机4台，派出执法人员212人。执法人员分为6个工作组，各司其职、各负其责，密切配合和协作，有力打击违法用海行为，保护周边合法用海者的权益，做好群众思想工作，向群众宣传相关海洋法律法规知识。防城港市城市执法局、港口区水产畜牧兽医局、公安分局、卫计局、企沙镇政府等部门参加这次行动。

制止违法用岛行为　3月23日，中国海监防城港市港口区大队在大山佬岛巡查时，及时发现并制止了一起违法用岛行为。当天上午，中国海监防城港市港口区大队会同市支队在港口区光坡镇红沙村进行海岛巡查时，发现大山佬岛东南侧有人正在开挖岛体建设鱼塘。经调查，当事人郑某未经海洋部门批准，擅自在该岛施工，属非法用岛行为。执法队员依法责令郑某停止施工并恢复施工区域原状，郑某表示接受处罚。在执法队员现场监督下，非法施工区域恢复原状。（黄梅霞）

# 水利资源

## 水利资源管理

【概况】　港口区水利局内设综合股、水政水资源股，二层机构有区防汛抗旱指挥部办公室、区水利管理站、区水土保持站、区水政水资源管理站（水政监察大队），下设港口区自来水厂。2015年，在职干部职工64人。

2015年，全区有各类水库7座，其中小(1)型水库1座，为官山辽水库，小(2)型水库6座，分别为南蛇山水库、栏冲水库、三沟水库、大水车水库、十二岭水库、近草坑水库，水库设计总库存793万立方米，有效库容605万

三角井海堤　　港口区水利局供稿

3月22日，“世界水日”宣传活动期间，港口区水利局悬挂宣传横幅进行水土保护宣传　　港口区水利局供稿

立方米。山塘188座，坡坝6座，灌渠222公里，登记在册的水利部门直接和协助管护的海堤防总长37.20公里，堤围内保护耕地5.27万亩，保护人口3.27万。港口区自来水厂日供能力为1.50万立方米，农村饮水安全工程29处，解决6.40万名群众饮水困难问题。

【重点水利工程建设】 2015年，累计完成水利基础设施建设投资2400多万元，完成年度投资任务。①山新海堤工程总投资1000万元，已完成主体工程建设，完成任务100%；②栏冲海堤加固工程加固海堤0.96公里，列入2015年为民办实事项目，累计完成投资294万元，占任务的100%；③红石潭海堤水毁修复工程加固海堤240米，水闸1座7孔。完成投资105万元，已竣工；④港口区三角井、花稔潭海堤水毁修复工程加固海堤120米，总投资119万元，已竣工验收；⑤九龙寨海堤工程下达投资3134万元，已完成投资350万元；⑥其他水利工程建设投资600多万元。

【防汛抗旱与洪涝灾害】 6月22日—24日，港口区受第8号台风“鲸鱼”影响；7月26日—31日，受持续强降雨影响；10月4日—5日，受第22号台风“彩虹”袭击。全区受灾人口累计1.693万人，农作物受灾面积150亩，无人员伤亡，直接经济损失1105万元。其中，水利设施直接经济损失420万元；农林牧渔业直接经济损失238万元；工业交通运输业200万元；其他247万元。港口区坚持“有灾无灾按有灾准备、大灾小灾按大灾防范”的原则，以科学发展观为指导，以确保人民生命安全为首要目标，精心组织，科学调度，全力以赴做好防汛抗洪工作。

【水政水资源宣传与管理】 按照国家实行最严格的水资源管理制度工作要求，坚持依法治水、管水和用水，做好年度用水计划和监督管理。在“世界水日”和“中国水周”宣传活动期间，围绕新水土保持法、严格水资源管理等内容，开展集中宣传，把宣传工作深入行政执法中，坚持将水法规宣传与执法相结合，做到在执法中宣传，在宣传中执法，依法查处沙潭江河道内违章建塘案件一起，通过多方面做群众工作，和谐拆除违章建塘。 （苏维卫）

# 建　设

## 市政建设

【市政基础设施建设】 2015年，共投入709.68万元开展市政设施维修建设工程。投资482.88万元完成东兴大道应急维修工程、东兴大道渔洲城铁道口至桃中路段路面维修工程及东兴大道路面维修工程（木材城至出海通道Ⅰ标段），连锁块维修面积达1.26万平方米，砼维修面积3679.21平方米；投入92.60万元对辖区道路破损严重的路面进行修复，沥青或砼路面维修9904.80平方米，修复、更换、矫正路缘石87米，铺设、修复人行道彩砖450平方米，新制作公交车路线牌1块，修复公交车候车亭顶棚1项；投入134.20万元完成排水管铺设、改造742.50米，清淤雨、污水管道4869米，砖砌暗沟398米，铺设沉砂池19座，清理化粪池16座，新砌检查井8座，清捞检查井120座，清捞排水口613座，更换市政井盖497个。确保燃气网点安全经营,开展燃气安全隐患大排查10次,发出整改通知29份,现场纠违7处。

【安置区建设】 抓好红南、和平、豪丫等临时安置点建设。2015年,共投入661万元,建成临时安置房270间,完成部分临时安置区道路硬化、排水排污、路灯照明、绿化及供水供电等相关配套设施建设。稳步推进公车镇王府、光坡镇大坡等永久安置点建设。其中,公车镇王府永久安置点完成部分土石方平整、排洪管道安装等设施建设,完成投资210万元。

【市政执法】 大力开展治理"五乱",依法打击各类占道行为,进一步强化日常管理,细化巡查覆盖面,加强背街小巷、边角地带的监管,确保巡查不留死角。2015年,共清理乱张贴小广告1000余张,覆盖乱涂鸦300多平方米,整治违章广告5起,共投入经费3000元。切实加强户外广告管理。通过采取分片区整治的方式,每天对城区各主要街道、公共场所及城乡结合部等地的非法小广告进行巡回清除。

【城建土地执法】 2015年,港口区加大对辖区范围内的法律法规政策宣传力度和执法力度,打击各类违法占地、违法建设、违法抢种等行为,确保"两违"发现率达90%以上,制止率达到100%,严格查控"两违"现象,坚决打击"两违"行为。2015年,依法拆违541处,总面积达8.68万平方米,恢复耕地10亩,依法清理和整治非法围海养殖3058亩,清理项目用地范围内抢种果树3650多棵,依法拆除乱占多占墓地189处30亩;全力服务好钢铁、核电、金川等项目的扫尾工作和重大项目推进工作,维护重大项目施工143次143天。

【园林绿化】 2015年,港口区大力开展园林绿化提升工作,努力创建舒适的人居环境。投入169.10万元开展城区园林绿化提升工作,共修建树池901个,修补彩砖2000平方米,修补绿化带路缘石1530米,补种绿化乔木500棵,整形灌木300棵,绿篱2800平方米,安装、修复绿化护栏665米,草皮及其他地被植物3000平方米,修剪加固树木5000多棵,清理园林绿化垃圾、杂物、污泥共2000多车。投入21万元配合开展生态乡村绿化建设及环境卫生整治工作,其中实施光坡镇沙螺寮村、栏冲村核电路入口绿化小广场2处,绿化面积2800平方米。

9月25日,港口区住建局局长苏兴富(右三)到公车镇检查安置区建设　巫　彬供稿

【城市环境卫生】 2015年,港口区强化城区环境卫生整治工作,改善城乡环境卫生。加强环境卫生日常保洁管理,提高环卫机械作业面,投入380多万元采购设备,增加环卫洗扫车1辆、压缩垃圾车2辆、小型自卸式垃圾车4辆、电动三轮保洁车20辆、拖拉机2台,垃圾箱80个,果皮箱310个,垃圾桶510个。加强对城区主次干道、城中村、小街小巷、东湾物流园等重点区域的环境卫生整治力度,特别是对自治区及防城港市相关部门对港口区"美丽家园"工作暗访曝光点,投入106.20万元开展环境卫生整治,共清理各类垃圾及泥沙8000多吨,清理杂草杂物287吨。加大对市容监察力度,共查处各种违法违章行为602宗,其中查处工地泥头车、物流车抛撒漏违法违章行为301宗,处罚3宗,罚款2500元。加强辖区建设工地环境卫生情况摸底排查工作,共排查建设工地78个,发出整改通知书25份。投入18万元对生态示范区及沿线的道路进行环境卫生整治,重点对红沙群岛及红沙片区至沙螺寮片区沿线

6月15日,港口区住建局工作人员检查市容市貌整治工作

巫　彬供稿

有"、名镇名村、"生态乡村"示范点建设等项目。其中,投入47万元完成港口区农民渔民转产转业综合服务中心消防水池建设,该中心已成为防城港市"五化十有"项目示范点;投入1546万元实施企沙镇百镇示范项目,改善企沙镇人居环境和投资环境,促进企沙镇经济社会发展;投入1015万元打造光坡镇沙螺寮"生态乡村"示范点,促进港口区生态文明建设;积极开展"幸福社区"创建活动;投入82万元完成桃花湾社区服务站配套设施建设;投入311.50万元,加快火车站站前广场改造工程建设。

道路的杂草杂物进行清理,共清理杂草杂物125车。投入24.63万元对蓝宝石公厕及水产码头公厕开展改造建设,已全部投入使用。加大垃圾处理费征收力度,超额完成年初征收计划。2015年,垃圾处理费征收额499.47万元,生活垃圾征收处理费比去年同比增加约33%。

**【道路照明】** 2015年,港口区加强道路照明亮化提升工作,改善市民出行环境。全面开展路灯整治和维修活动,加强全区路灯设施和景观灯的维护管理。对全区照明设施进行地毯式清查,对每条道路的照明设施进行全面检修和维护,共完成路灯维修1300盏次,更换地下电缆2280米,确保路灯、景观灯正常亮化,保持路灯设施完好率达到95%以上,主干道路亮灯率达到98%以上。投入101.40万元完成车辽社区建港国道路灯照明设施建设、望海路路灯照明设施改造、东兴大道生牛卜路段道路照明设施修复等工程,安装32杆6米高单臂LED路灯,敷设电缆保护管及电力电缆约4600米。及时清除路灯设施"牛皮癣",保持路灯设施的清洁干净,共清洗路灯灯杆2520杆、控制箱17个,清理路段长约11公里,清理小广告1.20万张。　(刘明阳)

## 村镇规划和建设

**【村镇基础设施建设】** 2015年,投入3001.50万元实施"五化十

**【特色名村建设】** 企沙镇簕山古渔村紧紧围绕特色旅游发展思路,挖掘和利用簕山沿海、原生态、古渔村等旅游资源,不断改善村容村貌,全力推进簕山广西特色旅游名村建设,取得明显成效。自治区下达旅游名村建设项目14个,计划总投资1588.40万元。资金来源:自治区名村专项补助400万元;市特色名镇名村专项补助201万元;自治区其他项目补助480万元;港口区财政配套507.40万元。除取消2个外,其余全部已经建设完成,实际完

光坡镇沙螺寮村"生态乡村"建设新貌　　巫　彬供稿

成投资1372.30万元。2015年12月，簕山古渔村通过自治区“广西特色旅游名村”验收命名。

【农村危房改造】 2015年，港口区农村危房改造任务为200户，其中企沙镇45户(第一批25户、第二批20户)，光坡镇110户(第一批55户、第二批55户)，公车镇45户(第一批20户、第二批25户)。改造面积超1.60万平方米，总投入1200万元。其中，中央补助资金150万元，自治区配套资金150万元，市配套资金30万元，港口区配套资金40万元，余下资金为改造户自筹。至12月底全部竣工，补助资金拨付到位。

(刘明阳)

## 建筑施工管理

【建筑市场监管】 2015年，审批报建工程项目65个，总投资约6.95亿元，建筑面积达41.63万平方米。依法开展建设工程招标101项，总中标金额达4.08亿元，招标率达100%。与区劳动监察大队联合处理拖欠农民工工资案件及各类建筑领域的劳务纠纷8起，涉及金额达1839万余元。按照规定做好建安劳保费管理工作，全年缴纳建安劳保费505.61万元，受理核退申请11起，核退金额294.86万元。

【建筑工程质量监管】 2015年，在建项目31个，年内已竣工或交工验收项目17个，项目进度各项验收175项(次)，受理起重机械备案21台，组织各类专项检查32次，查出质量安全隐患问题740多个，发出限期整改通知书18份、停工通知书33份，监督记录235份，对项目实施动态扣分40次(项)，下发扣分通知书216份，被列为“严管重罚”项目10个，新办理工程质量终身责任制项目8个，补办29个，对3个房地产项目的实体进行结构混凝土强度抽测。全年，港口区质量安全目标实现零死亡、零重伤、零投诉。

【建筑节能】 2015年，港口区建筑节能设计备案3.05万平方米，竣工备案6.03万平方米。新建建筑设计阶段节能强制性标准实施率达到100%，施工阶段建筑节能强制性标准实施率达到98%。

(刘明阳)

## 环境保护

【概况】 港口区环境保护局(以下称港口区环保局)办公地址位于防城港市港口区北环路防城港市残疾人联合会四楼，内设秘书股和综合管理股，二层机构分别为港口区环境监察大队和港口区环境监测站。2015年，有工作人员33人，其中在编16人。

【污染减排】 根据市下达的总量减排计划，2015年，港口区四项污染物控制工作目标是：①化学需氧量排放量控制在5099吨以内；②氨氮排放量控制在400吨以内；③二氧化硫排放量控制在22906吨以内；④氮氧化物排放量控制在12450吨以内。2015年，港口区范围内工业减排共4项。其中，水污染减排项目1项，共减排化学需氧量118吨，氨氮25吨；大气污染物减排项目3项，共减排二氧化硫408吨，氮氧化物617吨。规模化畜禽养殖减排项目4项，分别为防城港市港口区联盈养殖家庭农场生猪养殖场、防城港市港口区光坡镇世耀养殖场、防城港市港口区大友农林专业合作社，防城港市港口区周家宝蛋鸡养殖专业合作社，共减排化学需氧量2吨，减排氨氮0.1吨。各项减排项目建设运行正常，主要污染物指标控制在规定范围内。

10月26日，港口区环保局监察员和交通警察在东湾大道执勤，加强空气污染整治和监察力度

港口区环保局供稿

【污染防治】

工业废气治理　2015年，广西惠禹粮油工业有限公司投资3080万元对原有的2条生产线进行节能综合改造。项目实施后二氧化硫的排放量将由905.9吨下降到774.4吨，减少排放量131.5吨。大海粮油工业(防城港)有限公司投资5872.6万元对锅炉房100T炉脱硝技改等项目进行脱硝技术改造后氮氧化物的排放量下降到106.5 mg/m³.161.1t/a。防城港中科绿色能源有限公司投入726.75万元在防城港市垃圾无害化处理厂内建设防城港生活垃圾焚烧项目，实施后将有效地减轻港口区的环境压力，并节约土地。

城市降尘综合整治　防城港是中国沿海12个主枢纽港之一、中国西部第一大港，是国家“一带一路”倡议的重要节点，是联通西南出海通道的枢纽港，以矿石、煤炭大宗干散货和集装箱、粮食、杂货、液体化工品转运为主的大型综合性港区。由运输产生的城市扬尘污染是影响空气环境质量的重要因素，2015年，港口区增加财政投入近150万元，购置三辆降尘洒水车，对沙汀片区、兴港片区等2个片区进行每天6次定期喷淋洒水，减少道路扬尘污染，通过采取一系列措施后，港口空气中总悬浮颗粒物(TSP)PM10的含量有效控制在45左右。

工业园区污水治理　大西南污水处理厂主体工程已完工。2座厂外提升泵站已完成招投标工作。连接厂区的1.3公里污水管因征地问题推进缓慢，至今未投入使用。企沙新区污水处理厂已完成前期工作。企沙镇污水处理厂及配套管网一期工程项目总投资2200万元，设计日处理污水量为1000 m³/D，建设污水收集管网总长3公里(含入海排污管)，2015年已全面开工建设。

农村生活污水综合整治　按照“天常蓝，水常清，树常绿，共建美丽港口”的工作方针，根据港口区农村建设实际情况，结合生态旅游发展的实际需求，以推进生态村镇建设为契机，组织开展以农村生活污水、养殖污染治理和饮用水水源地保护等为重点的整治工作。

5月28日，自治区环境监测中心站的工作人员到港口区对监测站标准化建设进行帮扶指导　港口区环保局供稿

固体废物综合整治　为减轻环境压力，发展循环经济和延长钢铁生产产业链条，2015年柳州菌海科贸有限公司与北京一家科技公司洽谈引进技术对广西金川有色金属有限公司尾矿渣进行处理。防城港市格瑞特建材有限公司项目占地面积96665.7平方米，项目总投资20000万元。该项目生产线主要含9条全自动PLC生产线，项目建成后年产50万立方加气砼气块砖、2亿块环保多孔砖。年消耗粉煤灰55万吨。项目已通过环评，正在办理土地规划证。

噪声污染防治　在中、高考期间为给防城港市考生营造一个安静的考试、学习和休息环境，严格控制噪声污染，在考期前加强环境现场监察，做好宣传教育工作；按规定责令考点周边的建筑施工单位停止一切产生噪声污染的建筑施工以及一切产生环境噪声污染的行为。中、高考期间共出动监察人员15人次在城区内的考点值班及周边的现场巡查，保持考点环境的安静。

【建设项目环境影响评价审批】2015年，共完成建设项目环评审批85项。其中项目环境影响报告书2项，项目环境影响报告表27项，项目环境影响登记表30项，项目竣工环境保护验收报告表1项，项目竣工环境保护验收登记卡25份。

【核与辐射安全管理】　对医院X光机、DR机等三类射线装置进行日常监管并配合市环保局对辖区二类射线装置及放射源进行监管。2015年，共出动36人次对辖区内拥有射线装置的4家医院和汽车站进行监管，并配合市环保局先后对大海粮油、益海粮油、枫叶粮油等九家放射源企业和防城港检验检疫局、防城海关2家二类射线装置单位以及辖区内的通信基站进行检查监管。2015年1月，配合自治区核应急办开展“红沙—2014”自治区核应急联合演习，联合演习成功举行并以最高等级通过国家评估验收。

11月19日，港口区政协副主席蔡硕（左四）带队到广西金川有色金属有限公司进行环境工作考察　　港口区环保局供稿

【环境监测】 2015年，自治区环保厅分配给港口区重金属监察能力建设和重金属环境监测能力资金144万元。港口区启动监测站项目建设，做好专用实验室划分，计划购进仪器67台（套），拟认证的监测项目：水和废水33项、环境空气和废气19项、噪声和振动6项、固体废物浸出毒性。从而强化港口区环境监测能力建设。

【环境执法】 集中检查辖区内涉重金属企业污染物产生、处理处置和排放情况，各类工业园区和重点排污单位环保设施运行情况以及固体废物和危险废物产生、使用或经营单位的情况。2015年，共出动环境执法人员330人次，检查企业130家次，打击违法违规行为20起。针对存在问题企业下达《环境检查通知书》15份、《环境违法行为限期改正通知》7份，及时巡查确保存在问题企业完成整改。对全区47家企业实行分区包片精细化管理，“一企一员”明确领导干部执法责任，对2家违法企业进行处罚，罚款人民币12万元。

【农村环境整治】 2015年，自治区下达光坡镇沙螺寮村农村环境综合整治资金200万元，港口区本级财政配套50万元。港口区光坡镇沙螺村农村环境综合整治项目位于光坡镇沙螺寮村高坡顶屯及榄埠屯。自治区环保厅下达的项目方案是：在沙螺寮村建设集中式污水处理设施2套，采用有动力好氧处理工艺，处理规模为高坡顶65吨/日、榄埠屯50吨/日，配套主管网4.4公里，支管网3公里；建设10座分散式污水处理设施，进行水塘沟渠清淤，适当美化绿化。截至2015年，项目已完成管网设计、招投标等前期工作，项目推进顺利。　　（蒋少芳）

# 教育·科学

## 教　育

### 教育综述

【概况】

学校数和学生数　2015年，港口区有义务教育阶段公立中小学校34所，在校生16171人。其中，普通中学4所，在校学生2932人；小学（含教学点）30所，在校学生12499人。幼儿园35所，在园幼儿6323人。

专任教师数和师生比　全区有专任教师843人，其中小学专任教师648人，中学专任教师195人。小学的师生比为1∶18.87，初中的师生比为1∶14.92。每万人口在校生：幼儿园403人，小学生765人，中学生182人。

基本办学条件　占地面积及生均情况：小学校园总面积30.47万平方米，生均25平方米；普通初中校园总面积5.97万平方米，生均20.5平方米。校舍面积及生均情况：小学校舍面积9.94万平方米，生均8.13平方米；普通初中校舍面积3.18万平方米，生均13.46平方米；九年一贯制学校校园总面积3.63万平方米，生均32.46平方米。

【教育经费投入和支出】　2015年港口区教育经费总投入16932.9万元，比上年增加2181.9万元，增长14.79%。教育经费总支出15661.3万元，比上年多895.4万元，增长6.06%。总支出中，人员经费支出7679.2万元，公用经费支出362.8万元，基建支出2312万元，其他支出5307.3万元。

薄弱学校改造　2015年农村义务教育薄弱学校改造计划土建项目7个，面积60330平方米，计划投资929万元。截至2015年年底，已开工项目7个，开工率为100%；竣工项目5个，竣工率为71.42%，完成投资211万元，完成投资率为22.71%。2014年，港口区薄弱学校改造计划土建项目2个。截至2015年年底，已开工2个，开工率为100%；竣工项目1个，竣工率为50%，完成投资405万元，完成投资率为57.86%。

校舍维修改造　2015年，港口区农村中小学校舍维修改造项目5个，其中港口区武钢北港小学1#综合楼，面积2800平方米，计划投资357万元，完成投资357万元，完成投资率为100%（该项目已竣工）。其他项目4个，面积8821平方米，计划投资226万元；已开工项目4个，开工率为100%；竣工项目3个，竣工率为75%。完成投资191万元，完成投资率为84.51%。

学生资助　2015年，港口区共发放农村义务教育阶段家庭经济困难寄宿生生活费补助145.69万元，资助家庭经济困难寄宿生1202人。全区有农村义务教育学生营养改善计划试点学校26所，支出农村义务教育学生营养改善计划资金683.40万元，惠及农村义务教育学生8737人。

【教师队伍建设】

加强学校领导班子思想建设　开展领导干部上党课活动，全年上党课6次，听课人数近400人。实行校长、园长持证上岗制度，对校长（园长）任职前进行岗位培训，全区校长、园长、副校长、党支部书记都获得校长岗位培训证书，通过国培计划、区（省）培计划等渠道加强校长任职期间的管理水平。开展以"践行社会主义核心价值观"为主题的师德教育活动。组织全区教职工学习和把握《中小学教师职业道德规范》《中小学教师违反职业道德行为处理办法》和社会主义核心价值观的深刻内涵，积极培育和践行社会主义核心价值观。规范中小学校长（园长）、教师管理；完善教师的考核、考勤、请病事假等制度，强化教师队伍管理。不断完善城乡教师交流制度。在教师学历与能力提升方面，与钦州学院合作，请学院教师到校进行专题跟踪，并就2015—2016学年教师素养提升工程计划进行洽谈，采取“菜单式”的方式，以“理论讲座—实践研修—跟踪指导—总结提升”的流程，确保教师培训有效、有序，促进教师专业化成长。2015年，有227名中小学教师在钦州学院函授本科毕业。全年开设7个专题19个班，实行教师全员培训、全程培训。通过“区（省）培计划”“国培计划”的短期脱产培训、远程培训等形式，不断加大教师、校长队伍建设的力度，切实提高全区教师队伍的综合素质。2015年，有广西壮族自治区特级教师1名。

实施多角度激励联动机制，激发教师工作积极性　实施教师学历提高奖励办法，港口区中小学教师攻读大学本科的学费全部由区财政负担，到2015年，全区中小学教师本科学历分别达到90%和40%。继续对坚持在农村从教的教师进行年度考评奖励，奖励经费列入区本级财政年度部门预算，每位农村教师每年平均获奖1500元。对全区中小学所有班主任进行考评奖励，本级财政安排每人每年平均1200元的奖励经费。从2015年起，港口区中小学、公办幼儿园中层及以上领导奖励性绩效工资（管理岗位部分）由区财政另行划拨，不再占用原教师奖励性绩效工资份额。从2015年开始，通过区财政专列经费逐年解决已取得中、高级职称但没有岗位可聘的教师的待遇问题，奖励性地聘到相应岗位。

【教育督导工作】 贯彻落实国务院《教育督导条例》，根据自治区、市相关要求，认真开展义务教育均衡发展督导，查找出全区小学数学科学（初中理科实验）仪器达标率、音体美器材配备达标率等方面的薄弱环节，指导落实整改措施。加大对学校规范办学行为的督查力度，严格禁止违规办学。实地检查学校、幼儿园114所（含民办），实现辖区单位全覆盖，针对督导发现的问题，下发整改意见书，督促各地强化落实，改善农村义务教育学校基本办学条件。监管义务教育学生营养改善计划推行，抓全区农村义务教育学生营养改善计划双月通报工作，督促各镇认真实施营养改善计划，加快食堂建设工作，推进食堂供餐。教育专项工作督查。每期开学，督查开学工作准备、学校安全、控辍保学、办学行为、校风校貌等方面，通过督查加强学校管理，确保学校安全，降低辍学率，规范办学行为，优化学校环境，促进学校全面发展。抓好项目的督导工作，督导农村义务教育薄弱学校改造土建项目7个，校舍维修改造资金项目4个。推进义务教育质量监测工作。组织开展义务教育阶段学生体育与健康测试，开展素质教育督导，举办全区教育系统第三届师生运动会，提高中小学学生身体素质和运动水平。抓好“控辍保学”、学校安全等督导工作。严格落实职称评定，及时受理教师职称评定过程中的举报和投诉，对有滥用职权、以权谋私损害群众利益的苗头性行为，及时予以制止和纠正，杜绝违纪违法行为发生。

【教育交流与合作】 2015年，港口区教学改革工作主要任务是切实抓好教改团队的规范建设。做好教研团队、学校实验团队的档案及建设管理，切实发挥省级、港口区本级、校级骨干教师队伍的引领作用：以培训教师、培养专家为主线，稳步推进教学改革工作；派出36名骨干教师参加4月份在玉林举行的全国有效教育教学改革专家“千人大展示活动”。增建四中、金湾小学、公车中心校3个教师培训基地；以团队的形式推动教学改革，通过联动课、示范课、评讲课、公开课等多种形式，提高广大教师教学技能，切实提高课堂效率；4月份，组织36名教师参加全区教学改革千名专家大展示活动；在巩固和夯实教改第一阶段成果的基础上，学校行政全面统筹策划教改实验工作，深入一线引领带动第二阶段的实验工作，做好七年级、八年级学生学业评价的实验，以学生评价主推教师的教学行为。七年级完成基线检测报告，八年级完成中期检测报告。指导学校根据报告的科学数据，改进教育教学方法，让每个学生都得到进步。

【教学研究工作】 认真做好教学研究工作，举办全区青年教师教学基本功赛，全区中小学700余名教师1200名多学生参与。教研室淡化竞赛的功利性功能，强化竞赛的专业性引领作用，分别制定备课、说课、上课、评课评价标准，内容涵盖教学常规和教师基本功（粉笔字、钢笔字、普通话），力求通过竞赛内容的专业性引领，促使教师转变教学理念，提高教学技能，把握教学内涵，增强课堂教学实效性，提高教学质量。组织教师引进先进教育教学理念。推进镇镇联动联片教研深入开展，小学阶段主要采用区直小学优效课堂课例展示与“送课下乡”相结合开展联片教研活动；初中阶段主要采用区直骨干教师示范课与“一帮一”相结合开展联片教研活动；通过开展联片教研活动，提升教与学的综合素质。切实开展中小学“一师一优课、一课一名师”活动，超额完成市下达的晒课及优质课推送任务。加大教科研工作力度，积极开展课题研究，提升教师教科研能力，共开展国家级课题6个，自治区级课题11个，市级课题34个。市级的重点资助课题2个顺利结题，鼓励因校制宜开展能解决实际教育教学问题的科研活动，提高教师科研兴趣与水平。

（唐国营）

## 基础教育

**【学前教育】** 港口区推进“政府主导、社会参与、公办民办并举”的办园体制，推动城乡同步发展，充分调动各方面积极性，扩大学前教育资源，基本构建起覆盖城乡、布局合理、符合区情、充满活力的学前教育公共服务体系；加强学前教育管理，坚持科学育儿，遵循幼儿身心发展规律，全面提高学前教育质量。稳步推进港口区学前教育第二期三年行动计划，完善公办园为主体、公办民办多元并举的学前教育公共服务网络，促进园所特色建设和内涵发展。规范民办幼儿园的审批管理，加强对民办园所的服务和监管，建立幼儿园信息管理系统，实行动态监管。完善并落实幼儿园年检制度，及时公布幼儿园信息。通过多种途径，加强幼儿园园长和骨干教师培训，打造出一批名园长和名教师，提高民办园所保教质量。2015年，港口区发放学前教育家庭经济困难幼儿入园补助55.96万元，资助家庭经济困难幼儿1165人。

**【义务教育】** 全区小学学龄儿童入学率为99.58%，辍学率为0，小学毕业升学率为99.31%；初中毛入学率为146%，辍学率为0.90%，初中毕业生升学率为89.46%。为使港口区义务教育均衡发展工作顺利通过自治区及国家级的评估验收，根据《港口区进一步推进义务教育均衡发展工作实施方案》，进一步加大工作力度，有序推进各项既定任务，切实使港口区生均教学及辅助用房面积、生均体育运动场馆面积、生均教学仪器设备值、每百名学生拥有计算机台数、生均图书册数、师生比、生均高于规定学历教师数、生均中级及以上专业技术职务教师数8项指标达到自治区标准，小学差异系数控制在0.65以下、初中差异系数控制在0.55以下。

推进学校标准化建设　港口区积极统筹安排各级配套资金，2015年共投入1724万元，重点新建港口区第四小学校园附属工程、公车镇白沙小学教学楼、企沙镇中心小学综合楼、企沙镇华侨小学综合楼及校园附属工程、公车镇中学运动场、光坡镇中心小学校园附属工程、光坡镇勒色葵小学校园附属工程、光坡镇中间坪小学校园附属工程。新增教学及辅助用房面积7000平方米，改造校园及运动场地面积10000平方米。

教学装备标准化配置　安排投入自治区改薄资金190万元，购置图书24000册，安装教育资源录播系统4套；安排投入港口区本级预算资金78万元，配置城区学校班班通设备及教师办公电脑；安排投入港口区本级预算资金50万元，实施中小学安全饮水工程，按村完小1台、其他学校每200名学生1台标准全面完成饮水工程建设；安排投入港口区本级预算资金12万元，安装光坡镇新大龙小学阶梯教室多媒体设备一套，配套桌椅100套。

推进信息化建设　实施“农村义务教育薄弱学校改造计划”，做好全区学校光纤宽带联网，争取实现无线网络校园全覆盖；以“三通两平台工程”（宽带网络校校通，优质资源班班通，网络学习空间人人通，教育资源公共服务平台、教育管理公共服务平台）为目标，推动优质资源共享建设；按照校舍标准化，设施配套化，教育信息化的建设思路整合教学资源、改善办学条件、缩小城乡之间的教育差距。达成各中小学“生均教学及辅助用房面积达标，生均体育运动场馆面积达标，生均教学仪器设备值达标，计算机生机比达标，生均图书册数达标，班班配有电子白板，教师人人1台办公电脑”的目标。

（唐国营）

## 干部教育

【干部教育培训】

强化组织领导,落实分工责任　调整区干部教育领导小组成员,由区委副书记担任领导小组组长,组织部部长和宣传部部长任副组长。根据培训需求调查结果,制定印发《2015年港口区在职干部教育培训工作计划》,并将具体任务指标分解落实到各成员单位,形成以区委统一领导,组织部门牵头抓总,区直各部门分工合作的工作机制,有效地推动培训任务的落实。

突出培训重点　坚持把理想信念教育作为干部教育培训的重要内容抓牢、抓实,积极开展党性教育培训,通过采取“红色教育+体验学”的办学模式,先后组织党外干部、党务工作者、组工干部等班次共计400多人次到红色教育基地开班办学。围绕中心,服务大局,着力增强教育培训实效。积极探索、创新教育培训方法,推广小班教学(严格控制人数,优选培训学员)、短期培训、行动学习等办班模式,改以往“填鸭式”单一教学方法,综合运用情景模拟、实地考察、交流研讨等多样教学法开展培训,不断增强培训实效性。通过以“案例学习+实地考察”的形式举办港口区农业系统干部培训班,进一步增强区农业系统干部打造“特、优、精”农业的实践能力;通过采取与高校合作的模式“走出去”办学,先后与广西民族大学、广西大学等高校联合举办港口区少数民族干部培训班、港口区应急管理专题培训班等,有效拓宽学员干事创业的视野;通过“重点课题引领+行动学习”的方法,优选生态农业发展、幸福社区建设等五个重点课题深入开展,增强干部实践锻炼培训,助推解决一批影响港口区改革发展的重点难点问题。

统筹推进各类培训开展　先后举办妇女干部培训班、少数民族干部培训班、应急业务培训班和村“两委”干部培训班等,全年共开展各类培训班(讲座)18场次,培训各类干部3200多人次。

(莫海滨)

## 科　　学

## 社会科学

【科学技术管理机构概况】 2015年,港口区科学技术局(简称港口区科技局)内设秘书股、业务股2个机构,二层机构1个,加挂港口区知识产权局牌子,有行政编制4名,事业编制2名,实有工作人员10人。

2015年,港口区科技局以中共十八大精神为指导,深入贯彻落实科学发展观,围绕中心工作,以科技服务为重点,在科技项目管理、科技交流等方面,为港口区经济建设和社会发展提供技术支持。

【科研队伍】 2015年,全区共有专业技术人员1287人。其中,机关事业单位1174人(医疗卫生234人,占科技人员总数的19.93%;工程技术人员63人,占5.36%;经济技术人员16人,占1.36%;农业技术人员41人,占3.49%;中小学教师820人,占69.85%),占专业技术人员总数的91.22%;其他113人,占专业技术人员的8.78%。在1287名专业技术人员中,获得初级职称的489人,占38%;中级职称743人,占57.73%;高级职称55人,占4.27%。

【科学技术项目研究】

自治区级科技项目　港口区申报的2015年度科技项目,首批获得自治区科技厅立项支持的有10个,获得项目经费支持达317万元。

市级科技项目　2015年,港口区获防城港市科技局立项支持的项目6个,获项目经费支持达39.9万元。

【科普活动及科技交流】

科技服务“三农”工作　打造区本级科普示范村,建立港口区农村科技培训带,在企沙镇山新村、牛路村,光坡镇新兴村、沙螺寮村,公车镇白沙村建设农村培训基地6个,积极开展各类科技培训活动,在全区范围内开展促春耕科技培训、特色海水养殖培训活动6期次,培训人数达到500多人次。继续做好农村科技特派员工作,9月份新选派区本级农村及企业科技特派员,从资金、培训等方面为试点村提供科技服务。深入开展科技精准扶贫工作,在白沙村、新兴村建立牛大力种植示范(试验)基地,辐射带动周边村民科技种植。

深入企业开展科技调研活动　建立健全全区科技资源与项目数

据库,2015年,港口区科技局多次深入企业进行调研走访,向企业宣传相关政策,帮助企业进行项目申报,了解企业发展中面临的技术难题,根据企业的需求抓服务促发展,积极推进企业与大专院校(所)开展产学研合作,为企业发展提供技术支持。

*参加各种科技交流活动* 组团参加第二十三届广西科技活动周,第五届广西发明创造成果展览交易会,第二十二届中国杨凌农业高新科技成果博览会等活动。

【知识产权管理】

*管理机构* 港口区知识产权局成立于2001年11月,为区科技局挂牌机构,知识产权局无编制,设领导职数1名,由科技局1名副局长兼任。

*专利成果* 2015年,港口区专利申请404件,其中发明专利申请342件,实用新型申请61件,外观专利申请1件;专利授权50件,其中发明专利授权10件,实用新型授权39件,外观专利授权1件。

(刘洁桦)

【社会科学活动】 10月22日,根据区委、区政府的安排,港口区社科联在区科协的组织下,到光坡镇举行2015年港口区10月科普大行动科普咨询活动。为了使更多的群众了解和掌握社科知识,通过制作社科知识版报和传单以及安排人员现场有问必答的形式进行宣传。当天设置展版1块,制作“三严三实”、社会主义核心价值观、中国梦等宣传单,共向群众发放宣传资料100多份。10月31日,根据自治区社科联关于公布2015年科普资助项目及要求的通知,港口区社科联在光坡镇沙螺寮村承办自治区社科联“全面深化改革,推进依法治国”报告会。报告会的主题是港口区旅游文化礼仪知识讲座。参加报告会的人员有市社科联秘书长谌永平、港口区社科联全体干部职工、沙螺寮村“两委”全体干部以及部分党员代表、村民代表等50多人。报告会邀请防城港市人大民族外事侨务宗教委主任、市中华文化促进会副主席奉仰崇讲课。奉仰崇通过分析沙螺寮村当地旅游产业开发的资源环境、发展前景、产业规划,结合当地的实际情况,就如何做好农家乐,详细讲解旅游接待礼仪,给当地群众上了一堂旅游文化课。(黄怀谷)

## 自然科学

【地震管理机构概况】 港口区地震局是港口区人民政府直属正科级事业单位。核定编制2名(其中科级领导职数1名),人员经费为财政全额拨款。主要负责建立本行政区域内的地震监测预报工作体系;会同有关部门建立震灾预防体系;承担本级人民政府抗震救灾指挥机构的职能;负责震情和灾情速报;承担区委、区政府和上级部门交办的其他工作。

【地震监测预报】 7月17日,组织港口区7个地震宏观监测员到防城港市地震局和港口区地震局参加地震宏观监测员业务培训班学习。

【地震灾害预防】 10月1日,港口区地震局根据《广西壮族自治区地震局关于贯彻落实中央改革精神规范全区建设工程抗震设防要求管理工作的通知》(桂震发〔2015〕20号)和《防城港市地震局关于转发〈广西壮族自治区地震局关于贯彻落实中央改革精神规范全区建设工程抗震设防要求管理工作的通知〉的通知》(防震发〔2015〕11号),取消了一般建设工程抗震设防要求技术咨询服务收费。

截至12月底,共受理一般建设工程抗震设防要求技术咨询50宗。

【地震应急】 5月8日,港口区地震局参加市地震局在华石苗圃开展的GPS定位应急演练。5月12日,会同港口区教育局,分别在公车镇中心校及公车镇中学开展地震应急避险演练。11月7日,印发《2015年度防城港市港口区防震减灾工作实施方案的通知》(港区震发〔2015〕1号)。11月份,港口区地震局荣获2015年度全区县级防震减灾工作三等奖。

【防震减灾宣传】 5月12日,港口区地震局参加在桃花湾广场举办的“5·12”防灾减灾日宣传周科普大行动宣传活动,发放宣传资料1500份;5月13日,港口区地震局会同市地震局在市供电局门前开展防震减灾宣传活动,发放宣传资料650份。5月19日,港口区地震局在渔洲坪社区大院内开展2015年第四届平安中国防灾宣导千城大行动暨防灾文化电影季活动,现场播放了电影《汶川不相信眼泪》,观看群众达200人。

(罗　丽)

# 文化·体育

## 文　化

### 公共文化

【公共图书馆】 2015年，港口区开始筹建公共图书馆。

【群众文艺演出】 1月23日，“送温暖、送政策、送服务”文艺晚会在广西盛隆冶金有限公司举行。2月15日，在企沙镇赤沙村举行“文化进万家、共筑中国梦”文艺晚会。2月28日在桃花湾广场举行“迎春纳福、佳礼贺岁”游园活动。3月17日，在沙沥社区举行纪念广西“322”工程47周年文艺晚会。4月18日在光坡镇大坡社区举行“渔歌唱响中国梦”“三月三”渔家歌会。9月17日在市群众艺术馆参加“我邀明月颂中华”抗战爱国经典诗词配乐诵读比赛。9月18日，防城港市第三届“多彩金秋”文艺汇演。10月2日，协助开展防城港市首届山歌会，地点在江平镇文化广场。全年举办“欢乐海洋”群众文艺演出8场。10月20日，在企沙影剧院举办港口区首届“舞动港城　添彩夕阳”健身舞比赛。共有16支文艺健身队，300多名群众参加此次比赛。

【传统文化保留发展】

“三月三”渔家歌会　举办“三月三”渔家歌会，来自区内外的400多名歌友欢聚一堂，以歌会友，用优美的歌声宣传中共十八届三中全会精神、党的群众路线、社会主义核心价值观和伟大的中国梦，畅谈幸福美好生活。“三月三”渔家歌会，丰富群众文化生活，展现港口区海洋文化丰富内涵，弘扬民族文化精神，增强民族凝聚力，促进民族大团结。10月21日，在光坡镇举办“九月九”老人节暨传统民俗技艺活动，400多名群众参加，有山歌对唱，舞蹈表演、三棋、捉石子、打陀螺等民俗技艺展演。丰富老年人的文化生活，传承民俗文化。

确定民族传统文化继承人，促进保护工作常态化　对列入市级、区(县)级的非遗项目，确定代表性传承人，确保优秀民族文化遗产后继有人。如疍家文化、企沙山歌代表性传承人分别为黄成就、杨腾祥等。

积极筹措经费，挖掘和保护疍家文化　为进一步挖掘和保护港口区特有的海洋文化疍家文化，整合宣传、统战等部门资金，在企沙镇建设一个疍家文化研究点。收集一批疍家人生产、生活、风俗等物品样本，陈列于研究点的研究室内。

（吴佳玲）

### 文化市场管理

【文化市场专项整治】 2015年，全年审批KTV1家、网吧1家、打字复印店2家，营业性演出备案4场。全年配合市文化市场综合执法支队，开展日常检查26次，专项检查4次，检查经营单位200家次。组织相关工作人员参加相关法律、法规及文化市场办公系统操作等培训8次。

【网吧监管】 2015年，对全区40多家互联网上网经营场所开展专项整治行动，严厉查处未成年人上网、超时营业等违法经营活动，严格网吧日常管理制度，严格要求业主规范经营秩序，合法经营。

（吴佳玲）

### 广播·电影·电视

【广播电视“村村通”工程建设】 2015年，开展401户“户户通”广播电视工程日常维护工作。

【电影市场概况】 截至2015年年底，港口区有电影放映单位3家，分别是防城港市万海艺术影城、防城港市港口区世纪星城影院、防城港市华夏万海(西湾)影城。

(吴佳玲)

## 新闻出版

【“扫黄打非”活动】 深入落实2015年国家、自治区、市“扫黄打非”行动方案确定的重点工作，持续深入开展“扫黄打非”各项专项行动，依法打击制黄贩黄、非法出版和侵权盗版的违法行为。保持高压态势，严查政治性非法出版物。加大打击力度，清缴整治低俗、淫秽音像制品。规范网吧日常经营管理。加大对印刷复制业监督管理。加大对娱乐场所日常监管力度。开展“扫黄打非”进基层活动。全区乡镇“扫黄打非”工作办公室挂牌率达100%，村(社区)挂牌率达60%。

(吴佳玲)

## 地方史志编纂

【概况】 中共港口区委党史研究室与港口区地方志办公室合署办公，两块牌子一套机构。2015年，有编制4名，实有工作人员11人(其中在编4人、待编1人、聘用6人)。

【党史专题征研】 2015年，继续做好党史基本著作《中国共产党防城港口东兴历史(1949—1978)》(第二卷)的资料收集、整理和编写工作。在上年完成18万字初稿的基础上，组织人员继续修改完善初稿，增加图片，至6月份，形成约20万字的拟送审稿，9月份防城港口东兴三区市组织评稿定稿，10月份送市委党史研究室审稿。继续做好新民主主义革命时期港口区域党史资料抢救征集工作。5月26日—6月1日，组织人员到南宁采访谢王岗、黄权才、韦雄、叶兆文、张克绍、宋森等6位曾经在防城港区域革命和战斗过的老战士；6月9日—15日，组织人员到南宁采访黄海宁、韦彩源、黄西林、林文锦、陆军、黄琳吉。收集一批录音、摄像、照片资料，9月完成所收集资料统计归档，按时报送市委党史研究室。做好《中共防城港市委执政纪事》(2014)港口区委部分文字和图片的组稿工作。根据市委执政纪事编委会要求，6月初组织人员编写港口区委2014年执政纪事内容；6月底，收集区委2014年工作总结和党建工作总结等资料；9月形成约4500字文字稿和6幅图片；10月送区委审定；11月送市委执政纪事编辑部，按时完成组稿任务。

【地方志工作】 继续做好《防城港市港口区志》书稿修改完善补充工作，特别是内文图片和卷首彩页的收集和编辑工作。1月把初稿送自治区专家提出修改意见，收到修改意见约7000字；2—3月根据自治区专家意见修改完善；4—10月编辑组开展内部互评工作，对各编辑负责编写的稿件进行内部评议，增加图片，经过互提意见，修改完善；11月中旬，书稿约66万字，共21篇69章322节，卷首彩页83幅，内文图片65幅，对书稿进行评议前各方面的完善，按年初计划形成评议稿送自治区地方志编纂委员会办公室参加评议。做好《港口年鉴2013》《港口年鉴2014》核对、清样、定稿、送审和印刷出版工作。1—3月继续做好两年年鉴的修改完善补充工作；4—5月形成送审稿送政府审定；6月份送印刷厂印刷。2本综合年鉴字数分别为40万字和42万字，图片约80幅。2014年年鉴为新改版，全书全彩印刷，书内图文并茂，并附刻录光盘，分有纸质书和电子书。做好《港口年鉴2015》编纂启动工作。8月份，印发编纂方案，把编写任务分配到各承编单位；至11月20日，完成90个承编单位的组稿工作；12月，完成《港口年鉴(2015)》初稿。做好《广西年鉴(2015)》港口区部分文字和图片的组稿、送审和报送工作。3月份，根据自治区要求，组织人员编写文稿约2000字，送政府审定后；6月报送自治区，按时完成任务。10月，开展《防城港年鉴(2015)》港口区部分文字和图片的组稿工作；11月底，完成约3500字文字稿，图片20幅。

【史志业务培训】 4月23日，组织港口区地方志办人员到钦州钦北区地方志办学习。6月23日，组织港口区地方志办人员到百色市参加2015年广西市县志业务第一期培训班。

(骆振慧)

## 档　案

【概况】 港口区档案局与港口区档案馆合署办公，是区委、区政府直属事业单位，一套班子两块牌子，内设办公室和档案监督管理股，2015年工作人员4名。12月，区综合档案馆项目通过竣工验收。2015年，共接收进馆文书档案1629件、基建档案52件，馆藏档案总数为11969卷(件)、照片203张、资料416册，馆藏机读目录17760条。2015年，查阅档案资料查全率、查准率达到100%，年内没有接到任何投诉。全年共接待利用者30人次，提供归档文件98件(卷)，复制档案110页。

6月9日，港口区档案局在北部湾海洋公园集中开展2015年“6·9”国际档案日宣传活动　　港口区档案局供稿

**【档案馆项目建设】** 港口区档案馆建设项目是中央投资建设项目，该项目总建筑面积2157.42平方米，概算总投资614.98万元，资金来源为中央预算内资金319万元、自治区配套资金100万元及地方配套资金。项目建设用地位于港口区公车新城沙潭江大道西侧，土地使用权面积为3.92亩。该项目于2013年11月28日开工，主要建设包括档案库房、对外服务用房、业务和技术用房、附属用房及相关的配套设施；12月29日，该项目竣工通过验收。

**【档案宣传】** 6月9日是第三届国际档案日，港口区档案局分别在北部湾海洋公园、渔洲坪区域开展以“档案——与你相伴”为主题的2015年国际档案日集中宣传活动。积极组织港口区各单位参加“档案——与你相伴”征文活动，其中港口区政府办、港口区人民法院有两篇征文在《广西档案》杂志上发表。在渔洲坪区域内悬挂宣传横幅，在北部湾海洋公园集中开展以“档案——与你相伴”为主题的档案展览，现场设置咨询台，摆放宣传板报，发放宣传单1500份，接受群众咨询50多人次，发布档案宣传手机报短信1200条。组织港口区有关单位和人员参加国家档案局档案法律法规知识有奖竞赛。

12月29日，港口区档案馆建设项目竣工验收组在港口区档案馆现场总结竣工验收　　港口区档案局供稿

**【档案业务培训】** 5月8日，港口区档案局在区政府七楼会议室举办档案业务培训班。来自辖区各镇(街)、区直、驻港口区单位的档案工作者148人参加培训班。此外，为加强港口区社区档案管理工作，使档案工作更好地为社区建设和广大居民服务，9月8日，港口区档案局举办1期社区建档工作培训班，来自各镇(街道)的

5月8日，港口区档案局在港口区政府七楼会议室举办港口区2015年档案工作会议暨业务培训　港口区档案局供稿

基层档案员和社区档案工作者共21人参加。培训的内容包括：社区文书档案的整理方法和参观学习插排尾社区的归档样本。培训结束后，区档案局还现场赠送给每个社区1套档案管理软件及一批档案用品。

【档案安全检查】 9月，港口区档案局开展一次全面的档案安全检查工作，检查内容有档案数量缺损、字迹褪变、纸张破损、泄密、霉变、虫蛀、门窗安全、电线电路、安全设备设施，在检查过程中发现问题，如档案库房湿度重、库房墙壁出现白蚁、安全设备设施缺乏、门窗老化等，针对这些问题，港口区档案局积极采取措施，加强组织领导，实行责任分工，完善制度；购置文件图书档案消毒柜、除湿机，对馆藏档案资料进行全面消毒及控制库房湿度；联系市白蚁防治中心到库房灭蚁；购置防磁信息安全柜，加强光盘档案安全保管。

（潘　月）

## 体　育

【概况】 2015年，全区建成健身路径34条、乒乓球场38片、篮球场（套气排球场）47个、社区多功能运动场2个。全区城乡文化体育事业得到蓬勃发展，

【体育产业发展】 2015年，体育基础设施建设投入60多万元。港口区体育健身馆项目前期工作顺利推进，建成乡镇农民体育健身工程1个、全民健身路径工程4个、村级篮球场工程3个。

【全民健身活动】 7—12月，组织30支队伍约500人参加广西第七届体育节防城港市海钓、围棋等系列比赛活动，荣获围棋成年组第一、第三名，未成年组第一名；乒乓球混合团体、男双、混双男单第一名，男双第二名，混双、男单第三名；11人制男子足球赛第一、第二、第四名；健身舞、健身操1个二等奖、2个三等奖、3个优秀奖；羽毛球混双第一名、男单第三名；气排球第四名；海钓第六名。

【群众体育赛事】 5月20日—30日，港口区举办第八届职工运动会。该次运动会比赛项目有男子

5月20日，“盛隆杯”防城港市港口区第八届职工运动会在桃花湾体育馆举行　港口区文体局供稿

篮球、混合气排球、拔河等，共有45个代表团参赛，运动员达800多人次。9月，2015年第七届广西体育节防城港市群众体育活动暨“我爱足球”中国足球民间争霸赛市级赛在港口区企沙镇邓氏兄弟足球场举行，16支队伍300多名运动员参加比赛。港口区共有5支球队参赛，其中企沙镇邓氏兄弟足球队荣获冠军。企沙镇邓氏兄弟足球队同时荣获“我爱足球”中国足球民间争霸赛广西第二名，全国南区8省大赛四强的优异成绩。黄毅、黄业钧家庭荣获广西壮族自治区家庭足球秀第一名。11月23日—27日，港口区光坡镇光坡村篮球队参加在武鸣县举行的广西第四届万村农民篮球总决赛，荣获第六名。2015年12月12日—2016年1月2日在港口区企沙镇邓氏兄弟足球场举行2016年港口区企沙镇“绿水青山”元旦杯11人制足球赛。16支参赛队的300多名运动员参加角逐，企沙新海港足球队、广西业嘉足球俱乐部足球队、防城港中运国际物流有限公司足球队荣获前三名。12月21日—29日，在市第四中学举行2015年港口区教育系统师生运动会，比赛分教师组和学生组，师生700多人参加比赛，项目包括气排球、高杆投绣球、足球、篮球、乒乓球等。

**【国际海上龙舟节】** 6月14日，在港口区西湾海域举行2015年防城港市“中新杯”海上龙舟赛。该次赛事活动有来自越南、香港、广东、广西壮族自治区区内、防城港市市内共19支队伍300名运动员参加，其中，22人组有11队，14人组有8队。经过激烈角逐，14人组的比赛结果是：第一名防城港温州商会龙舟队、第二名防城区十兄弟龙舟队、第三名防城区那八角龙舟队。22人组的比赛结果是：第一名上思思上龙舟队、第二名东兴市龙舟队、第三名广东阳江市龙舟队。

（吴佳玲）

# 医疗卫生·计划生育

## 医疗卫生

【概况】2015年2月，根据《防城港市港口区人民政府办公室关于印发防城港市港口区卫生和计划生育局主要职责内设机构和人员编制规定的通知》（港区政办发〔2015〕4号）文件，防城港市港口区卫生局和防城港市港口区人口和计划生育局整合为防城港市港口区卫生和计划生育局。

2015年，港口区有各类医疗卫生计生机构68所，其中区人民医院1所，区计划生育服务站1所，社区计生服务中心1所，镇级卫生院3所，镇级计划生育服务站3所，村级卫生所27所；医务人员、职工433人，其中高级职称12人，中级职称48人，初级职称196人，其他187人。

【基本公共卫生】2015年，基本公共卫生服务逐步均等化工作正常开展。城乡基本公共卫生服务经费标准2015年已提高到40元/（人·年），基本公共卫生服务得到较好落实。全年基本公共卫生服务经费到位资金675.92万元，城乡居民常住人口健康档案规范化电子建档13.04万人，建档率为78.78%。高血压患者规范化管理累计人数8853人，规范化管理率92.41%；糖尿病患者规范化管理累计人数2944人，规范化管理89.46%。

【疾病防治】

传染病监测　全区医疗机构共报告法定传染病10种223例，及时报告率为98.66%，及时审核率为99.56%，网络正常运行率为100%，综合率为99.51%。

卫生应急　进一步加强全区突发公共卫生事件应急管理系统建设，充实完善疫情监测、医疗救治等卫生应急专业队伍，突发公共卫生事件报告及处理工作及时有效。全区共报告突发共公卫生事件1起，10月份报告1起因食用未煮熟透的豆浆引起急性肠胃炎事件(31例)，及时报告率为100%。

艾滋病防控　全区共报告艾滋病病人和感染者25例，与去年同比下降16.67%；艾滋病病死率0.89%，同比下降40%。

结核病防治　全区共登记肺结核患者125例，登记的新涂阳肺结核患者的治愈率为89.47%，以乡镇为单位，DOTS覆盖率为100%。

免疫规划　全区各类免疫规划疫苗报告接种率均达到绩效考核要求。全区出生上卡3324人，出生上卡率19.15‰。五苗报告接种率为：卡介苗99.85%，脊灰糖丸99.65%，百白破99.58%，麻疹99.77%，乙肝99.59%。其中，首针应种2243人，24小时及时接种2161人，及时率96.34%。扩大国家免疫苗接种率为：乙脑疫苗第1针99.70%，第2针99.87%；流脑A群第1针99.69%，第2针99.72%；流脑A+C群第1针99.62%，第2针99.63%。

【妇幼保健】2015年，全区农村产妇数1253人，获得补助的农村住院分娩孕产妇1218人(其中顺产1173人，危重45人)，补助率97.21%，支付补助资金51.42万元。婚前保健HIV、梅毒、乙肝检测筛查情况。全区结婚登记1752人，婚检1724人，婚检率98.40%；艾滋病、梅毒、乙肝检测人数均为1724人，检测率为100%；艾滋病病毒感染6人，乙肝表面抗原阳性217人，梅毒感染者1人，所有病毒感染人群全部给予干预及卫生保健指导。全区婚检1724人，地中海贫血筛查1724人，婚检筛查率达100%。农村户籍双方夫妇进行地贫基因诊断39对，补助39对，补助率100%；产前诊断12人，补助12人，补助率100%。降低重型地贫儿出生，提高出生人口素质。地贫基因诊断按每对800元标准补助，产前诊断按每人1300元标准补助，共支付补助资金4.68万元。全区产妇数2057人，筛查1606人，孕产妇产前疾病筛查率78.07%；活产数2064人，新生儿疾病筛查1930人、新生儿疾病筛查率93.51%；听力筛查1904人，听力筛查率92.25%。筛查均达到目标要求。2015年，产前疾病筛查共补助1071人，补助率84.87%；新生儿疾病筛查共补助1046人，新生儿疾病筛查补助率83.21%；新生儿听力筛查共补助1001人，新生儿听力筛查补助率99.60%。

**【新型农村合作医疗】** 2015年，新型农村合作医疗筹资标准达到470元/(人·年)，全区参合农民66230人，参合率达99.8%。全区共筹集进入区新型农村合作医疗财政专户资金3112.81万元，共有55138人次获得补偿，共支出补偿金额3138万元，其中门诊补偿43491人次，补偿金额326万元；住院补偿11647人次，补偿金额2462万元。（梁巧琪）

## 计划生育

**【诚信计生工作】** 根据区委、区政府《关于建立诚信计生长效机制的意见》建立诚信计生小组，建立红沙海水养殖协会诚信计生小组，北港安置区搬迁户诚信计生小组等，以点带面，扩大诚信计生辐射，让更多的已婚育龄群众参加诚信计生，自觉实行计划生育。投入10万元资金，创建区、镇(街道)、村(社区)三级诚信计生示范单位，重点打造公车镇王府村等10个诚信计生示范村(社区)，不断扩大诚信计生服务范围。全区已建立诚信计生小组2237个，签订诚信计生协议12853人，占依法生育育龄妇女数的90.68%；覆盖全区39个村(社区)、654个村(居)民小组，覆盖率达100%。评选出优秀诚信计生小组长122人，兑现奖励1.22万元。

**【孕前优生项目实施】** 作为国家免费孕前优生健康检查项目试点县区，港口区多渠道推进免费孕前检查工作。加大宣传力度。在各村(社区)树立永久性宣传牌，印制免费孕前检查宣传手册1万多册分发给服务对象，编发手机短信30万条宣传孕前优生健康检查，组织全区计生系统干部和镇村干部入户宣传，动员对象参检。加强与医疗单位协作。与防城港市妇幼保健院签订协议，在婚检时征求对象意见，在自愿情况下进行免费孕前健康检查。抓好人员培训。多渠道培训相关医技人员。全区参加市级以上举办的孕前优生健康检查项目培训班人员40余人次。实行补助政策。对参加免费检查的对象，每对给予补助80元;各镇(街道)组织车辆接送，提供免费早餐，提高群众参检的积极性。建立通报制度。不定期地对免费孕前优生健康检查项目工作开展情况进行督导，并将督导结果进行通报，增强各镇(街道)和计生部门的紧迫感和责任感，形成工作合力。

**【综合治理出生人口性别比】** 港口区将此项工作列入重要工作日程，成立专门的领导机构和工作机构，健全相关工作管理制度，形成党委领导、政府负责、部门配合、社会参与、标本兼治的综合治理出生人口性别比的良好格局。全年先后开展4次集中联合检查，11次督查，形成通报4次，严厉打击“两非”违法行为，有力地推动综合治理出生人口性别比工作的顺利开展，确保港口区性别比逐年下降，逐步趋向平衡。

**【流动人口综合服务管理】** 全年先后开展流动人口宣教活动4次，覆盖企业15家，免费提供技术服务2万多人次，使外来人口享受到均等化服务。开展2015年元旦、春节期间流动人口计划生育集中宣传服务专项活动，就群众普遍关心的“全面两孩政策”进行耐心讲解，并向群众发放“优生优育知识、计生技术机构免费服务项目、流动人口维权保障”等方面内容的宣传资料。让人民群众知晓计划生育政策、法律、法规，优生优育、出生缺陷干预、传染病的防治等知识，营造浓厚的流动人口计划生育服务管理工作舆论宣传氛围。完成2015年国家流动人口动态监测工作。白沙沥街道沙沥社区、插排尾社区，沙潭江街道冲孔村、垭港村被国家卫生计生委确定为2015年流动人口动态监测抽样调查点。为了做好此项工作，认真组织，及时安排部署，指导白沙沥、沙潭江2个街道卫生和计划生育服务所开展工作，4个样本点的流动人口动态监测调查对象花名册80人名单的编制录入工作全部完成。

**【计生生育惠民政策实施】** 按时足额落实计划生育奖励扶助政策，为12047名农村计生家庭成员代缴每人120元的个人承担部分的2015年新农合参合费，兑现资金144.56万元。开展“关爱计划生育家庭，新春送温暖”活动，为55户计划生育贫困家庭送去300元/户的慰问金，为3位困难计生专干送去500元/人的慰问金。在“六一”节前将每人240元的独生子女保健费全部一次性发放到对象手中，总计达24万余元。为60岁以上农村计划生育家庭奖励扶助对象108人发放奖励金15.55万元，为55～59岁以上农村计划生育家庭奖励扶助对象50人奖励金3.6万元。确认国家特别扶助对象19人，发放特别扶助对象帮扶金29.208万元。发放城镇居民独生子女父母年老奖励金11人1.27万元，奖励扶助资金全部及时、准确、足额兑付到位。

**【项目建设】** 企沙中心卫生院垃圾污水处理设施已投入使用。光坡镇中心卫生院住院楼已投入使用，业务用房已经完成主体建设。区人民医院新院建设项目已全面建成并投入使用。桃花湾社区卫生服务中心、防钢生活社区卫生服务中心、金海湾社区卫生服务中心正在进行后期装修。区急救中心正在进行主体建设。区人民医院公租房、企沙中心卫生院公租房、光坡镇中心卫生院公租房正在进行后期装修。公车镇卫生院公租房已经完成主体建设，业务用房正在进行主体建设。

（梁巧琪）

# 社会生活

## 婚　姻

【婚姻登记】 依法做好婚姻登记管理工作，进一步强化婚姻登记服务质量，加强登记处的基础设施建设，认真学习民政部新颁发的《婚姻登记工作规范》内容，认真履行职责，提高婚姻登记工作效率。2015年，共办理结婚登记1166对、离婚登记333对，补发婚姻登记171对，婚姻登记合格率100%。

（卢皆池）

## 妇女·儿童

【妇女就业创业】 2015年，争取到市妇联的妇女发展资金2万元扶持光坡鸡养殖示范基地，以“示范基地”带动农户的方式，以点带面，实行整村推进，带动周边妇女创业就业。搭建妇女创业扶持平台，加强妇女小额担保贴息贷款政策的宣传引导，联合邮政储蓄银行防城港市分行深入企沙镇开展妇女小额担保贷款宣传活动，发放宣传资料1000多份，现场接受贷款业务咨询30多人次。全年新增培育市级“巾帼科技示范基地”2个，争取到市妇联项目资金4万元。

【妇女儿童权益维护】 2015年，区妇联坚持依法维权、源头维权，推动维权工作的专业化、社会化。大力开展“双维双促”工作，维护妇女儿童的合法权益。多渠道开展访妇情办实事活动和各种普法宣传活动，不断提高妇女法律维权意识。“三八”妇女节期间，以“巾帼维权·送法到‘家’”为主题，联合区法院到各镇（街）开展“送法下基层”活动，举办法律知识讲座5场次。不断完善“双维双促”工作机制。加强与社会治安综合治理部门的工作配合，整体推进“双维双促”平安建设工作，深入实施“筑网行动”，在法院系统创建“妇女儿童维权岗”，向全区400多名小学生发放《花季童年保护手册》，努力构筑小学生平安成长的防线。认真做好信访接待处理工作。主动介入妇女合法权益受到侵害的信访案件，帮助她们通过理性合法的方式表达利益诉求，有效地维护妇女儿童的合法权益。2015年，区妇联接待妇女群众来信、来电、来访19件，信访调处率达100%。

【关爱弱势妇女儿童】 加大关爱项目实施力度，积极争取上级妇联支持，为辖区5名患“两癌”贫困妇女发放救助金5万元，帮助贫困妇女缓解就医压力。争取到公益项目“母亲邮包”33个，及时发放到贫困母亲手上。深化“三留守”人员关爱活动，注重对留守妇女、留守儿童的关爱帮扶，开展系列关爱活动。在“六一”期间到儿童家园为贫困留守、流动儿童开展“心语心愿　爱心圆梦”留守儿童快乐体验活动。2015年，全区各级妇联组织走访慰问困难儿童、困难妇女300多名，发放慰问品和慰问金折合人民币6.2万多元。

【妇女儿童发展规划实施】 2015年，区妇儿工委办深入实施港口区妇女儿童发展规划，做好迎接自治区、市两纲中期评估督导工作，对薄弱指标进行跟踪监测，督促有关部门将中期未达标的指标和缺陷指标纳入本部门年度重点工作，收集整理有关中期评估工作的档案台账。向区政府领导专题汇报自治区、市两纲中期评估工作安排，制定港口区两纲中期评估工作实施方案。监测数据显示至2015年年末，区妇女发展纲要（规划）21项定量指标中，16项指标已达标，达标率为76.2%；1

项指标未达标,占 4.8%;无统计数据的有 4 项,占 19%。妇女规划 45 项定性指标中(其中有 2 项指标在 2015 年的统计中已合并为 1 项),已有 35 项指标提前实现,占定性指标的 77.8%;无统计数据的有 3 项,占定性指标的 6.7%;6 项指标与目标差距较大。区儿童规划涉及的 22 项定量指标中,达标的有 18 项,达标率为 81.8%。未达标的有 2 项,占 9.1%。无统计数据的有 2 项,占 9.1%。儿童规划涉及的 23 项定性指标中,已有 19 项指标提前实现,占定性指标的 82.6%。无统计数据的有 1 项,占 4.3%。3 项指标与目标差距较大。

(卢少丽)

## 青少年

**【少先队建设】** 2015 年,团区委把理想信念教育作为少年儿童思想道德建设的重要内容抓实、抓牢。全区中小学全部建成少先队室,并以此为依托开展各种少先队活动。注重以社会主义核心价值观为引领,组织各中小学深入开展"红领巾心向党""雏鹰假日小队""学雷锋"和"与人生对话"等系列活动,通过培训讲座、调研座谈、网络教室、社会实践等方式,坚持寓教于乐,让广大少先队员在活动中提升道德修养,在服务社会中体验快乐、健康成长。

**【青年志愿者工作】** 1 月 31 日,团区委组织 12 名企业志愿者、仙人湾社区 17 名农民工子女来到世纪星城影院开展结对关爱活动。2 月 12 日,团区委组织青年志愿者参加春运"暖冬行动",20 多名青年志愿者来到港口区汽车站提供志愿服务,积极帮助老、弱、病、残、孕、幼等旅客搬运行李,向旅客提供矿泉水、泡面等食品;医护人员组成的志愿者为旅客提供测血压、医疗咨询等义诊服务;交警人员组成的志愿者为旅客讲解安全乘车注意事项,倡导文明出行。在做好春运志愿服务同时,志愿者们还向青少年发出"青春自护·平安春节"的倡议,分发未成年人自护常识宣传单。

组织开展"践行群众路线,学习雷锋精神"为主题系列活动:在 3 月 5 日全国第 52 个学雷锋纪念日,团区委联合防城港市银监分局、中国建设银行防城港分行开展以"弘扬雷锋精神,传承中华美德"为主题的敬老院慰问活动。活动中,青年志愿者们发扬雷锋精神,陪老人们聊天,拉家常、讲笑话,还与老人们合唱歌曲《学习雷锋好榜样》,赢得老人们的阵阵掌声。随后,志愿者又看望了福利院的残疾儿童,为小朋友们送去布娃娃、糖果等元宵节礼物。3 月 15 日,团区委组织各战线的团员和青年志愿者在港口区渔洲坪红树林海湾开展"保护红树林·美丽中国梦""保护环境,少年先行"红树林护绿植树活动。(黄君欢)

## 残疾人

**【残疾人康复】** 年内,实施 0 ~ 6 岁残疾儿童抢救性康复 14 人,盲人定向行走训练 13 人、低视力残疾人康复 2 人、肢体残疾人矫治手术 10 例,康复训练 20 人、智力残疾人康复训练与服务 12 人,为 2 名听力残疾人免费配发助听器 2 只,向残疾人、社区康复服务机构、社会福利服务机构免费配发各类康复训练器具、辅助器具 63 件;为 10 名截肢残疾人免费安装假肢和矫形器;组织 14 人次到各类康复机构训练;为 55 名白内障患者施行免费手术;精神病救助 73 人次。

**【残疾人文化体育】** 年内,资助贫困残疾学生及贫困残疾人子女上学,扶持 11 名高中、大中专残疾人学生及残疾人子女上学,发放资金 1.45 万元。选拔马永楠运动员参加 5 月份举办的第八届全国残疾人运动会,获 800 米跑全国冠军,200 米跑第四名,跳远第五名。

**【残疾人就业和扶贫】** 年内,投入 4 万元专项扶贫资金,组织实施"农村贫困残疾人实用技术培训项目",共举办各类培训班 4 期,参加培训残疾人 180 人。全区新增残疾人就业 550 名。建立残疾人扶贫基地。继续实施"阳光助残"基地项目,自治区投入 20 万元,建立港口区光坡镇鑫富家庭农场"阳光助残"基地,扶持 100 户贫困残疾人发展种养业。港口区投入资金 8 万元,扶持 160 户贫困残疾人发展养鸡养猪项目。实施"党员扶残温暖同行"工程项目,由每个村党支部扶持 1 户以上的贫困残疾人家庭掌握 1 ~ 2 种致富实用技术,并拥有相对固定的发展项目,全年扶持贫困残疾人家庭 50 户,每户扶持资金 1000 元。

【残疾人维权】 年内，完成50户贫困残疾人家庭实施无障碍改造，每户补助4000元。扶持资金20万元。重点解决残疾人洗澡、上厕所、做饭、户内活动和出行等日常生活困难，满足生活和出行的基本需求。为37名残疾人机动车主发放燃油补贴，每人每年260元。为23名残疾人个体工商户和灵活就业残疾人办理基本养老保险补贴，每人每年1000元。成立港口区残疾人法律服务中心，有兼职律师3名，指定残联1名工作人员专门负责，为广大残疾人无偿提供法律援助。 （苏民东）

## 社　区

【社区基础设施和服务体系建设】 认真贯彻落实区委、区人民政府《关于创建幸福社区创新社会管理服务的实施意见》《防城港市创建幸福社区"三网四联五达标"工程(2015—2017年)实施方案》等文件精神，港口区主要领导多次带队深入各社区现场调研，召开街道及社区干部座谈会，对社区服务场所建设问题进行研究，并拟制工作方案。结合港口区实际，对10个城市社区，采取如下"四种模式"建设方案：①另选址建设模式，对象为服务活动场所不达标的车辽社区；②利用市政府空置楼房改建、修缮模式，对象为现租用服务活动场所的兴港社区和服务场所不达标、在辖区内已无土地可用的仙人湾、插排尾、珠砂港3个社区；③扩建提升模式，对服务活动场所已达标的沙沥、渔洲、桃花湾3个社区进行扩建提升；④选址新建设模式，对即将成立的金海湾、和平2个社区申请用地新建。

【社区管理】 ①实施社区服务活动场所建设攻坚工程，采取市级补助、开发配建、公益捐助、政策扶持、资产划拨、县级兜底等方式，按照每百户居民不低于20平方米的标准配套建设社区服务活动场所，确保社区服务活动场所不低于300平方米，普遍达到500平方米以上，其中1000平方米以上占30%左右，努力满足社区管理和服务需求。②建立社区服务群众专项经费制度，按照每个城市社区和城关镇社区每年不低于20万元、每个非城关镇社区每年不低于10万元的标准落实，所需经费由市、县两级财政按1∶1比例分担。③在2010年和2014年先后两次提高村级干部基本补贴的基础上，将按照自治区确定的最新补贴标准落实，并健全社区干部待遇稳定增长机制，所需经费由市、县两级财政按1∶1比例分担。同时，按有关规定为社区干部落实在职期间基本养老、失业、基本医疗、生育、工伤保险等保障待遇；继续完善离任社区干部生活补助制度，对正常离任但没有享受相关社会保障待遇的，根据任职年限给予一定生活补助。

（兰　伟）

## 劳动就业

【就业和再就业】 2015年，全区实现城镇新增就业6516人，下岗失业人员再就业137人，大龄就业困难人员再就业39人，农村劳动力转移就业3460人，城镇登记失业率为1.99%，控制在目标2.5%以内。同时，把就业援助月、春风行动、民营企业招聘周、高校毕业生就业服务月和服务农民工活动等专题服务工作有机结合起来，以项目活动为载体，各有侧重，全面推进，多渠道、全方位，大力促进就业和再就业工作。

【职业技能培训】 强化技能培训，就业质量进一步提升。注重从市场需求和学员需求入手，针对性举办电焊工、烹调、育婴员、汽车驾驶员等符合市场需求的培训班，提升学员就业竞争力。2015年，共开展培训22期，培训学员990人。同时，举办港口区农民工技能大赛，选拔钳工、焊工等6个工种20多名农民工到市、区农民工技能大赛展现风采，比拼技能。

【劳动市场管理】 强化公共就业服务，就业渠道进一步拓宽。充分依托各乡镇社会保障工作平台，积极开展"春风行动"等公共就业服务专项活动，搭建就业平台，促进农村富余劳动力转移就业。2015年，共举办专场招聘会24场，提供咨询服务8600多人次，发放宣传资料58000余份，帮助1670人实现就业。

【劳动关系管理】 坚持"凡进必考，择优录用"的进人原则和"公正、公平、公开"的考试原则，认真组织做好各项公开招考活动。公开招聘教师48名，柔性教师17名，公务员7名，三支一扶人员9名，政务服务中心工作人员4名，村官6名，党建组织员8名，完成机关事业单位招考工作。强化信息服务，基层网络信息平台进一步完善。在镇村原有配备计算机及相关网络设备的同时，2015年，在全区各个镇（街道）及其人口密集的重点村（社区）建立公共就业信息服务平台，安装12个LED电子信息屏，配备31名劳动就业社保协管员，实现公共就业服务信息的全覆盖。

**【劳动工资管理】** 加强工资管理，做好日常工资和正常调资的审核审批工作。及时与财政部门协调，按时完成全区机关、事业单位中参加财政统发工资单位的工资审核工作。做好全区机关事业单位转岗、调动、新录用工作人员及“柔性人才”见习期（试用期）满后转正定级的工资核定工作。

**【劳动安全监察】** 严格执法，劳动关系更加和谐稳定。通过专项活动，共检查用人单位322家，涉及劳动者20010多人，下达整改指令书20份，补签劳动合同711份。

**【劳动争议仲裁】** 对全区范围内的建筑业、住宿和餐饮业、采矿业、制造业和个体工商户进行重点检查，督促用人单位进一步完善劳动用工制度。充分发挥与公安、检察、法院等部门的联动作用，严厉打击拒不支付劳动报酬犯罪行为。接收日常投诉71件，立案38件，申请法院强制执行2件，为劳动者追讨工资914.96万元，涉及劳动者619人。

（许强定）

## 居民生活

**【居民收入】** 全年城镇人均可支配收入30172元，增长8%。其中，工资性收入17801元，增长1.6%；经营净收入7241元，增长0.6%；财产性收入1358元，增长4.8%；转移性收入3772元，增长15.3%。农村居民人均纯收入11069元，增长10.0%。其中，工资性收入4428元，增长10.8%；家庭经营收入4760元，增长8.9%；财产性收入753元，增长3.5%；转移性收入1128元，增长16.1%。

**【消费支出】** 年内，城镇居民生活消费支出18706元，增长7.2%。各项支出中占前三位的分别是食品、居住、交通和通信支出。其中，食品支出6950元，占消费总支出的37.2%，增长6.3%；居住支出2495元，占消费总支出的13.3%，增长7.7%；医疗保健支出1070元，占消费总支出的5.7%，增长5.4%。三项支出占消费总支出的64.87%。农村居民生活消费支出8600元，增长9.7%。各项支出中占前三位的分别是食品、居住、交通和通信支出。其中，食品支出3450元，占消费总支出的40.1%，增长10.0%；居住支出1800元，占消费总支出的20.9%，增长9.3%；交通和通信支出700元，占消费总支出的8.1%，增长8.7%。三项支出占总支出的69.2%。

（莫超艳）

## 消费维权

**【消费维权】**

开展纪念“3·15”国际消费者权益日暨新《中华人民共和国消费者权益保护法》实施一周年等活动 到光坡镇中间坪小学开展“消费维权进校园”活动，联合烟草、食药监、银行保险、工商企业、超市商场等部门在拥军路辉龙市场地段开展假冒伪劣商品展示和消费咨询宣传活动。现场接受咨询221人次，受理投诉4起，设置板报3块，辉龙市场112户个体经营户签订“诚信经营、从我做起”的承诺。

开展消费教育大讲堂活动 2015年举办工商公务执法人员学习培训1次；举办村支书、消委会成员单位、“五进”点学习培训1次；餐饮旅馆业业主培训班1次；组织消保干部分别到金湾小学、武钢北港小学、企沙镇牛路村、光坡镇中间坪小学进行消费者权益保护相关知识授课。

推进“五进”（进学校、商场、超市、景区、企业）、“一会两站”［区镇（街道）两级消费者协会和分会、村（社区）的12315联络站和消费者投诉站］建设 每季度定期实地查访示范点建设情况一次，主要检查示范点挂牌、台账登记、整体效果等建设情况，工商工作人员所到之处逐一讲解与指导投诉案件处理方法并开展经验交流。是年举办十期“五进”点、“一会两站”人员培训班；设立“一会两站”和“五进”点“学雷锋消费维权岗”;开展一次学雷锋走进消费维权服务站活动;“五进”设点25个。

全面推行12315文明窗口规范化建设　按上级要求,全年落实零售行业推行无理由退换货、先行赔付制度。全面整理一次港口区工商系统12315窗口的规范化建设标准,全部达到自治区和市里的要求。在12315消费者申诉举报中心及企沙、光坡2个工商所办公场所设立“12315消费者申诉举报站”,按标准配备相关办公设备。是年“诉转案”2个,均按要求进行登记、分派转办、处理结果的反馈等环节的书面手续。指导北京华联(珍珠路店)、百家惠(滨海店)建立“无理由退换货”示范点,各项制度和标志上墙上桌,2个示范点全年顾客投诉处理记录、退换货记录共500多笔。

对不合格商品开展系列专项整治活动　加强节日商品和棉被、服装鞋帽、电热毯、取暖器等季节性商品质量的抽检和执法办案工作力度,工商执法人员与受托方深圳市质量计量监测院人员配合,大力查处销售不合格商品的行为,由局经检大队立案查办案件21个已结案14个,案值1.75万元,罚没1.96万元。

【消费维权典型案例】

案例一　港口区阿玛仕美容美发店于2014年12月开业,经过各种宣传发展会员上百人,每个会员以办理会员卡形式,预存消费款从几百元到数万元不等,2015年7月初该店老板马某某转让店铺经营权给梁某某后,新老板不认旧账,导致原会员无法消费,案发后该店消费会员共50人纷纷到工商行政管理部门投诉,经统计尚未消费的款项共计12万多元。工商行政管理部门接诉后经多方调查了解后,于9月10日主持召开消费纠纷调解会,消费者代表20多人和阿玛仕新老板梁某某到会(马某某缺席已离开防城港),市、区两级法院法官和精一律师事务所律师参加调解,调解会经分组反复协商终因马某某缺席未果,最后建议消费者向人民法院提起诉讼。

9月10日,阿玛仕消费纠纷案调解会会场　　港口区工商分局供稿

案例二　当事人港口区企沙镇古榕体育用品经营店,经营场所为港口区企沙镇渔冲路77号,经营范围为服装、鞋、帽、包零售。该店为某品牌服装专卖店。2014年12月22日,工商执法人员会同受委托的北京远东正大商品检验有限公司检验人员对该店某品牌服装的纤维含量、异味项目等进行检验,结果为不合格。该店违反《中华人民共和国产品质量法》有关规定,即涉嫌销售不符合保障人体健康和人身、财产安全的国家标准、行业标准的产品的行为,2015年4月3日,工商行政管理部门立案调查终结后定性为违法行为并作出处罚决定:没收涉案的不合格某品牌薄棉服12件;罚款人民币6326.00元;没收违法所得人民币900.00元。　(韦铁志)

## 住房保障

【保障性安居工程管理】 2015年,享受公共租赁住房保障登记1183户,实物配租712户,租赁补贴471户,租赁补贴租金累计发放105.81万元。　(刘明阳)

## 住房制度改革

【概况】 防城港市港口区住房制度改革委员会办公室(简称港口区房改办)是主管防城港市港口区国家机关和企事业单位住房制度改革的职能单位,下设港口区

经济适用住房中心。2015年,有编制8个,在职在编人员8人。

【住房二级市场】 港口区房改办贯彻执行自治区和防城港市有关公有住房上市交易实施细则等文件,做好已售公有住房交易工作。2015年,办理已售公有住房上市交易7宗,贷款抵押登记1宗。

【保障性安居工程建设】 2015年,市政府下达港口区开工建设保障性住房、棚户区改造住房1828套(户);基本建成保障性住房和棚户区改造住房1100套,入住保障性住房和棚户区改造住房1000户。实际开工建设公共租赁住房及棚户区改造住房1849套,完成开工任务的101.15%;基本建成(含竣工)保障性住房、棚户区改造住房1211套,完成任务的110.09%;入住保障性住房和棚户区改造住房1030户,完成任务的103%。

【经济适用住房建设】 续建的北港经济适用住房3期项目1栋22套竣工,2015年年内完成投资438万元。

【城市棚户区改造】 2015年,港口区开工建设公车物流园安置区、企沙棚户区改造工程、旧公车安置住宅区、北港安置住宅区等城市棚户区改造项目1486套(户),总建筑面积20.02万平方米,计划总投资2.90亿元,年内完成1.64亿元。续建的沙港安置住宅区、和平安置住宅区、豪丫市场配套安置住宅区、北港安置住宅区(三、四期)、大龙安置住宅区、缪屋二期安置区、冲孔安置住宅区、垭港二区住宅区、渔民上岸棚户区改造、企沙镇政府城市棚户区改造等10个城市棚户区改造项目基本建成468套(户),建筑面积20.23万平方米,年内完成投资9.50亿元。

【公共租赁住房建设】 2015年,开工建设港口公安消防大队公租房(2014年项目结转)、广西金川家苑小区公共租赁住房二期2个项目共363套,总建筑面积1.51万平方米,计划总投资5299万元,年内完成投资5287万元,2个项目年内都已基本建成。续建的企沙镇政府公租房、企沙镇卫生院公租房、区人民医院公租房、企沙镇中心校公租房、公车镇中学公租房、光坡镇卫生院公租房、公车镇卫生院公租房等7个项目,年内完成投资327万元。其中,企沙镇政府公租房基本建成60套,建筑面积1781.6平方米;港口区人民医院公租房基本建成120套,建筑面积5374.8平方米;光坡镇中心卫生院公租房基本建成60套,建筑面积1850平方米。

【限价商品房建设】 续建的北港住宅区限价房和海湾公馆限价房项目基本建成118套,建筑面积1.18万平方米,年内完成投资2000万元。 (黄晓城)

## 社会保障

【城乡居民最低生活保障】 进一步完善最低生活保障制度,按"应保尽保、应退尽退"原则抓好落实,加强对低保对象实行动态管理,严格操作程序,规范管理制度。积极落实低保资金,确保低保资金按时按标准发放。2015年,全区享受低保待遇16334户37606人,累计保障金额9313.56万元。其中,农村低保7571户17881人,累计保障金额2723.94万元,人均补差121.65元;城市低保8763户19725人,累计保障金额6589.62万元,人均补差273.08元。

【农村五保供养】 2015年,辖区农村五保供养对象的集中供养标准从原来的每人每月360元提高到每人每月390元,分散供养标准从每人每月250元提高到每人每月280元。继续实行五保供养对象每人每月100元水电费补贴,每人每年至少分发夏装、冬装衣服各一套,医疗费用全额报销,有效提高五保对象的生活水平。2015年,辖区五保供养对象486人,累计发放保障金184.7万元。

【城乡医疗救助】 2015年,审批城乡医疗救助2459人,共计426.7万元。其中,门诊医疗救助91人,住院救助1210人。实施临时救助222人,共27.04万元;资助困难群众1158人,缴纳医疗保险费和新农合10.2万元。积极推进城乡医疗救助经费即时结算服务管理平台建设,提高城乡医疗救助管理服务效率,方便救助对象住院治疗。

【孤儿救助】 2015年,全区符合孤儿供养条件的儿童124人,累计发放补助金91.5万元,为孤儿提供全方位的救助,使他们的学习和生活得到保障。 (荣建雄)

**【城乡居民基本养老保险】** 城乡居民基本养老保险参保17317人，完成全年任务的111.72%；城乡居民基本养老保险基金收入1330.61万元。城乡居民参保信息入库率、建档率、资格认证率均达100%。

**【城镇居民医疗保险】** 城镇居民医疗保险参保人数24180人，完成全年目标任务的100.08%。

**【工伤生育失业保险】** 工伤保险参保人数9743人，完成全年任务的108.26%；保险费收入433.96万元，完成全年任务的166.91%。生育保险参保人数5830人，完成全年任务的100.52%；保险费收入311.55万元，完成全年任务的141.61%。失业保险参保人数11789人，完成全年任务的155.12%；保险费收入1053.98万元，完成全年任务的219.58%。

**【"五险合一"服务管理】** 城镇职工基本养老保险、城镇职工医疗保险、失业保险、工伤保险和生育保险五项保险统一登记、统一基数、统一征缴和统一稽核，进一步优化服务质量，整合服务资源，实现一站式办理，"一条龙"服务。

（许强定）

## 灾害事故

**【地质灾害防治】** 组织人员对全区地质灾害隐患点进行排查工作，完善各隐患点的警示牌、监测人联系电话等内容的更新，开展全区村、镇管理干部，各隐患点监测人员参加的地质灾害防治知识培训。通过培训，提高广大干部群众的防灾、避灾意识。开展港口区第一小学边坡安全隐患项目整治。6月12日，监测并排除公车镇公车村云插组发生的山体滑坡险情。年内，全区没有发生一起地质灾害伤亡事故。

（朱权武）

**【安全生产事故】** 2015年度，全区发生各类事故70起，死亡4人，受伤52人，直接经济损失133.3万元。与上年同比呈"两降两升"态势：死亡人数和直接经济损失分别下降60%和50.94%，事故起数上升11.11%、受伤人数上升23.81%。全区安全生产事故死亡人数占市下达控制指标7人的57.1%，控制在进度目标范围内。

其中，全区工矿商贸事故死亡2人，占全年控制指标4人的50.0%，比进度控制指标少2人。生产经营性道路交通事故死亡2人，占全年控制指标3人的66.7%，比进度控制指标少1人。其他行业未发生死亡事故。全区连续多年未发生较大以上生产安全事故。

（林弋善）

# 镇街概况

## 企沙镇

【概况】 企沙镇位于港口区东南部，光企半岛南端，东临钦州港，西与防城港港隔海相望，南濒北部湾。距离市中心区32公里，距离防城港港15海里，毗邻越南，距离越南海防港148海里，行政区域面积94.10平方公里，海岸线长51公里。下辖15个行政村(7个农业村、4个渔业村、4个社区)，年末户籍人口3.53万。

企沙渔港是广西第二大渔港，港外盛产石斑鱼、鱿鱼、沙虫、青蟹、对虾、文蛤等各种海产品。港内有大小渔船(排)3000多艘，年海洋捕捞总量10万吨，是防城港市主要的渔业生产基地，年总产量居全市第一位，拥有长达5公里的滨海旅游长廊，天堂角、沙耙墩、簕山古渔村等旅游景点和观潮节等旅游节年接待游客6万余人次。

【经济发展】 2015年，企沙镇地区生产总值189.5亿元，同比增长超过100%。农业总产值10亿元，同比增长15%；工业总产值175亿元，同比增长超过100%。其中，金川总产值159.8亿元，中电总产值12.1亿元。固定资产投资2.11亿元，同比增长3.4%；服务业总产值为4.5亿元，同比增长0.9%。农民年人均纯收入9183元，同比增长3.3%；财政收入5132.9万元，同比增长6.4%。

【重大项目推进】 2015年企沙镇组织主要力量投入到钢铁、金川、盛弘、路网和其他配套项目的征地拆迁安置工作中，土地征收协议签订67.4万平方米(1011亩)，房屋协议签订223户，搬拆房屋71户，迁移坟山51丘，交地9.27万平方米(139亩)。金川项目试产正常；电厂二期已开工建设，钢铁项目无障碍施工；北港四期、云约江南路的征地拆迁工作进展顺利；盛弘项目、路网、电网等工作按时间节点全力推进。继续加强对万头、板寮等临时安置点的服务和管理，不断完善北港安置区服务功能，切实加强红南临时安置点的建设和管理，更好地为搬迁群众提供服务。

【综治维稳】 2015年，企沙镇共有群众来信来访21件70人次，当场解决群众疑难问题15件，共排查矛盾纠纷26起，已成功调结24起，调解成功率92.3%。累计接收社区矫正人员20人，其中解矫人员8人，移交企沙边防派出所3人，

企沙渔港　　港口区委宣传部供稿

在矫人员9人,确保社区矫正人员无脱管、漏管,无重新犯罪。继续发挥治安联防队伍作用,加大对学校周边治安环境、外来人口登记备案的管理力度,坚决打击黄赌毒等其他违法现象,特别是针对征地过程中的矛盾纠纷,做好事前防范和事后疏导工作,没有出现重大刑事案件和恶性上访现象。对社会稳定风险评估进一步推进,对电厂二期、钢铁项目、钛白粉等项目进行风险评估工作。

**【"三农"工作】** 企沙镇山新村、牛路村作为港口区农村土地承包经营权确权登记颁证工作试点,2个试点村涉及村民小组55个,涉及家庭承包农户数910户。土地承包经营权确权登记颁证试点工作已顺利完成。进一步加大山新村、牛路村红香薯、红衣花生、蔬菜等项目建设。以高科技养殖为示范,鼓励和引导养殖户发展高效益、低风险科技养殖,重点对对虾养殖户进行技术培训,不断提高群众的养虾防病技术,推动全镇养殖业向科技化、规模化方向发展。

**【"美丽家园"建设】** 2015年,企沙镇深入开展"美丽家园"乡村建设活动,共投入专项经费约135万元,购置垃圾桶、垃圾箱等设备,聘请保洁员124名,企沙镇各村(社区)全部实行收取保洁费制度,签订"门前三包"责任状7679户。全面排查整改,要求包村领导带队,包村干部和包村单位下到村(社区)全面排查整改,不留卫生死角。全力打造示范点,以点带面,整体推进,下大力气处理露天厕所并开展村屯绿化、水源净化、道路硬化等工作。

**【社会保障】** 企沙镇全年新增低保23户38人,失地低保76户166人,医疗救助208户,廉租房租金补贴217户,实物配租348户,生活补助和救济资金及时发放到位。认真做好五保村和福利院的工作,入住五保村的老人生活补助落实到位。

**【民生工程】** 企沙镇垃圾中转站、德城大道北段改造工程正在紧张施工中;北港大道、卫东路、兴企路的绿化工程有序进行;城镇亮化工程已完成德城大道、兴企路、朝阳路等主干街道的路灯安装;卫东路与新港路的排污排涝改造工程前期工作顺利推进;企沙凤凰公园、企沙公厕前期工作进展顺利;投入200万元的山新新农村建设项目已完成前期工作。通过就业培训,城镇新增就业人数320人,向广东等地劳务输出新增320人,组织失地农民250人参加市举办的"春风行动"现场招聘会。全年危改共20户已下发到各村进行摸底调查,棚户区改造项目和公租房项目已竣工验收。继续抓好华侨村渔民上岸棚户区改造项目的动员搬迁和人口登记等前期工作。

**【政务服务】** "一办三中心"的建设正在全面推进,现有政务服务大厅1个,设置民政、计生等独立窗口4个,综合窗口3个。企沙镇共有15个村(社区)已指导建设村级政务服务中心8个,共接收群众办理事项449件(其中民政低保申请144件,计生事项305件),开启群众办事"直通车"。

**【诚信计生】** 2015年,企沙镇出生171人,计划内出生155人,计划生育率为90.64%。开展诚信计生,参与率91.13%。国家计划生育家庭奖励扶助对象36人,自治区农村计划生育家庭奖励扶助对象74人,帮助计划生育家庭购买新型农村合作医疗6006人。建成幸福家园示范点型1人,普通型2个。

**【教育文化卫生】** 2015年建设并投入使用企沙中心校、牛路小学、山新小学等3所小学的学生食堂;投资170多万元的教育公租房已完成,牛路小学公租房已投入使用;牛路幼儿园、企沙镇中心幼儿园已建成投入使用。

各村(社区)农家书屋建设已全部完成,并对农家书屋管理员进行了培训;全年举办文艺演出5场(次),举办群众性篮球、足球、拔河等比赛4次。企沙镇有9支业余文艺队和健身队、3支采茶戏队、2支晨练队,企沙渔港文艺队参加全市社区广场舞大赛荣获三等奖。赤沙村和虾箩村村级公共服务场所的建设已完成并投入使用。

全面落实国家基本公共卫生服务项目工作,共发放孕妇分娩补助资金3.56万元,育龄妇女叶酸补服项目知识知晓率达到90%,服用率达到90%,积极落实国家基本药物制度和新农合医疗费用的实时结报制度。 (何　春)

## 光坡镇

**【概况】** 光坡镇位于港口区东南面,地处光企半岛中段,东连钦州湾，西至暗埠口江，南接企沙镇，北靠王府街道。行政区域面积143.45平方公里，海岸线长125公里。水陆交通方便，距防城港市中心仅18公里，防企公路、防城港市东部沿海环岛公路由北向南贯通全镇。主要有渔鹭园、海上蚝街、红沙湾、沙螺寮特色渔业休闲旅游区及“小八黑”基地等沿海旅游景区。光坡镇自然资源丰富，主要矿产品有重晶矿、水晶矿、石英砂等。光坡鸡、红香薯、沙虫、大蚝是该镇的特产，其中光坡鸡享誉广西区内外，销往中国香港、澳门地区及东南亚地区。

光坡镇辖8个行政村、2个社区、193个村民小组，年末户籍人口2.78万。实现农林牧渔业总产值5.89亿元；粮食作物种植面积23平方公里；肉类产量770吨；水产品产量6.97万吨；地区生产总值15.24亿元；全部财政收入2235万元；农民人均纯收入9980元；镇有工业企业11家，实现工业总产值8.08亿元。其中，规模以上工业企业2家，实现工业总产值6.79亿元。

【服务大项目】 2015年，完成土地征收协议签订1448.17亩，完成房屋拆迁补偿安置协议签订39户，搬迁拆除房屋39户，迁移坟山231座。2015年完成4个项目交地，分别是核电东北角便道项目；企沙工业区自来水厂及供水管网一期工程建设用地项目；500千伏防城港核电厂送出工程线路塔基项目；企沙天然气分输站项目。海森特已全面开工建设；大万渔业码头已完成100%的海滩涂补偿协议签订。

【社会维稳】 深入推进“平安乡镇”创建工作，创新网格化管理，建立健全立体化社会治安防控体系，加强情报收集和信息排查，深入开展反恐和反邪教工作，社会公众安全感不断提升。积极开展打黑除恶、“两抢一盗”和禁毒等专项行动，着力解决苗头性、倾向性犯罪问题，切实提高破案率，降低发案数。2015年，辖区派出所共受理刑事案件16起，破案6起；立治安案件30起，查处28起，处罚各类违法犯罪人员76人；收集到有价值情报4条。

光坡镇中间坪小八黑旅游景区　　吴　敏供稿

【旅游开发】 按照打造工业后花园和休闲旅游基地的定位，大力发展滨海旅游业。完成《沙螺寮旅游乡村村庄规划设计》编制，着力推进榄埠屯示范点开发建设，带动红沙—沙螺寮沿海岸线特色渔村旅游休闲带建设。“住海岛，钓海鱼，逛海街，观海鸟”的休闲旅游带知名度不断提高，以参与性旅游活动养殖示范区为主的沙螺寮特色渔业休闲旅游区及小八黑沿海旅游景区人气渐旺。社区服务、餐饮等服务业发展加快，第三产业成为新的经济增长点。

【特色精品农业】

水产畜牧养殖　2015年，共举办水产畜牧养殖技术培训班5期，培训人员560人次，发放养殖资料5500份。水产品养殖面积达到4.25万亩，水产品总产量6.97万吨。畜牧业的家禽饲养量21.74万羽，生猪饲养量4900头，耕牛饲养量820头。广西防城港市郑氏绿色生态养殖有限公司于2015年成功申请国家工商总局商标局“肯多利光坡鸡”的商标，并在线上销售，是防城港市唯一一家集“产、供、销”为一体的产业链最完整的养殖企业。

无公害蔬菜生产技术　通过引进优良品种，集合引进无公害标准化生产技术，满福蔬菜和绿色天成蔬菜基地已先后种植出售芥菜、茄瓜、豆角、黄瓜、节瓜等优质蔬菜一批，年产量累计达800多吨，产值达250多万元。

海洋渔业示范区　重点抓好特色海洋渔业(核心)示范区建设，已建成红沙、沙螺寮核心区面

光坡镇新兴村郑氏肯多利原种光坡鸡养殖基地　　　　吴　敏供稿

积7100亩，辐射区面积1万亩，拓展区面积1.50万亩，辐射带动大东沙116平方公里边海生态经济带建设。

【科教文卫】 2015年，共投入经费近100万元对各校教学功能室进行改造，教育硬件设施进一步夯实。义务教育均衡发展顺利通过自治区评估验收，教育水平不断提高。举办“元旦春节系列文化活动”“五一”文艺晚会、“三月三”渔家歌会、“九月九”老人节等边海民俗文化活动。大力推进生态乡村建设，投入资金60多万元，全面清理陈年垃圾、村屯道路硬化、房前屋后柴草杂物整理，实施道路两侧绿化、排水沟改造等项目。在中间坪村和沙螺寮村进行垃圾处理试点，探索“村收—村运—镇处理”模式，由镇环卫站配备一辆大功率三轮车，村里聘请司机及清运工，及时收集所有村屯的垃圾，集中到镇的垃圾中转站，推动“生态乡村”成效提升。

【人口计生】 2015年，出生人口355人，出生符合政策率为86.7%；死亡人数101人；自然增长率10.60‰。积极落实各项惠民政策，新农合受惠2714人；小额贴息贷款补贴6户，发放独生子女费152户，独生子女保健费兑现率100%。

【林业工程】 2015年，发展林下经济新增面积1550亩，产值150.90万元，惠及林农人数1302人，人均纯收入1168.80元。不断提高村屯绿化覆盖率，完成示范点村屯绿化9个、一般村屯绿化53个，共发放树苗9800棵。完成山上造林2220亩，造林补植、采伐迹地更新3100亩。

【基础设施】 2015年，结合新农村建设，在沙螺寮村高坡顶组投入40多万元，铺设透水砖800多平方米，硬化地面480平方米，修建排水沟180米，修建小广场1个，绿化近3000平方米。投资9.86万元维修加固光坡镇松柏山山塘（蔬菜基地）用水项目。投入资金18.82万元，维修加固光坡镇松柏林山塘、中间坪村洪石潭山塘等工程，保证农田灌溉用水。

【社会民生】 2015年共办理农村低保2962户7589人，发放金额91.70万元；办理城镇低保969户2560人，发放金额67.29万元，有力提高弱势群体生活保障水平。新农合参合农民达2.22万人，参合率达97.5%，新农保共参保6780人，参保率达下达任务数的100.69%，续保率按进度达到80%以上。实施农村危房改造110户，

5月28日，美丽广西·生态乡村科普大篷车活动走进光坡镇中间坪村
吴　敏供稿

12 月 31 日，区长黎家迎（右一）到栏冲村检查精准识别建档立卡工作 吴 敏供稿

落实户数 110 户，落实率为 100%。

【精准扶贫】 2015 年，光坡镇需要精准识别入户调查评分的涉及 193 个村民小组共 1314 户 5436 人。派出 10 名镇干部组成精准识别工作队，派赴各行政村开展精准识别贫困户工作，召开宣传动员会 202 次，发放宣传资料 1.2 万份，完成 1314 户入户调查评分，评分率为 100%，全面完成贫困户精准识别及建档立卡工作。

【土地确权试点】 开展农村土地承包经营权确权登记颁证整镇推进试点工作。2015 年，土地承包经营权确权登记的村（居）民小组 189 个，国土二调耕地面积 2.8 万亩，完成外业勘界 183 个生产组，测量地块 8.52 万块，测量面积 2.79 万亩，完成外业勘界 3672 户，完成率达 96.4%。一轮公示生产组 166 个 3063 户，二轮公示生产组 155 个 2904 户。处理纠纷问题 2561 宗，公示承包土地确认 2712 户，完成 71.19%；签订土地承包合同 2711 户，完成 71.17%，合同面积 2 万亩。

（吴 敏）

## 公车镇

【概况】 公车镇，位于港口区东北部，是港口区与防城区结合部，防城港市委、市人民政府驻地，防城港大西南临港工业园所在地。东南接光坡镇，南连渔洲坪街道，西、北邻防城区防城镇，东北与钦州市钦南区龙门港镇交界。辖冲孔、垭港、公车、沙港、白沙、王府 6 个行政村 77 个自然村 99 个村民小组及 13 个安置小区。2015 年末户籍人口 2.66 万，流动人口约 2 万，居住有汉、壮、瑶、京、仫佬、毛南等民族。行政区域面积 106 平方公里，其中，耕地面积 13.33 平方公里，林地面积 9 平方公里，浅海滩涂面积 5.8 平方公里。公车镇是通往防城港、企沙港、防城区的交通咽喉，南防铁路和钦防高速公路贯通全境，100 米宽的金花茶大道、江山大道汇交于该镇冲孔村，北部湾大道、企沙大道、大西南临港工业园路网等 28 条街道在境内纵横交错，城区道路骨架已经形成。11 月 16 日，中共防城港市港口区委员会、防城港市港口区人民政府联合下发《关于撤销公车镇设立防城港市港口区沙潭江、王府两个街道办事处的通知》（港区委〔2015〕78 号）文件，决定撤销公车镇，在原公车镇辖区内新设立防城港市港口区沙潭江和王府两个街道办事处。

【经济发展】 2015 年，公车镇经济保持平稳较快发展，全年完成工业总产值 246.71 亿元，同比增长 50%。其中，规模以上工业实现产值 162.66 亿元，同比增长 33%。全社会固定资产投资完成 6 亿元，同比增长 17%。农业总产值 4 亿元，同比增长 5%。社会消费品零售总额 2.23 亿元，同比增长 14%。第三产业比重有较大幅度提高。

【“三农”工作】 2015 年，公车镇共完成优质水稻等粮食种植 1550 亩，完成超级稻示范推广达 1000 亩；完成玉米种植 3293.35 亩，其中利用水旱田改种玉米 1214.95 亩，蔬菜基地年复种面积 500 亩以上。推广种植莲藕 150 亩，继续培育沙港村海鸭蛋基地，农业特色品牌进一步打响。落实惠农政策，完成玉米良种补贴申报 2078.40 亩、水稻良种补贴申报 2599.48 亩，共兑现早造粮食综合直补 5.98 万元。抓好农田水利建设，对榕木海堤、佛子潭海堤等涵闸板进行更换，强化农田水利安全。

【工业】 2015 年，公车镇重点跟踪服务盛弘冶金、捷康生物、富味乡食品、盛农磷化等计划上规模企业和冶金、钢构、化工等行业，着力解决企业用地难、用工难问题,为工业经济发展创造良好的发展环境;辖区国大糖业等企业恢复生产,中一重工、中冶实久、金源镍业、盛隆冶金及明利化工等生产企业生产态势良好,盛泓等在建企业建设进一步加快。到2015年,落户防城港大西南临港工业园企业130多家,其中已投产企业50余家、在建29家、待产51家,规模工业企业总数达46家。

【城镇化建设】 2015年,中央商务区钻石园、铜锣湾等一批项目投入使用;沙潭江湿地公园建设完成,江滨小区、和平安置区、缪屋安置区及配套设施顺利推进;沙潭江防潮堤改建工程建设完成,公车大道建成国旗一条街;深入开展“美丽家园·生态乡村”活动,开展大小集中环境整治100多次参加人员250多人次,投入资金40多万元,发放配备垃圾桶3000多个,配备人力三轮车70余辆,清理垃圾3600余吨,清理牛皮癣广告500条,制作卫生警示牌45块、美丽公约45块。市行政中心CBD中央商务区、荣华国际、埠上桃源及园区小龙门街、沙港住宅区等城建项目稳步推进。

【服务项目工作】 2015年,公车镇党委、政府进一步树立大局意识和服务意识,突出问题导向,党员干部深入项目一线梳理明晰制约项目建设的突出问题,以市“十百千”重点督查项目和“最后一公里”项目为重点,落实措施大力破解征地难题,全力配合各征地工作组服务推进金源镍业二期、盛隆技改、东湾大道、皇城坳货场、市中心区江山大道以南已征地块、市实验高中等市、区层面的重点项目建设,协助解决一大批制约项目建设的问题,配合完成项目征地面积1797.24亩,签订房屋协议50户,搬拆迁房屋102间,迁移坟山554座,清表交地741.83亩,协助做好被征地群众宅基地分配前期工作。完成王府安置点征地面积75.23亩、垃圾焚烧发电项目17.56亩,完成核电500 kV线路核海线路线塔36基。通过强化服务,解决突出问题,有效推进落户项目建设。

【社会保障事业】 2015年,公车镇城镇最低生活保障及农村最低生活保障4780户10497人,支出213.48万元;农村五保集中供养17人,支出7.96万元;农村五保分散供养115人,支出38.64万元;自然灾害受灾人口650人,处置灾情9处,紧急转移安置350人,救灾支出4.50万元。国家抚恤、补助各类优抚对象90人,抚恤事业费支出26.79万元。关心困难群众生产生活,发放鸡苗1000羽。

【教育文化卫生】 2015年,积极落实国家教育方针政策,支持辖区内中小学和民办幼儿园教学办学活动和全力服务市实验高中新校区建设;配合市、区有关部门对皇城坳古城堡遗址开展保护开发工作。大力开展防治艾滋病等传染病宣传工作,继续开展新型农村合作医疗,共支付报销农合医疗资金和大病救助资金105万元。

【维稳与安全生产】 2015年,公车镇大力开展信访和案件调处工作,全年接到群众来信来访20件,办结20件,调处矛盾纠纷34件,办结各级交办信访件共12件;回应网民质疑问题1个。公车镇应急管理工作有效推进,积极做好防汛和地质灾害防治工作,加强安全生产专项整治,加强重点行业、重点领域安全监管,年内没有发生重大安全责任事故及重大群体性上访事件。

【诚信计生工作】 2015年,公车镇已婚育龄妇女4522人,出生人口337人,出生率13.90‰,人口自然增长率9.80‰。其中,政策内生育296人,出生政策符合率87.80%;一孩出生161人,一孩出生政策符合率100%;二孩出生159人,政策内134人,二孩出生政策符合率84.3%;多孩出生17人,政策内1人,政策外多孩率4.74%;出生人口性别比111.90;均在区下达的指标之内。死亡106人;当年长效避孕率87.60%。

(庞敏燕)

## 渔洲坪街道

【概况】 渔洲坪街道位于港口区渔万岛北面,东与光企半岛隔海相望,西连西海湾,南连白沙沥街道,北邻沙潭江街道,是港口区委、区政府所在地;街道行政区域面积36.51平方公里,海岸线长35公里,南防铁路、钦防高速公路由北向南穿境而过直抵防城港,东湾大道、北部湾大道、东兴大道贯穿其中,区位优势突出,水陆交通便捷;滨海特色旅游品牌已初步打响,梦幻北部湾、西湾观光游、仙人山公园、桃花湖公园、伏波文化园、北部湾大道景观带等旅游文化项目已建成并对游客开放。街道辖渔洲、珠砂港、车辽、桃花湾4个社区，54个居民小组，年末户籍人口2.28万。街道人口和计划生育服务站荣获2015年度防城港市人口和计划生育工作先进单位，街道团委荣获“防城港市五四红旗团委”称号；普查员凌琼莹、苏以萍2人获防城港市第三次全国经济普查工作成绩突出奖。

【服务大项目】 2015年，渔洲坪街道辖区新开工及续建项目52个，完成清理交地施工205.2万平方米(3078亩)。东湾大道三四标段、公车一号路、渔洲坪段、西湾环岛堤、长山新区路网、513#—516#码头等一批项目取得重大推进。在加快项目推进的同时，着力解决一些影响项目建设的重大历史遗留问题，基本完成渔洲坪7个居民组第三期就业安置补助金的发放工作，发放2970人的第三期就业安置补助金8910万元；协调解决涉及车辽、珠砂港2个社区8个居民组的东湾浅海滩涂作业转移费141万元；协调解决蔡南组集体留用地公摊面积过大问题，重新落实蔡南组4000.18平方米集体留用地并办理建设用地规划许可证及土地使用证。

【党组织建设】 2015年，渔洲坪街道党委把服务型基层党组织建设作为工作的重要抓手，结合在职党员到社区报到活动，推动25名街道党员干部到社区报到，帮助群众办事；积极开展“服务十百千，党员敢为先”活动，带领党员干部在征地搬迁一线争当先锋，推动东湾大道等项目建设；抓好党员队伍建设，严把入党关，集中举办2期入党积极分子、发展对象培训班，从源头上保证党员队伍的先进性；注重优化党员结构，2015年共发展党员8名，其中30岁以上、大专以上学历的达到75%；大力推进“两新”组织“百日攻坚”大行动，组建39个“两新”党组织，覆盖53家企业。

【创建幸福社区】 以“幸福社区”创建活动为契机，渔洲坪街道加快社区服务活动场所阵地建设，年内完成桃花湾社区服务场所的建设并投入使用，内设网格管理中心、党员活动室、幸福家园、志愿者服务中心、日间照料中心等功能室，强化桃花湾社区自治和管理服务功能；对渔洲社区办公场所进行改造升级，年内完成办公楼主体第三层建设，有效缓解社区办公和活动场所不完善的问题。

【社会保障】 2015年，渔洲坪街道认真做好低保的续保和低保金的发放工作，调整并落实续保人员共602户1048人，新增低保人员7户11人，支出329万元；做好救灾救济工作，年内完成1393户5152人受灾材料的审核报送工作，发放台风灾款100.10万元；对因病致贫的困难居民，及时实施医疗救助，累计救助医疗患者86人，发放医疗救助金51.80万元；严格按照相关优抚政策规定，做好老复退军人、参战民兵、退役士兵等有关工作，发放各种优抚补助金41.52万元、慰问金5.26万元；做好孤儿、高龄老人的生活救助和贫困子女上大学的临时救助工作，全年共发放高龄老人补助金5.78万元，孤儿补助金2.40万元。

【生态乡村建设】 全年累计投入生态乡村建设资金138万元，出动1600多人次，开展辖区陈年垃圾大清理、污染源头大整治、乱搭乱建大整治、乱摆乱卖大整治的“四大行动”，对辖区86个环境卫生突出问题进行集中整治，累计清运垃圾5795吨，清理排污排水沟25

10月9日，桃花湾社区率先完成“创建幸福社区”活动场所

黄　信供稿

条，增加配置大小垃圾桶、垃圾箱300多个，新建垃圾池3个，印发关于“生态乡村建设”内容的《致居民的一封信》7000多份，发放限期整改通知书113份，在大街小巷悬挂横幅50条，张贴居民卫生公约70多张，设立永久性宣传牌14块和卫生标语50多处，警示牌110多处，签订《门前三包责任书》2500多份，4个社区54个居民组已全部建立村规民约制度并上墙。各社区还通过召开居民组长、组委和居民代表会议等多种形式进行宣传动员，切实提高街道人民群众参与乡村建设的积极性和主动性。

【计划生育】 2015年，渔洲坪街道紧紧围绕“稳定低生育水平”的目标，突出重点，狠抓落实，各项指标执行良好。年内已婚育龄妇女8560人，出生总人数424人，出生政策符合率为86.79%，出生人口性别比112（女=100），综合避孕率86.04%；新增诚信计生小组106组，共计530人，诚信计生奖励扶助政策落实率为100%；新增独生子女领证家庭32户，为152户独生子女发放保健费3.65万元；投入经费9.50万元，打造桃花湾社区计生服务室，完成桃花湾计生服务室的配套建设和户外大型宣传阵地的建设。

【维稳与安全】 全年排查矛盾30起，其中属于三大纠纷矛盾5起，民间纠纷25起；办结矛盾纠纷30起，有效预防和化解“民转刑”案件发生。接待群众来信来访13件，处理13件，矛盾化解率100%。来访所反映的问题都得到妥善处理，未引发其他恶性事件。

【安全生产】 全年对人员密集场所、道路交通、建筑施工、烟花爆竹等企业单位开展安全隐患排查438次，查出安全隐患187处，以口头和文件形式督促责任单位限期整改。通过板报、标语横幅、印发宣传资料等多种形式，在群众中广泛开展安全生产宣传教育，全面提高人民群众的安全意识，树立、粘贴安全警示牌9块，悬挂警示标语横幅6条，印发安全宣传单和宣传手册227份。（陈　颜）

4月17日，渔洲坪街道办组织干部、环卫工人对康晨小区进行“地毯式”清理　　陈　颜供稿

## 白沙沥街道

【概况】 白沙沥街道地处港口区西南部、渔万岛南部，东、南、西三面环海，北与渔洲坪街道相邻。办事处驻沙沥社区渔峰路东段和中华路交汇处，东北距港口区人民政府驻地5公里，行政区域面积19.67平方公里。有北部湾大道、渔万路、友谊路、渔峰路、云南路、贵州路等城市主干道，是防城港市经济、文化、金融、商贸中心和集临港工业、商贸、物流、居住、休闲于一体的繁华港口城区。辖沙沥、插排尾、兴港、仙人湾4个社区居委会，下设100个居民小组，年末户籍人口2.3万。白沙沥街道办第三次全国经济普查领导小组办公室荣获2015年度广西壮族自治区第三次全国经济普查工作成绩突出集体奖；普查员胡琼月、容芳2人获得2015年度广西第三次全国经济普查工作成绩突出奖；普查员凌源获得2015年度防城港市第三次全国经济普查工作成绩突出奖。

【党组织建设】 2015年，白沙沥街道共有入党积极分子6名，发展党员4名，党员转正4名。在加强非公“两新”组织党建方面，按照“两新”组织党建“百日攻坚”大行动要求，采取单建联建相结合的方式，扩大党组织的覆盖面。白沙沥街道组建非公党组织40个，共有党员154名。党组织覆盖非公企业60家，其中单独建立党组织的31家，建立联合党支部的9家。下拨市本级组建经费9家4.50万元，下拨区本级组建经费7家2.10万元。

12月18日，白沙沥街道办对港口区第一小学不稳定斜坡整治工作进入收尾阶段　　白沙沥街道办供稿

**【幸福社区创建工作】** 白沙沥街道坚持以服务群众为宗旨，以提升社区管理服务能力为目标，以实施“三网四联五达标”工程为载体，全力抓好幸福社区创建工作。通过专题研究讨论有关工作方案，重点研究城市社区服务活动场所改造和经费等问题，对4个城市社区拟采取扩建提升模式以及利用市政府空置楼房改建、修缮模式2种建设方案。2015年年底，白沙沥街道已全部完成4个城市社区的初步选址和立面设计，待审定后即可实施。

**【维稳与安全】** 继续推进社会治理信息化建设，提高引导和应对网络舆情能力。完善社会综合治理网格化管理，将流动人口数据库纳入“综治E通”信息化系统，解决社会治安矛盾纠纷43宗，解决民生热点问题123起。顺利通过自治区、市年度考核，2015年没有进京上邕上访的情况发生。

**【项目建设】** 白沙沥街道征地一线干部发扬优良作风，克服困难，渔峰路延长段建设项目取得较大进展，完成地上附着物的清点以及43户房屋的丈量套价、公示等前期工作，协调解决项目新增人口安置等历史遗留问题，2015年年底项目已进入拆迁补偿安置协议书签订工作。积极做好港口区第一小学不稳定斜坡整治工作，12月份已顺利完成该工程。

8月31日，在街道召开港口区白沙沥街道计划生育协会第三次会员代表大会　　白沙沥街道办供稿

**【计划生育】** 2015年，已婚育龄妇女数为9119人，出生人口411人，死亡人口13人，计划外出生56人。成立379个诚信计生小组，有2110人签订了诚信计生协议书，签订率达91%。8月31日，召开街道计生协会第三次委员代表大会，选举产生新一届计生协会会长。

**【民政社保】** 全年共发放低保金154万元；优抚金52万元；医疗救助金10.49万元；临时救助金1万元。发放救灾物资大米3000公斤、调和油120升、鞋子20双、衣服210件、被子444床。全年共发放高龄老人生活补助7.12万元;为18名60周岁以上的老年人办理老年人优待证。

**【安全生产】** 全年共开展大排查5次,派出工作人员50多人次,重点排查烟花销售店、大型超市、加油站、码头等场所,共排查安全隐患3处,发出整改通知书3份,已全部整改完毕。2015年年初,白沙沥街道被列为防城港市唯一创建广西安全社区示范点,各级高度重视创建工作,形成市、区、街道、社区四级联动,完善各项台账、硬件设施、材料等上报自治区。

**【美丽广西·生态乡村】** 2015年,投入大量人力物力财力,用于清理陈年垃圾、硬化道路、安装排污管道等,重点加强对城中村、50多个无物业小区等卫生薄弱环节的整治。年内共清理杂草300多车,清理垃圾1200多车,清理乱堆乱放500多处。疏通、清理城中村排污沟5条,安装水沟盖板约1公里,特别是沙沥东头村排污管道、插排尾社区排污管道的安装。重点硬化铁路沿线、沙沥东头村道路,解决群众出行难的问题。

(韦琦霜)

# 大 事 记

## 1月

**5日** 广西第九届市容环境综合整治“南珠杯”竞赛，港口区企沙镇获乡镇特等奖。

**6日** 港口区渔民陈某主动上缴61发子弹至港口区边防派出所。这61发子弹是陈某已故父亲在边境保卫战期间留下的。

**8日** 市委副书记张文军率市城投公司、城建办、防城港供电局等部门负责人及港口区政府相关领导对东湾大道项目的推进情况进行检查。

**15日** 自治区住建厅主任邓勇在港口区政府副区长骆国章的陪同下，到港口区开展住房保障工作绩效考评核验督查。

**16日至18日** 自治区党委书记、自治区人大常委会主任彭清华在市领导金湘军、何朝建等陪同下，先后深入港口区、防城区、上思县等地，就经济发展新常态下重大项目建设进展情况进行调研。自治区领导范晓莉、王跃飞、张晓钦、陈刚陪同参加调研。

**20日** 港口区工商局颁布第一批6份“三证合一”营业执照，把工商营业执照、组织机构代码证、税务登记证归结为一照替代，做到“一窗受理、一表填报、并联审批、统一发证”。

**22日** 市委书记、市人大常委会主任金湘军在市委常委黄强余、副市长陈可猛、港口区委书记梁宗勇的陪同下到港口区开展边海经济带调研工作。

**26日** 港口区人民检察院获得2010—2014年度全区检察系统集体二等功荣誉称号，该院王小清获得个人二等功、林仕育获得个人三等功。

△ 国家发改委稽查组处长宋协民在自治区发改委副调研员魏美菊、港口区政府常务副区长林春胜的陪同下，对港口区档案馆进行专项稽查。

**是月** 港口区首个民间兴建的体育球场建成投入使用。该体育球场是由广西新桂路桥有限公司企沙分公司总经理邓琪琳出资400万元兴建，企沙群众可免费使用该球场。

△ 农业部办公厅公布2014年荣获全国休闲渔业示范基地称号单位，港口区企沙镇簕山古渔村心喜旅游农业专业合作社榜上有名。

**1—10月** 港口区59家规上工业总产值突破700亿元；实现716.69亿元，同比增长18.1%。

## 2月

**2日** 市长何朝建在港口区委书记梁宗勇等领导的陪同下，到港口区开展党风廉政建设责任制考评工作。

△ 市长何朝建一行到港口区人民检察院对党风廉政建设责任制落实及党风廉政文化建设工作进行检查，港口区委书记梁宗勇等区领导陪同，港口区人民检察院检察长王小清及其他院领导参加座谈。

△ 港口区机构编制委员会《关于港口区事业单位具体分类意见的通知》（港区编发〔2015〕3号）正

式印发实施，全区共151个事业单位，划为行政类的事业单位6个，公益一类121个，公益二类13个，生产经营类1个，暂不定类10个。

**8日** 自治区科协副主席何求在副市长姜秀谦、港口区副区长白健的陪同下，到沙沥社区小小科技馆、光坡镇小八黑科普示范基地进行考察调研。

**9日** 副市长陈可猛在港口区副区长覃德耀的陪同下，到港口区开展春节安全生产督查检查工作。

△ 港口区人民检察院被防城港市市政管理局命名为“防城港市园林式单位”。

**11日** 港口区召开见义勇为表彰大会，授予权卫军、陈一坚、阮良金和麦业兴等4人“见义勇为积极分子”荣誉称号。

**14日** 经防城港市检察院党组讨论决定，给予港口区人民检察院办公室、侦查监督科等2个先进集体嘉奖；陈瑶、莫秦记个人三等功；武显伟、马小红、柳荣媚、杨榆珺、王慧琳等记个人嘉奖。给予在2014年度全市检察机关专项工作中（在查办防城港市城投公司系列贿赂窝案串案效果显著）表现突出的韦万武记个人三等功；吴学军、韦钰滢记个人嘉奖。

**28日** 港口区人民检察院马小红被防城港市妇联授予防城港市“三八红旗手”荣誉称号。

## 3月

**6日** 港口区权力清单制度领导小组办公室29人参加全市权力清单工作培训会。

**11日** 港口区组织参加由广西商务厅、阿里巴巴集团在南宁共同举办的2015中西部首届电商生态峰会。

△ 防城港市人民政府下文《关于同意撤销公车镇设置街道办事处的批复》（防政函〔2015〕23号）。

**12日** 调整充实港口区实行权力清单制度领导小组办公室（简称权力清单办）成员及其职责，印发《港口区开展部门职责清理推行权力清单制度工作方案的通知》，明确39个单位参与该项工作，并将《方案》发至各相关单位，要求各相关单位按《方案》要求填写《行政权力事项清理汇总表》。

**15日** 团区委组织各战线的团员和青年志愿者在港口区渔洲坪红树林海湾开展“保护红树林·美丽中国梦”种植活动。

**18日** 白沙沥街道沙沥社区小小科技馆开馆，该馆成为广西第二个社区科技馆。

**20日** 由市中华文化促进会、市诗词学会等部门联合主办的纪念“广西3·22建设工程”47周年文艺晚会在港口区白沙沥街道沙沥社区举行，1000多名社区居民观看文艺晚会。当年由中共中央主席毛泽东、国务院总理周恩来亲自批准建设的“广西3·22建设工程”迎来47周年纪念日。

**25日** 防城港市人民政府办公室下发“三定”方案，原防城港市港口区工商行政管理局名称撤销，设立防城港市工商行政管理局港口区分局，为防城港市工商行政管理局派出机构。

**27日** 市长何朝建在副市长陈可猛的陪同下，到港口区检查重点项目推进情况。

△ 市政协主席赵发旗一行到市第四中学、港口区特色渔业（核心）示范区开展视察工作。

**30日** 自治区住建厅计财处副处长梁一宁一行到港口区检查企沙镇污水处理厂建设情况。

**31日** 港口区认真抓好全区2014年度事业单位法人年检各项工作，完成148个单位的年检工作，年检率100%。

**1—3月** 港口区第一季度完成地区生产总值71.12亿元，增长13.5%。

## 4月

**3日** 港口区向19名符合条件的高层次人才发放

2015年安家费共11.10万元。

**10日** 市委书记、市人大常委会主任金湘军到盛隆公司调研,听取该公司二期技改项目推进工作情况汇报。

**28日** 市委常委、秘书长黄强余在港口区人大常委会主任吴忠泰、港口区政协主席杨家积的陪同下,到金源镍合金深加工项目(二期)开展调研工作。

**是月** 港口交警大队西湾女子示范岗获广西壮族自治区妇联授予的“广西三八红旗集体”“巾帼文明岗”双项殊荣。

## 5月

**1日** 防城港市首届“台湾美食嘉年华”在西湾旅游码头上演,台湾五香肉卷、大肠包小肠、皮蛋鸭肉卷、阿里山烤肉等台湾特色小吃让港城市民的味蕾得到满足。

**7日** 自治区人社厅厅长李宁波一行到港口区被征地农民创业示范点、就业和社会保障点进行调研。

**8日** 市委常委、组织部部长袁国华一行到金川有色金属有限公司调研。

**13日** 自治区消防局防火部部长徐学军一行5人到企沙镇开展涉液氨制冷企业液氨使用专项治理联合执法检查。

**14日** 人社部党组副书记、副部长杨志明在自治区人社厅副厅长莫达流、副市长王德的陪同下,到港口区考察农民工创业基地。

△ 自治区党委常委、自治区政府常务副主席唐仁健一行到企沙镇考察防城港钢铁基地和金川镍铜项目。

**15日** 南海伏季休渔期开始,企沙渔港渔船回港休渔。

**17日** 市委书记、市人大常委会主任金湘军在港口区会见越南友好组织联合会主席武春鸿并互赠礼物。

**19日** 港口区委书记梁宗勇到企沙镇检查防汛及安全生产工作。

**21日** 全区检察机关案件管理工作现场观摩会在港口区人民检察院召开,自治区检察院案管处处长曾军宁带领全广西检察机关案管部门主要负责人参加会议,市检察院副检察长邓虹、港口区人民检察院王小清参加会议。

**26日** 市政协副主席黄团率市政协专题调查组一行11人到企沙镇开展“做大做强海洋渔业,促进海洋经济发展”专题调研。

## 6月

**3日** 市委书记、市人大常委会主任金湘军到防城港大西南临港工业园调研。

△ 市委书记、市人大常委会主任金湘军在市委副书记张文军,市委常委、秘书长黄强余,副市长陈可猛的陪同下,到港口区调研国际航运服务集聚区、现代物流集聚区建设情况。

**4日** 副市长宾止迎到企沙镇检查企沙中心渔港扩建工程(大龙停泊区)项目建设情况及伏季休渔相关情况。

**5日** 市人大常委会副主任韦任智到港口区产业项目进行现场调研。

**11日** 港口区“爱心驿站”建设启动仪式在市金湾小学举行。“爱心驿站”由港口区委宣传部、区直属机关工委、区教育局、区民政局、区卫计局、区总工会、团区委、区妇联8个单位联合建立,通过回收社会上零散的旧衣物、旧玩具、旧书籍等物品,整理、清洗、消毒、晾晒和打包后,转送给边远地区的贫困儿童。

△ 自治区远程办主任科员蓝晓玲一行2人组成巡检组到企沙兴企社区远程教育站点巡检。

**14日** 防城港市“中新杯”海上龙舟赛在港口区西

湾海域举行。该次龙舟赛有19支队伍参赛,其中22人组有11队,14人组有8队。经过激烈角逐,14人组的比赛结果是:第一名防城港温州商会龙舟队、第二名防城区十兄弟龙舟队、第三名防城区那八角龙舟队。22人组的比赛结果是:第一名上思思上龙舟队、第二名东兴市龙舟队、第三名广东阳江市龙舟队。

**23日** 市委书记、市人大常委会主任金湘军率队到防城港钢铁基地冷轧项目和红沙核电一期项目现场开展调研。

**24日** 自治区副主席张秀隆在副市长宾正迎的陪同下,到港口区检查农业核心示范区建设、防台风工作。

**28日** 武钢防城港钢铁基地项目2030 mm冷轧厂酸轧产线启动试车成功。

**27日至29日** 港口区民革、民盟、民建、民进等4个民主党派支部相继完成换届选举工作。

## 7月

**1日** 市委书记、市人大常委会主任金湘军深入防城区和港口区,对"两新"组织党建工作情况进行检查,并到港口区阳光实验学校检查新建党支部的相关文档。

**3日** 上思县人大常委会副主任、总工会主席黄桂英一行8人到企沙镇渔港渔民转业转产服务中心参观企沙渔港工会联合会职工之家、会员服务中心以及企沙镇镇容镇貌。

**8日** 港口区向3名清华大学、北京大学等重点高校定向招录的高层次人才发放2015年住房补贴1.8万元。

**14日** 港口区人大常委会组织"两院"调研组到企沙镇召开座谈会,征求对"两院"上半年工作情况意见和建议。

△ 自治区水产畜牧兽医局局长蒋和生一行在副市长宾正迎的陪同下,到港口区开展清理取缔海洋涉外渔业"三无"船舶督查工作。

**13日至15日** 自治区卫计委人口计生重点工作督查组一行在港口区副区长韦更望的陪同下,对港口区单独两孩政策实施及上半年人口计生重点工作进行抽查考核。

**16日** 港口区委书记梁宗勇对企沙征地搬迁项目土地确权工作情况进行调研。

**16日至17日** 桂林市委书记、市人大常委会主任赵乐秦,市长周家斌率领桂林市党政代表团一行到防城港市考察。重点考察企沙工业区、港口码头等地,市委书记、市人大委员会主任金湘军,市长何朝建陪同考察。

**19日至21日** 国务院发展研究中心发展战略和区域经济研究部部长侯永志一行到港口区就"国家重点开发开放实验区研究课题"进行调研。

**20日至24日** 港口区委组织部、区委统战部在百色市社会主义学院举办2015年港口区党外干部培训班。区委统战部部长何苗参加培训班并作开班动员讲话,全区30多名党外干部参加培训。

**27日** 6艘外国籍货船在企沙港海域遇险,市海上搜救中心第一时间组织救援人员展开海上大营救。历经10小时后,与死神擦肩而过的48名越南籍船员成功获救。当天,企沙港海域浪高达4米多,最大风力接近9级。

**29日** 在第八十八个建军节来临之际,港口区四家班子领导开展"八一"慰问活动,向解放军某部官兵致以节日的祝福和亲切的慰问。

## 8月

**1日** 为期两个半月的南海伏季休渔期正式结束。广西第二大渔港——企沙渔港200多艘休渔船恢复出海。由于天气原因,风浪太大,开海难出海,大部分渔船依旧停泊在港池内。

5日　市检察院副检察长何文凯带队到港口区人民检察院调研指导检察理论调研工作，港口区人民检察院检察长、分管领导、调研骨干等参加座谈会。

7日　“透明的核电厂，透明的核电工业”体验活动在防城港核电基地举行，关注这场活动的万众之一的吉林省长春市的网友杨晓华，跨越3400公里来到港城近距离紧密接触核电。

12日　自治区高级人民法院院长罗殿龙率队到中电防城港电厂二期项目建设现场进行调研，了解项目进展建设情况，协调解决项目建设中遇到的问题和困难。

19日　国家海洋局南海分局副局长刘高潮一行在港口区副区长骆国章的陪同下，到港口区调研云约江北面海域和企沙镇东部海域。

21日　港口区召开1%人口抽样调查地理区划和地图绘制培训会，确保2015年1%人口抽样调查工作顺利开展。

25日　钦州市政协主席陈仁雄带领钦南区政协常委及委员小组长41人考察学习企沙镇簕山渔村发展乡村旅游产业成功经验和做法。

26日　自治区人大常委会副主任莫永清在港口区常务副区长林春胜的陪同下，到港口区调研防城港海工装备制造项目（一期）。

△　自治区人大法制委员会副主任黎启新一行到港口区开展《广西壮族自治区海域使用管理条例（草案）》立法调研工作。

31日　全市生态示范带建设现场会参观企沙镇虾箩村大屋蒋屋组。

## 9月

7日　港口区政协主席接待委员日到企沙镇听取委员对港口区经济建设以及社会生活中重大问题的意见和建议。

△　自治区北部湾办副主任、巡视员杨跃峥，自治区海洋局局长张创智一行在副市长陈可猛陪同下，到港口区调研防城港海森特装备制造项目。

8日至9日　自治区北部湾办巡视员杨斌一行在港口区副区长佟义东陪同下，到港口区开展中国（北部湾）自由贸易实验区和中越跨境经济合作区调研工作。

10日　教师节，港口区领导分别到部分学校和教师代表家中看望慰问，为他们送上鲜花和慰问金，祝他们节日快乐，并代表区四套班子向全区广大教师和教育工作者致以节日的祝贺和问候。

14日　为加快推进山新村新农村建设工作的步伐，港口区组织企沙镇领导和干部一行12人，到桂林市鲁家村学习考察新农村建设经验。

15日至16日　自治区重大项目用地检查服务组先后到企沙工业区南路、云约江南路、公车物流园路网等项目现场实地检查，了解各项目用地保障及需求情况。

17日　港口区人民检察院副检察长池国权带队到全国检察机关“百优”预防职务犯罪警示教育基地——桂林市恭城县检察院预防职务犯罪警示教育基地进行考察学习。

19日至24日　港口区委组织部在贵州省遵义市黄花岗区委党校举办2015年港口区组工干部革命传统教育培训班，来自全区各镇（街道）及组织部干部共28人参与培训。

23日　港口区总工会2015年“劳模进校园”活动在企沙镇中学举行，自治区劳动模范、中国邮政集团公司防城港市分公司职工何永新向全体师生讲述他20多年来，始终以“文明服务、诚信服务”为出发点，用心做好投递服务的先进事迹。“劳模进校园”活动受到师生欢迎。

23日至25日　港口区委组织部、区民宗局在广西民族大学举办2015年港口区少数民族干部培训班，港口区委副书记许大俭出席培训班并作动员讲话。

24日　贵港市港北区检察院副检察长黄正云带领该院案件监督管理办公室人员一行7人到港口区人民检察院交流案件管理及“两房”建设工作经验，港口区人民检察院检察长王小清、纪检组长武显伟和案件监督管理办公室工作人员参加交流座谈会。

## 10月

13日　副市长王德一行到企沙镇北港创业园调研。

△　市委常委、统战部部长胡晶波率市委统战部调研组到港口区调研并召开港口区统战系统座谈会。

14日至15日　住建部督察组由海南省住建厅副厅长陈孝京带队，在自治区住建厅副厅长金昌宁、常务副市长班忠柏、副区长骆国章的陪同下，到港口区开展城镇棚户区专项督查工作。

15日　港口区通过自治区第三届国土资源节约集体模范县(市)第一批达标考核。

17日　港口区组织开展“大东沙生态经济带”采风活动。多家媒体记者与红豆社区热心网友走进港口区红沙村、沙螺寮村等渔业养殖示范基地，感受生态海洋、生态乡村建设带来的成果，领会人与自然的完美和谐乐章。

20日　凭祥市离退休干部及该市原四家班子退休干部共32人到港口区学习考察。港口区委副书记许大俭，区委常委、组织部部长韦龙等区领导参与相关接待工作。

△　港口区委老干部局、区文体局在企沙镇影剧院联合开展2015年港口区“舞动港城、添彩夕阳”广场健身舞比赛，16支队伍参与比赛角逐。

20日至21日　国家土地督察广州局副专员罗中华一行在自治区国土资源厅副厅长吴锡熹、市政府副秘书长张新畅、港口区副区长骆国章的陪同下，到港口区开展督查节约集约用地和不动产登记工作。

25日　红沙核电站1号机组并网发电。

△　港口区女企业家商会首次交流会举办，女企业家协会40余名会员参加。

28日　自治区党委统战部(区非公办)、市委统战部(市非公办)、市工商联联合举办广西非公有制强优企业高级人才暨防城港市非公有制经济人士培训班，港口区工商联20名非公经济人士参加培训班。

△　自治区总工会副主席侯线红一行在市政协副主席、市总工会主席黄团的陪同下，到港口区企沙农民工创业园进行调研。

29日　市委常委、秘书长梁宗勇一行5人到企沙镇山新村研讨精准扶贫专题工作。

## 11月

3日　自治区国土资源规划院总工程师阳柳凤一行在港口区副区长骆国章的陪同下，到港口区低丘缓坡试点现场实施调研。

5日至6日　自治区卫生计生委副主任麦家志一行在副市长黄文龙的陪同下，到港口区开展医改专题调研。

9日　港口区根据有关文件要求，对非行政许可审批事项进行全面清理，清理规范非行政许可审批事项314项(其中取消非行政许可审批68项，调整为其他行政权力或转为政府内部审批事项246项)，不再保留“非行政许可审批”这一审批类别。

△　港口区拟订形成沙潭江、王府、白沙沥、渔洲坪4个街道党政机关“三定”和事业单位“四定”方案，经区编委领导审核同意，提交区委、区人民政府审定通过，以区委办、区政府办名义正式印发实施。

10日　市委常委、常务副市长班忠柏到港口区开展调研工作。

16日　根据自治区人民政府《关于同意撤销防城港市港口区公车镇的批复》(桂政函〔2014〕213号)、防城港市人民政府《关于同意撤销公车镇设置街道办事处的批复》(防政函〔2015〕23号),港口区撤销公车镇设置沙潭江街道和王府街道。

**20日** 团区委带领港口区各界创业代表到南宁市高新工业园区参观学习。

△ 武钢防城港钢铁项目2030冷轧项目1号镀锌机组一次通板试车取得成功。

**25日** 港口区印发《关于防城港市港口区不动产登记管理机构编制有关事项的通知》,明确设立港口区不动产登记局和港口区不动产登记中心,并确定不动产登记机构的职责、人员编制数以及不动产统一登记职责关系等,完成港口区不动产登记机构设置工作,确保港口区不动产登记工作顺利推进。

**是月** 港口区光坡至企沙旧公路改建项目竣工通车。该项目总投资约640万元,其中自治区补助420万元,市(区)配套约220万元。

## 12月

**3日** 自治区国税局局长汤志水到港口区国税局开展调研工作。

**4日** 防城港核电1号机组首次突破100%满功率运行。防城港核电项目是中国西部地区、北部湾经济区首个核电项目,是国内5个少数民族自治区中首个核电项目。

**8日** 由港口区人民检察院主办的港口区第四届预防职务犯罪气排球比赛开幕,港口区委副书记许大俭出席开幕式并致辞。

**11日至12日** 自治区副主席、自治区公安厅党委书记、厅长胡焯到防城港市调研边境管控和“神战1号”行动等工作,其间到防城港核电厂调研安保工作。

**15日** 自治区特色名镇名村第三验收组(自治区农业厅农改处调研员李启云带队)到企沙镇簕山古渔村开展广西特色旅游名村验收工作。

**23日** 港口区红十字会召开第二届理事会第三次会议。

△ 自治区投资促进局副局长郑娟一行,到港口区开展招商引资绩效考核工作,同时进行自治区招商引资重点项目跟踪服务活动。

**24日** 华龙一号示范机组防城港核电二期工程正式开工建设。自治区副主席张晓钦,国家能源局副局长王晓林,国家海洋局副局长王飞,中广核集团董事长贺禹,市委书记、市人大常委会主任金湘军等出席开工动员会。

**25日** 港口区人民检察院抗诉的黄××猥亵儿童案获得2015年度广西检察机关“精品刑事抗诉案件”。

**26日** 市长何朝建在副市长黄强余、港口区区长黎家迎的陪同下,到港口区相关项目现场开展调研工作。

**是月** 港口区审计局被自治区人社厅和自治区审计厅记“集体二等功”。

△ 港口区统计局被自治区统计局评为“2015年广西县级统计工作规范示范单位”。

△ 港口区审计局实施的港口区林业局局长任期期间经济责任审计项目被自治区审计厅评为2015年全区表彰审计项目。

**是年** 港口区组织公安、工商等部门开展专项整治,共端掉传销窝点70个,遣散151人。

# 先进集体和先进个人

（获地厅级及以上先进集体和先进个人）

## 先进集体

| 序号 | 获表彰单位名称 | 表彰名称（含称号、奖项、奖次等） | 表彰单位 | 表彰时间 |
|---|---|---|---|---|
| 1 | 港口区人民检察院 | 集体二等功 | 自治区党委组织部、自治区检察院 | 2015 年 1 月 |
| 2 | 港口区白沙沥街道第三次全国经济普查领导小组办公室 | 广西第三次全国经济普查工作成绩突出集体 | 自治区第三次全国经济普查领导小组 | 2015 年 1 月 |
| 3 | 港口区渔洲坪街道第三次全国经济普查领导小组办公室 | 广西第三次全国经济普查工作成绩突出集体 | 自治区第三次全国经济普查领导小组 | 2015 年 1 月 |
| 4 | 港口区委宣传部 | 2014 年防城港市“无烟单位” | 防城港市爱国卫生运动委员会 | 2015 年 1 月 |
| 5 | 港口区财政局 | 2014 年防城港市“无烟单位” | 防城港市爱国卫生运动委员会 | 2015 年 1 月 |
| 6 | 港口区卫生局 | 2014 年防城港市“无烟单位” | 防城港市爱国卫生运动委员会 | 2015 年 1 月 |
| 7 | 港口区疾病预防控制中心 | 2014 年防城港市“无烟单位” | 防城港市爱国卫生运动委员会 | 2015 年 1 月 |
| 8 | 港口区人民医院 | 2014 年防城港市“无烟单位” | 防城港市爱国卫生运动委员会 | 2015 年 1 月 |
| 9 | 港口区渔洲坪社区卫生服务中心 | 2014 年防城港市“无烟单位” | 防城港市爱国卫生运动委员会 | 2015 年 1 月 |
| 10 | 港口区沙沥社区卫生服务中心 | 2014 年防城港市“无烟单位” | 防城港市爱国卫生运动委员会 | 2015 年 1 月 |
| 11 | 港口区光坡镇中心卫生院 | 2014 年防城港市“无烟单位” | 防城港市爱国卫生运动委员会 | 2015 年 1 月 |

续表

| 序号 | 获表彰单位名称 | 表彰名称（含称号、奖项、奖次等） | 表彰单位 | 表彰时间 |
|---|---|---|---|---|
| 12 | 港口区企沙中心卫生院 | 2014年防城港市“无烟单位” | 防城港市爱国卫生运动委员会 | 2015年1月 |
| 13 | 港口区公车镇卫生院 | 2014年防城港市“无烟单位” | 防城港市爱国卫生运动委员会 | 2015年1月 |
| 14 | 港口区法院 | 2014年度执行工作绩效考评一等奖 | 防城港市中级人民法院 | 2015年2月 |
| 15 | 港口区法院 | 2014年度涉诉信访工作绩效考评一等奖 | 防城港市中级人民法院 | 2015年2月 |
| 16 | 港口区法院 | 2014年度法院安保和法警工作绩效考评二等奖 | 防城港市中级人民法院 | 2015年2月 |
| 17 | 港口区光坡镇第三次全国经济普查领导小组办公室 | 防城港市第三次全国经济普查工作成绩突出集体 | 防城港市第三次全国经济普查领导小组 | 2015年3月 |
| 18 | 港口交警大队西湾女子示范岗 | 广西三八红旗集体 | 自治区妇联 | 2015年3月 |
| 19 | 港口交警大队西湾女子示范岗 | 巾帼文明岗 | 自治区妇联 | 2015年3月 |
| 20 | 港口区人武部党委 | 先进团级单位党委 | 广西军区党委 | 2015年6月 |
| 21 | 港口区环境保护局 | “红沙—2014”自治区核应急联合演习先进集体 | 自治区核事故应急委员会办公室 | 2015年7月 |
| 22 | 港口区政协 | 2015年度全区政协报刊宣传工作先进单位鼓励奖 | 自治区政协办公厅 | 2015年9月 |
| 23 | 港口区政协 | 加强人民政协协商民主建设理论研讨会优秀论文评选组织奖 | 政协防城港市委员会 | 2015年11月 |
| 24 | 港口区地震局 | 2015年度全区县级防震减灾工作三等奖 | 自治区防震减灾工作领导小组办公室、自治区地震局 | 2015年11月 |
| 25 | 港口区统计局 | 2015年广西县级统计工作规范示范单位 | 自治区统计局 | 2015年12月 |
| 26 | 港口区审计局 | 集体二等功 | 自治区人力资源和社会保障厅、自治区审计厅 | 2015年12月 |
| 27 | 港口区审计局 | 2015年全区表彰审计项目 | 自治区审计厅 | 2015年12月 |
| 28 | 港口区委组织部 | 2015年全区党员教育电视片录制工作先进单位 | 自治区党委组织部 | 2015年12月 |
| 29 | 港口区人武部 | 安全工作先进单位 | 防城港军分区 | 2015年12月 |

# 先进个人

| 序号 | 受表彰人姓名 | 获奖时工作单位 | 表彰名称（含称号、奖项、奖次等） | 表彰单位 | 表彰时间 |
|---|---|---|---|---|---|
| 1 | 黄广平 | 港口区统计局 | 广西第三次全国经济普查工作成绩突出个人 | 自治区第三次全国经济普查领导小组 | 2015年1月 |
| 2 | 龙绍钦 | 港口区统计局 | 广西第三次全国经济普查工作成绩突出个人 | 自治区第三次全国经济普查领导小组 | 2015年1月 |
| 3 | 莫超艳 | 港口区统计局 | 广西第三次全国经济普查工作成绩突出个人 | 自治区第三次全国经济普查领导小组 | 2015年1月 |
| 4 | 钟云珍 | 港口区统计局 | 广西第三次全国经济普查工作成绩突出个人 | 自治区第三次全国经济普查领导小组 | 2015年1月 |
| 5 | 朱湘萍 | 港口区统计局 | 广西第三次全国经济普查工作成绩突出个人 | 自治区第三次全国经济普查领导小组 | 2015年1月 |
| 6 | 陈相好 | 港口区统计局 | 广西第三次全国经济普查工作成绩突出个人 | 自治区第三次全国经济普查领导小组 | 2015年1月 |
| 7 | 庞彦宏 | 港口区统计局 | 广西第三次全国经济普查工作成绩突出个人 | 自治区第三次全国经济普查领导小组 | 2015年1月 |
| 8 | 陈立礼 | 港口区统计局 | 广西第三次全国经济普查工作成绩突出个人 | 自治区第三次全国经济普查领导小组 | 2015年1月 |
| 9 | 颜循河 | 港口区统计局 | 广西第三次全国经济普查工作成绩突出个人 | 自治区第三次全国经济普查领导小组 | 2015年1月 |
| 10 | 黄宝莲 | 港口区统计局 | 广西第三次全国经济普查工作成绩突出个人 | 自治区第三次全国经济普查领导小组 | 2015年1月 |
| 11 | 李光暖 | 港口区统计局 | 广西第三次全国经济普查工作成绩突出个人 | 自治区第三次全国经济普查领导小组 | 2015年1月 |
| 12 | 容　芳 | 港口区白沙沥街道办事处 | 广西第三次全国经济普查工作成绩突出个人 | 自治区第三次全国经济普查领导小组 | 2015年1月 |
| 13 | 胡琼月 | 港口区白沙沥街道办事处 | 广西第三次全国经济普查工作成绩突出个人 | 自治区第三次全国经济普查领导小组 | 2015年1月 |
| 14 | 刘　静 | 光坡镇人民政府 | 广西第三次全国经济普查工作成绩突出个人 | 自治区第三次全国经济普查领导小组 | 2015年1月 |
| 15 | 吴　敏 | 光坡镇人民政府 | 广西第三次全国经济普查工作成绩突出个人 | 自治区第三次全国经济普查领导小组 | 2015年1月 |

续表

| 序号 | 受表彰人姓名 | 获奖时工作单位 | 表彰名称（含称号、奖项、奖次等） | 表彰单位 | 表彰时间 |
|---|---|---|---|---|---|
| 16 | 吴尚贵 | 港口区安监局 | 安全监管监察系统先进个人 | 国家安全生产监督管理总局、国家煤矿安全监察局 | 2015年1月 |
| 17 | 王小清 | 港口区检察院 | 2010—2014年度个人二等功 | 自治区党委组织部、自治区检察院 | 2015年1月 |
| 18 | 林仕育 | 港口区检察院 | 2010—2014年度个人三等功 | 自治区检察院 | 2015年1月 |
| 19 | 叶　青 | 港口区地方税务局 | 2014年税收执法督察先进个人 | 自治区地方税务局 | 2015年1月 |
| 20 | 陈启宙 | 港口区地方税务局 | 2014年税收执法督察先进个人 | 自治区地方税务局 | 2015年1月 |
| 21 | 李明娟 | 港口区法院 | 全区法院办案标兵 | 自治区高级法院 | 2015年2月 |
| 22 | 温小玲 | 港口区法院 | 全市法院先进个人 | 防城港市中级人民法院 | 2015年2月 |
| 23 | 柳荣媚 | 港口区检察院 | 第十五届广西检察理论研究优秀成果三等奖 | 自治区检察院 | 2015年3月 |
| 24 | 凌　源 | 白沙沥街道办 | 防城港市第三次全国经济普查工作成绩突出个人 | 防城港市第三次全国经济普查领导小组 | 2015年3月 |
| 25 | 凌琼莹 | 渔洲坪街道办 | 防城港市第三次全国经济普查工作成绩突出个人 | 防城港市第三次全国经济普查领导小组 | 2015年3月 |
| 26 | 苏以萍 | 渔洲坪街道办 | 防城港市第三次全国经济普查工作成绩突出个人 | 防城港市第三次全国经济普查领导小组 | 2015年3月 |
| 27 | 駱艺华 | 光坡镇人民政府 | 防城港市第三次全国经济普查工作成绩突出个人 | 防城港市第三次全国经济普查领导小组 | 2015年3月 |
| 28 | 李　飞 | 港口区法院 | 全区法院思想政治建设先进个人 | 自治区高级法院 | 2015年3月 |
| 29 | 李永红 | 中国十九冶集团(防城港)设备结构有限公司 | 2015广西壮族自治区劳动模范 | 自治区党委、自治区人民政府 | 2015年4月 |
| 30 | 黄良智 | 防城港南磷磷化工有限公司 | 2015广西壮族自治区劳动模范 | 自治区党委、自治区人民政府 | 2015年4月 |
| 31 | 邓　强 | 港口区马龙港海水养殖专业合作社 | 2015广西壮族自治区劳动模范 | 自治区党委、自治区人民政府 | 2015年4月 |
| 32 | 骆荣芳 | 港口区光坡镇大龙村 | 2015广西壮族自治区劳动模范 | 自治区党委、自治区人民政府 | 2015年4月 |
| 33 | 郑家勇 | 港口区法院 | 全市法院思想政治建设先进个人 | 防城港市中级人民法院 | 2015年4月 |
| 34 | 任泝璇 | 港口区法院 | 全市法院新闻宣传工作先进个人 | 防城港市中级人民法院 | 2015年5月 |

续表

| 序号 | 受表彰人姓名 | 获奖时工作单位 | 表彰名称（含称号、奖项、奖次等） | 表彰单位 | 表彰时间 |
|---|---|---|---|---|---|
| 35 | 李青莲 | 港口区法院 | 全市法院新闻宣传工作先进个人 | 防城港市中级人民法院 | 2015 年 5 月 |
| 36 | 罗江云 | 港口区环境保护局 | “红沙—2014”自治区核应急联合演习先进个人 | 自治区核事故应急委员会办公室 | 2015 年 7 月 |
| 37 | 黎忠敢 | 港口区地方税务局 | 全区优秀工会工作者 | 自治区总工会 | 2015 年 7 月 |
| 38 | 戚玉萍 | 企沙镇中心小学 | “广州助学基金”八桂优秀乡村教师 | 自治区教育厅 | 2015 年 8 月 |
| 39 | 叶　青 | 港口区地方税务局 | 2015 年督察内审工作成绩突出个人 | 自治区地方税务局 | 2015 年 11 月 |
| 40 | 唐国营 | 企沙镇中心小学 | 《疍家娃》获广西区 2015 年优秀童谣一等奖 | 自治区精神文明办、自治区教育厅、自治区文联、自治区团委、自治区妇联 | 2015 年 11 月 |
| 41 | 蓝　虹 | 港口区防范和处理邪教问题办公室 | 全国防范和处理邪教工作二等功 | 国务院防范和处理邪教问题办公室 | 2015 年 12 月 |
| 42 | 黎忠敢 | 港口区地方税务局 | 全国优秀工会工作者 | 中华全国总工会 | 2015 年 12 月 |
| 43 | 权卫军 | 港口区工商分局 | “全国见义勇为英雄司机群体”荣誉称号 | 中华见义勇为基金会 | 2015 年 12 月 |
| 44 | 李远昌 | 光坡中学 | 2015 年全区中小学教师实验操作技能竞赛初中化学组二等奖 | 自治区教育厅 | 2015 年 12 月 |
| 45 | 吴慧能 | 光坡中学 | 2015 年全区中小学教师实验操作技能竞赛初中物理组优秀奖 | 自治区教育厅 | 2015 年 12 月 |
| 46 | 郭瑞潮 | 企沙镇中学 | 《视图的产生与应用》在 2015 年全区中小学信息技术与学科教学深度融合优秀课例展示观摩评选活动决赛中获三等奖 | 自治区教育厅 | 2015 年 12 月 |
| 47 | 陆军林 | 港口区人武部 | 嘉奖 | 防城港军分区 | 2015 年 12 月 |
| 48 | 李海波 | 港口区人武部 | 嘉奖 | 防城港军分区 | 2015 年 12 月 |
| 49 | 闫素红 | 港口区人武部 | 密码管理工作先进个人 | 广西军区 | 2015 年 12 月 |

# 统计资料

## 2015年港口区国民经济和社会发展统计公报

港口区统计局
(2016年5月)

2015年是"十二五"规划的收官之年,也是港口区加快转型升级的关键一年,全区上下在区委、区政府的领导下,紧紧围绕"率先发展,富民强区"目标,以"一确保,两攻坚"为抓手,以发展和改善民生为落脚点,主动适应引领新常态,因势利导,顺势而为,各项工作取得了新的成绩,经济社会保持了总体平稳、稳中有进的发展态势。

### 一、综合

初步核算,全年全区实现生产总值346.35亿元,增长12.9%(按可比价格计算,同比,下同)。按常住人口计算,人均地区生产总值20.69万元,增长10.9%。

从三次产业看,与上年同期比,第一、第二产业增幅均有所回落,第三产业增幅提升。全年全区生产总值346.35亿元。其中,实现第一产业增加值14.5亿元,增长6.1%,同比回落0.4个百分点;第二产业增加值233.16亿元,增长15.8%,同比回落1.8个百分点;第三产业增加值98.69亿元,增长7.1%,同比提高2.6个百分点。

从对经济增长的贡献率看,第一、第二产业对经济增长的贡献同比回落。三次产业对经济增长的贡献率分别为1.8%、82.1%、16.1%,第一、第二产业同比分别回落0.3个百分点、4.7个百分点,第三产业同比提高5个百分点。三次产业分别拉动经济增长0.2个百分点、10.6个百分点、2.1个百分点。

从结构看,与上年同期比,第二产业比重提高,第三产业比重下降。三次产业结构由上年的3.9∶68.1∶28.0调整为4.2∶67.3∶28.5。

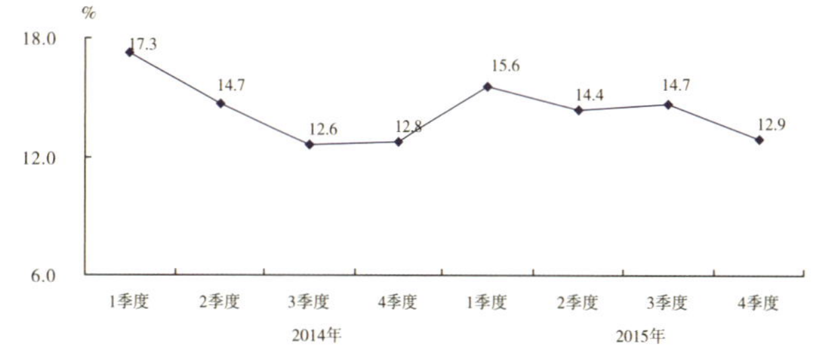


图1 全区生产总值累计增长速度

全年全区财政收入完成11.9亿元,增长8.6%,增幅均与去年同期和1—11月持平。实现税收收入10.43亿元,增长10.2%。公共财政预算收入5.96亿元,增长4.7%。公共财政预算支出14.11亿元,增长36.9%。其中,八项支出9.69亿元,增长21.7%。

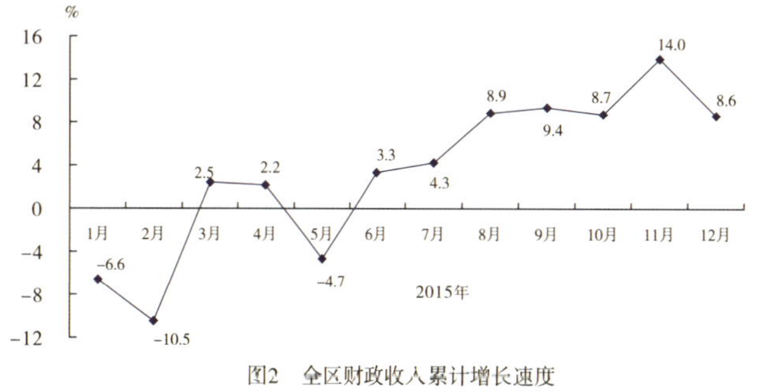


图2 全区财政收入累计增长速度

据就业部门统计,全区新增城镇就业人数6516人,比上年增342人,增长5.5%。其中,下岗失业人员再就业137人,下降23.0%。农村剩余劳动力转移就业39人,下降15.2%。城镇登记失业率1.99%。全区城镇(含市直)在岗职工年平均工资6.53万元(含劳务派遣),同比增加1.1万元,增长20.2%。

## 二、农业

全年农作物总播种面积7280公顷，同比增加184公顷。其中，粮食种植面积4471公顷，同比持平。经济作物种植面积969公顷，同比增加55公顷。其中，花生种植面积727公顷，同比增加44公顷；蔬菜种植面积1840公顷，同比增加129公顷；果园面积636公顷，同比增加10公顷。

全年粮食总产量18546吨，同比减少58吨，下降0.3%。其中，稻谷产量11753吨，同比减少48吨，下降0.4%；玉米产量4335吨，同比减少11吨，下降0.3%；红薯产量1856吨，同比增加1吨，增长0.1%；花生产量1429吨，同比增加86吨，增长6.4%；水果产量1502吨，同比增加75吨；蔬菜产量19586吨，增长6.7%。

肉类总产量2292吨，增长4.9%；生猪出栏1.04万头，下降1.0%。全年水产品产量20.24万吨，增长2.4%。其中，海水产品产量19.85万吨，增长3.0%。

全年新增造林面积333公顷；当年幼林、成林抚育1377公顷；原木采伐0.46万立方米，下降37.8%。

年末，农业机械总动力13.36万千瓦，下降2.4%。其中，柴油发动机动力11.74万千瓦，增长4.0%。拥有小型拖拉机320台，同比增加4台；农用排灌电动机511台，同比增加66台；农用排灌柴油机539台，同比增加81台；捕捞渔船1746艘，同比增加4台。农村用电量785万千瓦时，增长1.3%；全年化肥施用折纯量1250吨，增长0.9%；农田有效灌溉面积743公顷，其中旱涝保收面积524公顷。

年末，村通汽车率为100%，村通电话率为100%，农村改水受益率为100%。

**2015年主要农副产品产量**

| 产品名称 | 单位 | 产量 | 增长% |
|---|---|---|---|
| 粮食 | 吨 | 18546 | −0.31 |
| 其中：稻谷 | 吨 | 11753 | −0.41 |
| 薯类（折粮） | 吨 | 2269 | 持平 |
| 油料作物 | 吨 | 1429 | 6.40 |
| 其中：花生 | 吨 | 1429 | 6.40 |
| 蔬菜 | 吨 | 19586 | 6.72 |
| 水果 | 吨 | 1502 | 5.26 |
| 肉类总产量 | 吨 | 2292 | 4.85 |
| 其中：猪肉 | 吨 | 791 | 3.94 |
| 禽肉 | 吨 | 1318 | 5.27 |
| 水产品总产量 | 吨 | 202410 | 2.40 |
| 其中：海水产品产量 | 吨 | 198457 | 3.03 |

## 三、工业

全年全区工业经济负重前行，全年规模以上工业产值完成929.48亿元，增长17.6%；规模以上工业增加值完成208.32亿元，增长17.1%；对GDP贡献率保持在78.2%，拉动GDP增长10.1%。

图3 全区规模以上工业累计增长速度

规模以上经济运行特点：

(1)重工业仍是拉动工业增长的主动力。重工业增加值同比增长21.6%，高于轻工业14.1个百分点，拉动规上工业增加值增长14.8个百分点，对规上工业增加值增长贡献率达86.4%。

(2)非公有制工业总量超六成。非公有制工业实现增加值同比增长19.2%，高于全区平均水平2.1个百分点，拉动规上工业增加值增长12.6个百分点，对规上工业增加值增长的贡献率达到73.6%，非公有制工业增加值占规上工业增加值比重超六成，达65.6%。

(3)农副食品、黑色、有色金属等传统行业对工业增长贡献保持领先。全区19个工业中类行业中，有10个行业增加值同比实现增长，增长面达52.6%。增加值总量前三的行业为农副食品加工业、黑色金属冶炼和压延加工业、有色金属冶炼和压延加工业，这三行业实现增加值占全区规上工业增加值75.9%，对规上工业增加值增长贡献率达96.9%，拉动规上工业增长16.6个百分点。其中，有色金属冶炼和压延加工业贡献最大，对规上工业增加值增长贡献率达54.3%。

(4)主要工业产品产量增势良好。全区21种产品中，有16种产品产量实现增长，其中9种同比增幅超过20%。重点产品中，粗钢640.91万吨，增长10.2%；钢材625.90万吨，增长16.6%；精炼铜32.95万吨，增长75.1%；钢结构24.82万吨，增长25.7%；硫酸126.74万吨，增长62.4%；精制食用植物油242.87万吨，增长36.6%；油渣饼541.07万吨，增长42.4%。

(5)股份制企业成为工业增长中坚力量。全区股份制企业共实现增加值146.77亿元，占规上工业产值比重达到70.5%,同比增长27.8%,高出全区规上工业产值增速10.7个百分点,对规上工业增加值的贡献率达102.5%,拉动规上工业增加值增长17.6个百分点。

2015年规模以上工业增加值及贡献率、拉动率

| 项目 | 单位 | 增加值 | 增长% | 贡献率 | 拉动百分点 |
|---|---|---|---|---|---|
| 总计 | 亿元 | 208.32 | 17.1 | 100 | 17.1 |
| #轻工业 | 亿元 | 59.93 | 7.5 | 13.6 | 2.3 |
| 重工业 | 亿元 | 148.39 | 21.6 | 86.4 | 14.8 |
| #国有企业 | 亿元 | 11.10 | 8.1 | 2.6 | 0.4 |
| 股份制企业 | 亿元 | 146.77 | 27.8 | 102.5 | 17.6 |
| 外商及中国港澳台商投资企业 | 亿元 | 50.45 | −2.8 | −5.1 | −0.9 |
| #国有控股企业 | 亿元 | 69.41 | 11.6 | 23 | 3.9 |
| #非公有工业 | 亿元 | 136.68 | 19.2 | 73.6 | 12.6 |
| #大中型工业企业 | 亿元 | 163.28 | 16.3 | 76.5 | 13.1 |
| #国有大中型企业 | 亿元 | 5.86 | 15.5 | 2.3 | 0.4 |

2015年主要工业产品产量及其增长速度

| 产品名称 | 单位 | 产量 | 比上年增长% |
|---|---|---|---|
| 铁矿石原矿 | 万吨 | 125.73 | −29.85 |
| 饲料 | 万吨 | 43.15 | 19.96 |
| 精制食用植物油 | 万吨 | 242.87 | 36.62 |
| 油渣饼 | 万吨 | 541.07 | 42.40 |
| 加工糖 | 万吨 | 0.96 | 23.66 |
| 鲜、冷藏肉 | 万吨 | 2.37 | −15.35 |
| 冷冻水产品 | 万吨 | 0.97 | 21.74 |
| 淀粉及淀粉制品 | 万吨 | 3.71 | −8.95 |
| 人造板 | 万立方米 | 27.04 | 15.60 |
| 硫酸(折100%) | 万吨 | 126.74 | 62.41 |
| 磷酸(含量85%) | 万吨 | 43.96 | 1.95 |
| 化学试剂 | 万吨 | 6.43 | 9.50 |
| 合成香料 | 吨 | 421 | 143.35 |
| 塑料制品 | 万吨 | 5.99 | −0.89 |
| 商品混凝土 | 万立方米 | 277.90 | −15.46 |
| 粗钢 | 万吨 | 640.91 | 10.18 |
| 钢材 | 万吨 | 625.90 | 16.63 |
| 十种有色金属 | 万吨 | 32.95 | 75.13 |
| 钢结构 | 万吨 | 24.82 | 25.70 |
| 自来水生产量 | 亿立方米 | 0.27 | 0.28 |

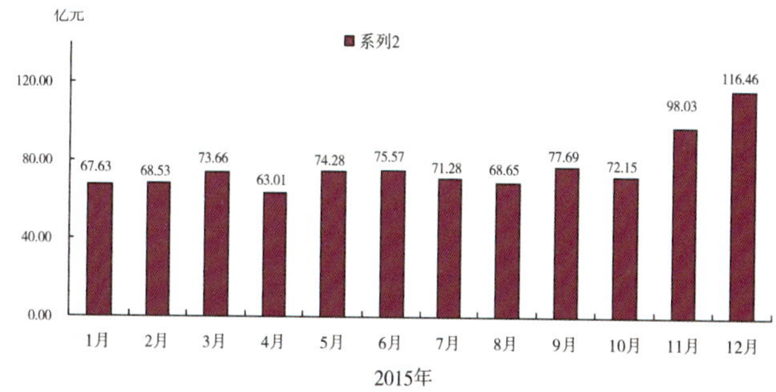

图4 全区规上工业单月产值

## 四、固定资产投资和建筑业

全年全区固定资产投资完成253.83亿元,同比增长8.4%,增幅分别比1—11月和去年提高1.6个百分点和8.8个百分点。投资运行特点:从管理渠道看,基本建设有所回落,更新改造有所提升,房地产降幅持续收窄。基本建设完成投资119.02亿元,同比增长2.8%,增幅比1—11月回落2个百分点;更新改造完成95.68亿元,增长23.2%,增幅比1—11月提高6.9个百分点;房地产开发完成38.57亿元,下降4.0%,降幅比1—11月收窄0.5个百分点。分产业看,三次产业投资现“两升一降”格局。三次产业中,第一产业完成投资0.09亿元,同比增长135.0%;第二产业完成投资170.9亿元,同比增长15.1%;第三产业完成投资62.68亿元,同比下降10.6%。重点项目支撑作用明显。重点项目有力支撑我区投资快速增长。全年全区亿元以上施工项目68个(不含房地产),占投资项目个数比重为45.9%,完成投资20.5亿元,占投资项目的总完成投资比重高达95.2%,亿元投资项目支撑作用显而易见。

2015年全社会固定资产投资额

| 指标名称 | 单位 | 投资总量 | 增长% |
|---|---|---|---|
| 全社会固定资产投资额 | 亿元 | 262.29 | 9.56 |
| #固定资产投资额 | 亿元 | 253.83 | 8.45 |
| 1.城镇固定资产投资额 | 亿元 | 253.83 | 8.45 |
| #基本建设投资 | 亿元 | 119.02 | 2.80 |
| 更新改造 | 亿元 | 95.68 | 23.22 |
| 其他投资 | 亿元 | 0.56 | 24.24 |
| 房地产开发 | 亿元 | 38.57 | −3.98 |
| 城镇工矿区建房(500万以上) | 亿元 | | |
| 2.农村投资 | 亿元 | 8.46 | 57.81 |
| #农村私人建房 | 亿元 | 262.29 | 9.56 |

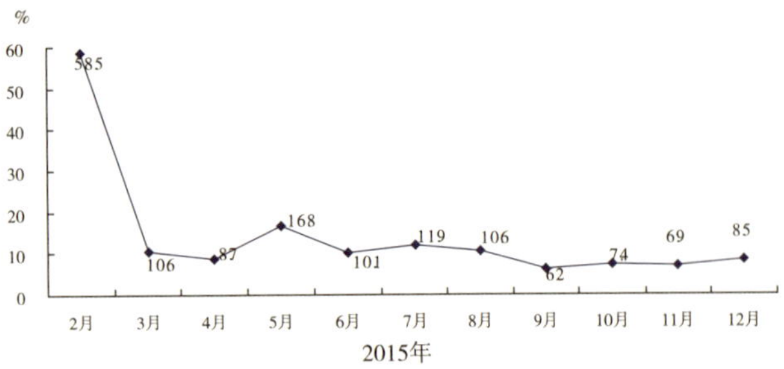


图5 全区固定资产投资累计增长速度

## 2015 年按行业分固定资产投资(不含农户)及其增长速度

单位:万元

| 指标名称 | 投资额 | 去年同期 | 同比增长 % |
|---|---|---|---|
| 自年初累计完成投资(万元) | 2538305 | 2340539 | 8.4 |
| 农、林、牧、渔业 | 2676 | 400 | 569 |
| 采矿业 | 0 | 2128 | −100 |
| 制造业 | 959722 | 874032 | 9.8 |
| 电力、热力、燃气及水生产和供应业 | 851662 | 679034 | 25.4 |
| 批发和零售业 | 8800 | 1093 | 705.1 |
| 交通运输、仓储和邮政业 | 206635 | 240707 | −14.2 |
| 住宿和餐饮业 | 0 | 3550 | −100 |
| 房地产业 | 395438 | 418746 | −5.6 |
| 租赁和商务服务业 | 1000 | 2930 | −65.9 |
| 水利、环境和公共设施管理业 | 87886 | 92554 | −5 |
| 教育 | 3900 | 3480 | 12.1 |
| 卫生和社会工作 | 0 | 213 | −100 |
| 文化、体育和娱乐业 | 0 | 1340 | −100 |
| 公共管理、社会保障和社会组织 | 19086 | 20332 | −6.1 |

全年房地产业实现增加值 5.49 亿元,增长 12.6%。房地产开发投资完成 38.57 亿元,下降 4.0%。其中,住宅投资完成 29.62 亿元,下降 12.9%。全年商品房屋新开工面积 67.77 万平方米,增长 106.1%,其中住宅 56.96 万平方米,增长 92.2%;竣工面积 2.64 万平方米,下降 77.9%;商品房销售面积 98.15 万平方米,增长 34.6%,其中住宅销售面积占 93.3%;商品房销售额 43.59 亿元,增长 44.1%,其中住宅销售额占 87.7%。

## 2015 年房地产开发和销售主要指标完成情况及其增长速度

| 指标 | 单位 | 绝对数 | 比上年增长 % |
|---|---|---|---|
| 投资额 | 亿元 | 38.57 | −4.0 |
| 其中:住宅 | 亿元 | 29.62 | −12.9 |
| 其中:90 平方米以下 | 亿元 | 12.96 | 70.2 |
| 房屋施工面积 | 万平方米 | 341.22 | 8.5 |
| 其中:住宅 | 万平方米 | 245.35 | 8.0 |
| 房屋新开工面积 | 万平方米 | 67.77 | 106.1 |
| 其中:住宅 | 万平方米 | 56.96 | 92.2 |
| 本年房屋竣工面积 | 万平方米 | 2.64 | −77.9 |
| 其中:住宅 | 万平方米 | 0 | −100.0 |
| 本年商品房销售面积 | 万平方米 | 98.15 | 34.5 |
| 其中:住宅 | 万平方米 | 91.54 | 30.3 |
| 本年资金来源 | 亿元 | 57.90 | 5.9 |
| 其中:国内贷款 | 亿元 | 9.52 | 77.6 |
| 其中:个人按揭贷款 | 亿元 | 1.70 | 98.2 |
| 本年购置土地面积 | 万平方米 | 0 | −100.0 |
| 土地成交价款 | 亿元 | 0 | −100.0 |

建筑业保持快速增长。全年全区建筑业实现增加值 23.73 亿元,增长 6.6%。全区共有资质总承包和专业承包建筑企业 15 家,与上年持平。全年完成产值 29.01 亿元,增长 33.7%。房屋建筑施工面积 126.55 万平方米,增长 15.21%。

图6 主要年份建筑业增加值及增长速度

## 五、国内贸易

全年社会消费品零售总额完成 20.1 亿元,增长 10.6%,增幅分别比一季度、上半年、前三季度提高 2 个百分点、2.1 个百分点、1.3 个百分点。其中,限额以上批零住餐业零售总额完成 5.21 亿元,增长 20.4%,增幅分别比一季度、上半年、前三季度提高 8.6 个百分点、12.6 个百分点、7.5 个百分点。

批发业和零售业销售额、住宿业和餐饮业营业额长势较好，分别增长 23.0%、20.0%、20.3%、25.6%；其中，批发业销售额增幅分别比上半年和去年提高 11.4 个百分点、6.5 个百分点；零售业销售额增幅均比上半年和去年提高 3.5 个百分点；住宿业和餐饮业营业额增幅分别比上半年回落 18.7 个百分点和 16. 个百分点，比去年提高 10.6 个百分点、11.8 个百分点。

图7 全区社会消费品零售总额累计增长速度

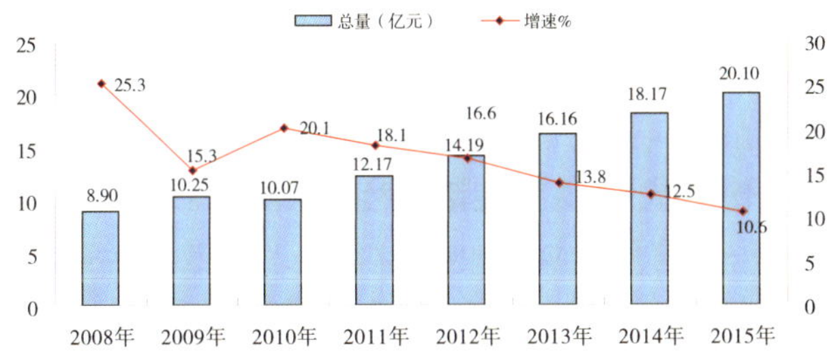

图8主要年份社会消费品零售总额及其增速

## 六、对外贸易和招商引资

全年外贸进出口总额完成 45.66 亿元，增长 10.1%。其中，进口总额 43.56 亿美元，增长 5.0%；出口总额 2.11 亿美元，下降 94.6%。全区边贸成交额 2.32 亿元，下降 83.9%。其中，11 月、12 月边贸成交额破零，单月没有数。

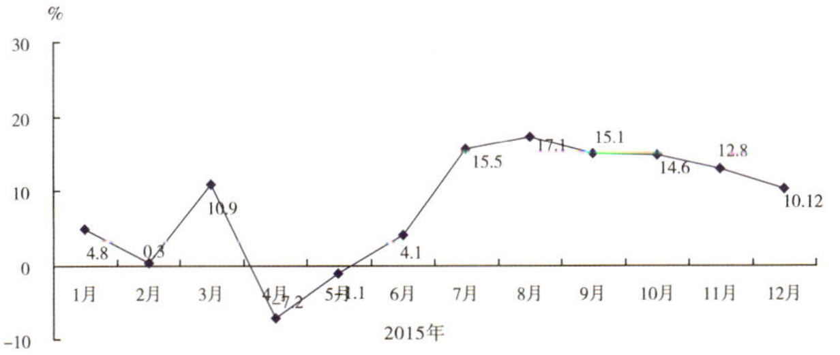

图9 全区外贸进出口累计增长速度

按招商部门统计，全年全区完成实际利用外资额（招商口径）0.2 亿美元，下降 88.0%；新引进外来投资项目 6 个，同比增加 2 个；项目总投资 18.3 亿元，同比下降 66.4%。其中，区外境内合作项目 4 个，同比增加 3 个；项目总投资 12.0 亿元，同比增长 166.7%。新增招商引资到位资金 0.6 亿元，其中内资到位资金 405.1 亿元，外商到位资金 0.2 亿美元。

## 七、交通、邮电和旅游

全年全区交通运输、仓储及邮电通信业实现增加值 33.44 亿元，增长 1.2%，增幅同比提高 1 个百分点。

全年各种运输方式完成客、货物运输周转量 236.82 亿吨公里（含市直），增长 2.84%。其中，公路运输周转量 24.32 亿吨公里，增长 8.4%；水路运输周转量 212.5 亿吨公里，增长 2.2%。

全年中小港口货物吞吐量（企沙港）达 956.54 万吨，同比增长 13.0%。从货物流向看，出口 376.15 万吨，下降 2.7%；进口 580.39 万吨，增长 20.9%。

全年全区完成邮电业务总量 4.8 亿元（含市直，下同），增长 20.0%。其中，邮政业务总量 0.22 亿元，增长 10.0%；电信业务总量 4.58 亿元，增长 20.3%。

按旅游部门统计，全年全区旅游人数 147.98 万人次（含市直，下同），增长 8.2%；旅游总收入 11.7 亿元，增长 22.9%。

## 八、金融和保险

全年全区金融业实现增加值 12.19 亿元，增长 11.2%。年末金融机构人民币各项存款余额 339.49 亿元（市辖区，下同），比上年净增 25.41 亿元（简称净增，下同），比上年增长 8.1%（简称增长，下同）。其中，居民储蓄存款余额 166.55 亿元，净增 9.13 亿元，增长 5.8%。年末金融机构人民币各项贷款余额 323.24 亿元，净增 36.68 亿元，增长 12.8%。

全年全区保险公司保费收入增长 19.9%。

**表 7 2015 年金融机构人民币存贷款余额及其增长速度**

| 指标 | 单位 | 年末数（市辖区） | 同比增长 % |
|---|---|---|---|
| 金融机构存款余额 | 亿元 | 339.49 | 7.21 |
| 其中：个人存款 | 亿元 | 166.55 | 5.79 |
| 金融机构贷款余额 | 亿元 | 323.24 | 12.76 |
| 新增金融机构本外币贷款 | 亿元 | 24.22 | −49.13 |

## 九、教育和科学技术

年末区镇(街)村中小学校35个，专任教师843人，在校学生15431人。其中，普通中学5个，专任教师195人，在校学生2932人；小学30个，专任教师648人，在校学生12499人。幼儿园35所，在园幼儿6323人。学龄儿童入学率99.58%，小学毕业生升学率99.31%，初中毕业生升学率89.5%。

**2014—2015年各类教育发展情况**

| 指标名称 | 单位 | 2014年 | 2015年 | 2014年比2013年增长% |
|---|---|---|---|---|
| 学校数(含教学点) | 个 | 36 | 34 | 2.86% |
| 普通中学 | 个 | 4 | 4 | 33.33% |
| 小学(含教学点) | 个 | 32 | 30 | 0.00% |
| 专任教师数 | 人 | 829 | 843 | 6.01% |
| 普通中学 | 人 | 203 | 195 | 19.41% |
| 小学 | 人 | 626 | 648 | 2.29% |
| 在校学生数 | 人 | 14316 | 15431 | 6.45% |
| 普通中学 | 人 | 3095 | 2932 | 12.26% |
| 其中：女生 | 人 | 1365 | 1279 | 9.03% |
| 小学 | 人 | 11221 | 12499 | 4.96% |
| 其中：女生 | 人 | 4951 | 5616 | 5.97% |
| 招生数 | 人 | 2663 | 3621 | −0.93% |
| 普通中学 | 人 | 1005 | 1156 | 21.67% |
| 小学 | 人 | 2109 | 2465 | 6.73% |
| 毕业生数 | 人 | 2802 | 2829 | 5.90% |
| 普通中学 | 人 | 1196 | 1277 | 0.00% |
| 小学 | 人 | 1525 | 1552 | −7.85% |
| 学龄儿童入学率 | % | 99.54 | 99.58 | 0.01% |
| 其中：女童入学率 | % | 99.5 | 99.53 | 0.01% |
| 小学毕业生升学率 | % | 99.26 | 99.31 | 0.01% |
| 初中毕业生升学率 | % | 89.4 | 89.46 | 0.01% |

科技事业取得新成果。全区共组织实施科技项目16项，比上年增加5项，其中自治区级项目10项，比上年增加5项；科技经费314万元。全年取得科技成果25项，获得鉴定科技成果8项；全年专利申请受理量404件，其中发明专利受理342项，实用新型专利61项，外观专利1项；获得授权专利数50项，其中发明专利10项，实用新型专利39项，外观专利1项。

## 十、文化和卫生

全区有区级文化馆1个，档案馆1个，艺术表演团体45个(含业余)，电影发行放映单位3个，乡级广播电视站3个，农家书屋32个。村级公共服务中心26个，村级篮球场51个。年末全区广播节目综合人口覆盖率为96.5%，电视节目综合人口覆盖率为98.1%，有线电视入户率33.29%。电视台累计播出新闻突破877条，增长0.11%；广西电台累计播发新闻达164条，增长477.8%；报纸出版达853期。

全年共开展各类群众文化活动100多场次，惠及群众近20万人次。开展的活动主要有“2015年防城港市‘中新杯’海上龙舟赛”“第八届职工运动会”、2015年港口区疍家嗨海民俗活动。“2015年元宵社区广场舞比赛”“渔歌唱响中国梦——港口区‘三月三’渔歌会”活动，“‘舞动港城　添彩夕阳’健身舞比赛”“‘美丽渔港·生态海洋’——2015年港口区企沙渔港休渔期群众广场联欢会”。

年末全区拥有医院、卫生院5个，其中疾病预防控制中心1个，乡镇卫生院3个。全区共有卫生技术人员706人，卫生机构医生数(全社会)225人。

## 十一、人口、人民生活和社会保障

年末常住人口16.94万人，比上年末增加0.4万人。其中，城镇人口13.83万人，比上年末增加0.52万人。据公安部门统计，年末全区户籍人口13.56万人，比上年末增加0.24万人。据计生部门统计，全年出生人口1946人，出生率为11.9‰；死亡人口402人，死亡率为2.5‰；自然增长率为9.54‰。

**2015年户籍人口数及其构成**

| 指　标 | 年末数(万人) | 比重(%) |
|---|---|---|
| 全区总人口 | 13.56 | 100.0 |
| 其中：男性 | 7.06 | 52.1 |
| 女性 | 6.5 | 47.9 |
| 其中：0～18岁 | 3.59 | 26.5 |
| 18～35岁 | 3.56 | 26.3 |
| 35～60岁 | 4.81 | 35.5 |
| 60岁以上 | 1.59 | 11.8 |

2015年，全区城镇居民人均可支配收入30172元，增加2235元，增长8.0%。城镇居民人均消费性支出为

18706元，增长7.2%；食品消费支出占消费总支出的比重为37.2%。农村居民人均纯收入11069元；同比增加1006元，增长10.0%。人均生活消费支出8600元，增长9.7%；消费品支出占生活消费支出的比重为40.1%。

### 2015年农村居民收支情况

| 收支指标 | 单位 | 总量 | 增长% |
|---|---|---|---|
| 农民人均纯收入 | 元 | 11069 | 10.0 |
| 1. 工资性收入 | 元 | 4428 | 10.8 |
| 2. 家庭经营性收入 | 元 | 4760 | 8.9 |
| 3. 财产性收入 | 元 | 753 | 3.5 |
| 4. 转移性收入 | 元 | 1128 | 16.1 |
| 家庭经营费用支出 | 元 | 9580 | 9.9 |
| 生活消费支出 | 元 | 8600 | 9.7 |

### 2015年城镇居民支出情况

| 收支指标 | 单位 | 总量 | 增长% |
|---|---|---|---|
| 生活消费性支出 | 元 | 18706.0 | 7.2 |
| 1. 食品 | 元 | 6950.0 | 6.3 |
| 2. 衣着 | 元 | 1475.0 | 12.2 |
| 3. 居住 | 元 | 2495.0 | 7.7 |
| 4. 家庭设备用品及服务 | 元 | 1175.0 | 9.6 |
| 5. 医疗保健 | 元 | 2690.0 | 6.4 |
| 6. 交通和通信 | 元 | 1551.0 | 4.5 |
| 7. 教育文化娱乐服务 | 元 | 1070.0 | 5.4 |
| 8. 其他商品和服务 | 元 | 1300.0 | 10.0 |

图10 主要年份城镇居民人均可支配收入及其增长速度

图11 主要年份农民人均纯收入及其增长速度

年末全区基本养老保险参保人数14016人，净增626人；医疗保险参保人数33930人，净增2197人；失业保险参保人数11789人，净增4289人；企业职工参加工伤保险人数9743人，净增2117人；生育保险参保人数5830人，净增150人；五项保险参保人数突破7万人，达到75308人。征缴五项保险费共计18105.46万元，净增3733.76万元。全区共有最低生活保障对象37606人，其中城市最低生活保障对象19725人，农村最低生活保障对象17881人。

**注：**

1. 本公报中数据均为初步统计数，正式数据以《港口区统计年鉴(2016)》为准；

2. 本公报中2015年数据均为初步统计数。部分数据因四舍五入的原因，存在与分项合计不等的情况。

3. 地区生产总值、各产业增加值、人均GDP、农林牧渔业总产值及其分项绝对数按当年价格计算，增长速度按可比价格计算；

房地产业投资除房地产开发投资外，还包括建设单位自建房屋以及物业管理、中介服务和其他房地产投资。

4. 常住人口指在港口区居住半年以上的人口，以及户口在港口区、外出港口区不满半年或在境外工作学习的人口。

5. 人均收入中位数是指将所有调查户按人均收入水平从低到高顺序排列，处于最中间位置的调查户的人均收入。

资料来源：本公报中城镇新增就业、登记失业率、社会保险数据来自港口区人力资源和社会保障局；户籍总人口数据来自市公安局；财政数据来自港口区财政局；城乡居民收入和支出、来自国家统计局防城港市调查队；进出口数据来自港口区商务局；旅游数据来自港口区旅游局；教育数据来自港口区教育局；专利数据、技术合同等数据来自港口区科技局；文化馆、农村书屋、互联网上网服务营业场所(网吧)、非物质文化遗产、广播电视数据来自港口区文体广电新闻出版局；新闻数据来自港口区委宣传部；卫生数据来自港口区卫计局；低保数据来自港口区民政局；金融数据、保险数据、邮政业务数据、电信业务数据、交通数据来自市统计局反馈的GDP核算基础资料；其他数据均来自港口区统计局。

（莫超艳）

# 索　　引

### 索引说明

一、本索引采用主题分析索引方法。正文(包括条目、文献、资料、图片和表格)中凡具有独立检索意义的完整资料,均可通过本索引进行检索。

二、索引按汉语拼音字母(同声字按声调)升序排列。类目、分目、次分目作索引款目用黑体字排印,其余均用宋体字排印。表格、图片在其款目后分别注明"表""图"。

三、索引款目后的阿拉伯数字和字母(a, b, c)分别表示内容所在的页码和栏别(即左、中、右栏)。

四、索引空两字位起排的款目为上一主题的"附见"。同一主题的"参见"只标页码。为便于读者检索,内容有交叉的款目,在本索引中重复出现。

五、"编辑说明"等栏目不作索引,阿拉伯数字和拉丁字母开头的款目排在索引的前面。

## D

## F

## G

## H



## J

## K

## L



## M



## N

## P



## Q

## R



## S

## T

## W



## X